21世纪经济管理精品教材·管理科学与工程系列

新产品开发

赖朝安 著

清华大学出版社

北 京

内 容 简 介

本书系统地论述了新产品开发的基础理论、工具方法与案例。全书分 10 章。第 1 章为绪论,第 2 章论述产品开发流程与组织;第 3 章论述产品规划;第 4 章论述确认客户需求;第 5 章论述确定产品功能特征;第 6 章论述概念生成,重点讲述发明问题解决理论(TRIZ);第 7 章论述概念选择与测试;第 8 章论述产品架构设计;第 9 章论述六西格玛设计,展现一种设计方法集成体系;第 10 章论述产品开发项目管理。每一章都为所陈述的理论方法配备了案例,以同步提高读者的产品开发创新理论水平及实践能力。

本书强调技术与管理的结合、产品开发与创新方法的结合,以及理论与实践的结合,可作为高等院校工业工程、管理科学与工程、机械工程等专业的研究生及高年级本科的教材,也可作为其他工程专业的教材,还可以作为制造企业管理者、工程项目管理者、相关领域的工程技术人员的参考书。

图书在版编目(CIP)数据

新产品开发/赖朝安著. 一北京:清华大学出版社,2014(2025.8 重印)
(21 世纪经济管理精品教材·管理科学与工程系列)
ISBN 978-7-302-35014-9

Ⅰ. ①新…　Ⅱ. ①赖…　Ⅲ. ①产品开发－高等学校－教材　Ⅳ. ①F273.2

中国版本图书馆 CIP 数据核字(2014)第 007175 号

责任编辑:杜　星
封面设计:汉风唐韵
责任校对:宋玉莲
责任印制:刘海龙

出版发行:清华大学出版社
　　　　网　　　　址:https://www.tup.com.cn,https://www.wqxuetang.com
　　　　地　　　　址:北京清华大学学研大厦 A 座　　邮　　编:100084
　　　　社　总　机:010-83470000　　邮　　购:010-62786544
　　　　投稿与读者服务:010-62776969,c-service@tup.tsinghua.edu.cn
　　　　质　量　反　馈:010-62772015,zhiliang@tup.tsinghua.edu.cn
　　　　课　件　下　载:https://www.tup.com.cn,010-62770175-4506
印　装　者:三河市龙大印装有限公司
经　　销:全国新华书店
开　　本:185mm×260mm　　印　　张:13.75　　字　　数:318 千字
版　　次:2014 年 2 月第 1 版　　印　　次:2025 年 8 月第 9 次印刷
定　　价:39.00 元

产品编号:054024-02

　　创新是技术和经济发展的原动力。在大学的本科及研究生、广大工业企业中开展创新教育是落实党中央《关于大力开展技术创新工作的意见》的重要举措。"产品开发"课程的前身是20世纪80年代在我国开设的"设计方法学"等课程。课程从创造学和设计方法学的基本理论出发，研究讨论创造性思维、创造原理和创造技法；针对开发型、变异型、反求型等各种类型设计，围绕设计中的机械原理方案设计、机构设计、结构设计等环节，从各个角度广泛探讨创新设计的规律。

　　目前相关的产品开发与创新的课程已在清华大学、上海交通大学等著名高校的工程类专业开设，在广东省，华南理工大学等多个高校的工业工程及多个工程类专业都开设了"产品开发"课程。

　　由于受传统教学模式的影响以及教学资源不足的限制，现在高校已有的"产品开发"课程及教材存在两种倾向。

　　一是技术与管理未整合。要么只强调技术方法，重点讲授计算机辅助设计、稳健设计、原型制作、发明问题解决理论等技术内容，而对产品开发过程的管理方法缺乏探讨，致使很多工科毕业的学生尽管具备相关的单项技术知识，却难以全面掌控产品开发与创新的全过程；要么只强调管理方法，重点讲授项目管理、人力资源与组织理论、沟通与激励等管理内容，而不涉及产品开发过程的关键技术问题，致使很多管理学科毕业的学生无法承担企业的产品研发的具体工作，以至于项目管理的工作也很难做好。

　　二是产品开发日常管理方法与创新方法未整合。要么只讲授创新方法，而没有将创新方法融合到产品开发的全过程中，只让学生做"脑力体操"，对产品开发全过程，以及工程项目实践中的大量问题没有触及；要么只论述产品开发过程，使学生能把握常规的产品开发项目的日常管理，而没有着重提高学生的突破性变革的创新水平与能力。

　　因此，如何培养提高学生的技术与管理创新能力已被很多高校提到了议事日程。在"产品开发"课程教学及教材开发中应强调技术创新能力、管理能力和实践能力的综合培养。

　　国外许多著名高等学校的工学及管理学科专业都非常重视大学生的技

术与产品创新实践能力的培养,设置相关创新方面的课程,建立创新实验室。美国高等工程教育强调"通才培养",专业面很宽。麻省理工学院在教学计划中明确规定,大学生必须从低年级开始参加科研创新活动,努力培养学生的独立工作能力、创新能力和组织能力。德国高等工程院校的培养目标是文凭工程师,高等工科学校十分重视实践教学环节,每个工科学生在校期间要完成 26 周的生产实习,学生除了学完有关的基础课程、专业课程及必修课和选修课外,还要完成产品创新设计和创新实践教学任务,通过一系列的系统教学来培养学生的工程实践能力和创新设计能力。丹麦技术大学把"创新性功能原理构思"列入工科专业的教学计划。

因此,借鉴国外教学模式,本书在内容上一方面强调技术与管理的结合,并将产品开发的日常管理方法与创新方法相结合;另一方面,重视实践应用,着重讲述客户需求分析、QFD、TRIZ、DFSS、PDM 等工程化的、步骤清晰易操作的方法体系,并通过对多家大型制造企业的技术创新与新产品开发活动进行的大量深入的采访,将他们的经验、作者的工作结合理论分析,撰写成案例,供广大企业及学生学习借鉴,努力增强学生的创新综合能力。

感谢华南理工大学的孙延明教授、学院院长朱桂龙教授、副院长周永务教授、千人计划赵先德教授的指引与支持,也感谢机械与汽车工程学院的周驰副教授、PTC 公司的陈盛聪先生提供资料素材与软件工具。

感谢"中央高校基本科研业务费专项资金"、"广东省创新方法与决策管理系统重点实验室开放课题基金"、"华南理工大学研究生改革示范项目"的资助。

本书借鉴、参考、引用了许多国内外学者的相关教材和著作成果,在此一并深表谢意。由于编者水平有限,书中难免存在错误和欠妥之处,恳请读者批评指正。

作　者

2013 年 8 月

目录

第 1 章

绪　　论

1.1　新产品开发的意义

在复杂、多变和高度不确定的市场环境中,如何迅速组织和实施新产品开发(new product development,NPD)并及时满足快速多变的顾客需求已成为企业制胜的关键。新产品开发能力已成为企业最重要的核心竞争能力之一。新产品开发是融合科学技术、人因工程、文化艺术的交叉学科。它的魅力所在就是创新。

一方面,新产品开发决策是一项艰巨的重要决策,蕴含着巨大的市场风险与技术风险。据统计,新产品开发的成功率:消费品为 40%,工业产品为 20%,服务类产品为 18%。据对国外 700 个工业企业的调查,新产品开发综合成功率仅为 65%。Juran 与 Gryna 通过大量的调查研究和统计,对于中等以上复杂程度的产品而言,故障的原因 40% 以上是在设计方面,其他则归于制造和销售等。

另一方面,产品的寿命周期越来越短,更新换代越来越快,每种产品所带来的回报率越来越低。近十年来,灯饰、手机产品的生命周期平均已经缩减至半年,HP 公司的打印机产品其生产周期从 4.5 年减至 22 个月,AT&T 公司的电话机从 2 年减至 1 年。短暂的生命周期要求新产品的开发必须迅速。实践证明:若产品生命周期为 5 年,则产品开发时间每延长 6 个月,利润就损失 1/3。

面对新产品开发的费用高、风险大、成功率低、生命周期缩短、回报率下降等压力,广大工业企业的战略重点普遍转移到新产品开发领域,主要体现在以下三个方面。

一是产品开发投资大,开发投资比重逐渐超过资本投资比重。1980 年日本研发投入与资本投资之比是 0.62,到 1987 年上升为 1.26,到 2000 年升至 1.5;世界前几大汽车公司研发投入占销售收入的 3% 以上,最大的占销售收入的 11.2%。

二是开发机构庞大,科技人员作用突出。著名企业不断壮大研究开发机构,十分重视改善科研环境。例如,苹果公司的总裁乔布斯亲自设计手机产品 iPhone;NOKIA 在全球设立了六十多个研发机构,以本地设计师研究本地人的需求。

三是新产品开发效益显著,大企业的平均 1/2 的利润来自新产品销售。

新产品开发已经成为企业竞争的下一个主战场。

1.2　概念

1.2.1　产品

按传统的观点,产品是一种具有特定物质形状和实际用途的实体,诸如电冰箱、电视机、服装等。按 ISO 9000 标准,产品按其来源可分为自然产品、人工产品;根据有形性可分为软件、硬件、流程和服务。

按层次观点,产品可分为三个层次。

产品的核心层——功能和效用。

产品的有形层——品质、包装、式样、商标、价格、特色等。

产品的延伸层——服务、文化与形象等。

各个层次存在的问题必须在本层次解决,而不能通过其他层次的水平来解决。例如,如果产品的品质低,就必须提高品质,而无法通过提高售后服务水平来解决它。

买椟还珠的成语故事说明包装是产品不可缺少的一部分。很多厂商已经注意到,产品的包装直接影响到其市场竞争力,它使你一眼就认出摆在货架上的产品。

[例1-1]　可口可乐玻璃瓶的瓶身是设计师根据可可豆的曲线形状设计发展而来的,它的形状有利于人手的握持。尽管现在大批量的可口可乐已经以罐装或塑料瓶装出售,但在电视广告上可口可乐却永远以玻璃瓶的形式出现,这经典的诱惑曲线几乎与神秘的可口可乐配方同等重要,成为可口可乐的形象代表。

服务也是产品的一个重要部分。在功能、式样越来越相似的情况下,服务就是竞争的关键。服务的品质决定企业未来的命运。海尔宣布自己已实现了向服务业的转变,成为服务型企业,也因此成为最受客户青睐和发展最快的企业之一。张瑞敏说:"无论什么行业都需要经过服务化的改造,使之变为服务业,服务不仅仅是售后服务、维修,而是要满足用户的需求,包括满足潜在的需求。"

[例1-2]　一位农民来信说自己的冰箱坏了。海尔马上派人上门处理,还带着一台新冰箱。赶了二百多千米到了顾客家,检查发现原因只是温控器没打开。海尔并没有就此罢手,海尔管理层就此进行了认真的反思:绝不能埋怨顾客,应改进产品说明书,让所有人轻松读懂,这是产品及其服务的一部分。

文化也代表了产品的独特品位,是产品的又一重要层次。消费者购买产品,除了要获取其功效外,还要取其内在的附加值。文化附加值已成为影响消费者的关键因素。

[例1-3]　北京大三环食品公司的"大三环"牌鲜肉以前在大商场的冷柜销售。由于缺乏品牌认知度与联想度,产品销售不畅。因此决定将产品改造为高温食品,进行包装改造并赋予其"老北京"文化内涵以增加销量。换用新品牌名称是首要的工作。为此在关于老北京的资料中寻找使用频率最高的名词,得到:天桥、前门、故宫、全聚德、天福号、胡同、四合院。其中,对于肉类,天桥、故宫等词汇会产生腐烂、不新鲜的联想,因此弃用。最后,选择"胡同"、"坊"这两个词汇并将其组合为"胡同坊"作为新品牌名称,并编出了一位出身于老胡同富人家的主妇以及她偶然发现制作肉食新方法的传奇故事,作为"胡同坊"肉类产品的历史内涵。公司最终取得了成功。

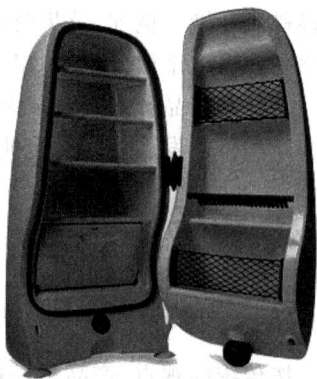

图1-1　Oz冰箱

[例1-4]　图1-1是意大利设计师于1995年推出的完全用可回收材料制成的Oz冰箱,它的造型圆润光滑,稍微有一些不对称,那友善的造型和柔和的色调使人回

想起天真烂漫的乐观时代。它暗示了未来的设计趋向：产品不仅要有实用价值，更要表达一种文化内涵。

1.2.2　新产品设计与开发

新产品开发是指从研究选择适应市场需要的产品开始，到产品设计、工艺制造设计，直到投入正常生产的一系列决策过程。新产品开发是一种创造性的工程活动，是一个综合、决策、迭代、寻优的过程，具有系统性；质量、时间、成本是其关键因素。新产品开发主要包括产品设计、生产起步（production ramp-up）、财务与市场四个层次。

产品设计是一个将人的某种目的或需要转换为一个具体的产品的迭代决策过程，它通过线条、符号、数字、色彩等方式把产品显现在人们面前。产品设计的类型包括功能设计、工业设计和面向制造的设计。

功能设计（functional design）：是以性能及功能需求为依据，开发一个产品的工作原型的过程。它没有考虑产品的外观。

工业设计（industrial design，ID）：国际工业设计协会理事会（International Council of Societies of Industrial Design，ICSID）给工业设计作了如下定义：就批量生产的工业产品而言，凭借技能、技术知识、经验、视觉及心理感受，而赋予产品材料、结构、构造、形态、色彩、表面加工、装饰以新的品质和规格。狭义的工业设计是指外观设计（form design），它关注美学（外观）以及易用性需求。

面向制造的设计（design for manufacturing，DFM）：具有两个含义，一是指产品设计需要满足产品制造的要求，具有良好的可制造性，使得产品以最低的成本、最短的时间、最高的质量制造出来。它其实不是一个独立的过程，是进行功能设计、工业设计需要考虑的问题。二是指工艺设计，定义产品如何制造、如何使用。ISO 9000：2000 中对设计阶段的定义是：将设计要求转换为产品规定的特性及产品实现过程规范的一组过程。因此在设计阶段，我们不仅要设计出产品的原理方案、功能结构、各种参数、容差等静态结果，还要设计产品实现过程的各种工艺和规划方案，如产品的制造加工工艺、过程控制方案、工艺、产品检验计划、检测工艺等。

产品创新（product innovation）是用科学创造商业价值的艺术，其具体表现的形式是多种多样的。从纵向来看，每一层次的变化都可认为是新产品，因此有功能创新、形式创新、服务创新，也可以是多维的组合创新。从横向来看，新产品的类型有两种：一是对市场而言，包括原有产品在新区域销售、原有产品发现新用途、产品的质量成本等变化，以及市场未有的产品；二是对企业而言，包括改进产品、产品转型、产品多样化以及企业未有的产品。

1.3　新产品开发的关键目标

设计阶段是产品开发过程中最重要的阶段，产品设计决定了产品质量及产品成本。因此，设计的结果在很大程度上决定了新产品的成功与否，因而设计决策的支持是至关重要的。

产品开发最困难的因素之一是识别、理解关键因素与目标并进行权衡,使得产品开发成功的可能性最大化。其关键目标包括以下几项。

(1) 产品质量:产品的功能和性能,在多大程度上满足用户的需求或期望,产品质量最终反映在市场份额和顾客愿意支付的价格上。

(2) 产品成本:产品的制造成本以及总成本,它包括主要设备和工具上的投资,以及生产每一单位产品所增加的成本。产品成本,决定了企业从特定销售量和特定销售价格中所获得的利润。

(3) 开发速度(或开发时间、开发周期):新产品要多久才能上市。

(4) 开发成本:产品开发项目的一次性成本。

如图 1-2 所示,这四个关键的产品开发目标两两之间存在着交互,从而构成了六种权衡,四大目标与外部因素之间也存在交互。外部因素主要包括产品销售量、产品利润和产品价格。有人认为产品价格由企业自身决定,因此应属于内部因素。然而实际情况往往是,产品价格是由市场竞争状况决定的,企业应该根据市场价格、预期利润确定产品成本,即:成本=价格-利润。

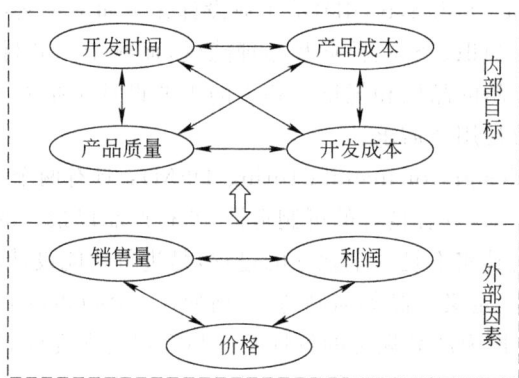

图 1-2　四大目标与外部因素之间的权衡

权衡是指可利用的资源是有限的,投入到某一功能或性能上的量多,就必然会减少投入到另一项上的量。例如,缩减开发时间可能导致产品质量降低,而提高产品质量将导致产品成本的增加。合理权衡是新产品成功的根本保证。下面详细分析这些权衡。

1. 开发时间与开发成本

总体而言,缩短开发时间(开发周期)可以减少开发成本。如图 1-3 所示,美国三大汽车公司开发某种车型的开发时间与该车型的开发成本存在正相关关系。这是因为,开发人员的工资是开发成本的主要部分,开发成本基本是开发人员数、工资额度、开发时间的乘积。

当开发时间缩短到一定程度时,开发成本反而会上升,这是因为企业需要追加研发设备投资、增加人力以及加班等措施。因此,开发成本与开发周期存在非线性的关系,其关系曲线如图 1-4 所示。曲线的最低点是最低开发成本的开发周期。考虑到产品尽早上市带来的利益,产品开发的最佳开发周期应在最低点的左侧。虽然最佳开发周期所需的费用较高,但产品提前上市新增的销售量及利润完全可以弥补开发费用的增加。然而,大多数公司离此点都很远,通常远在最低点的右侧。

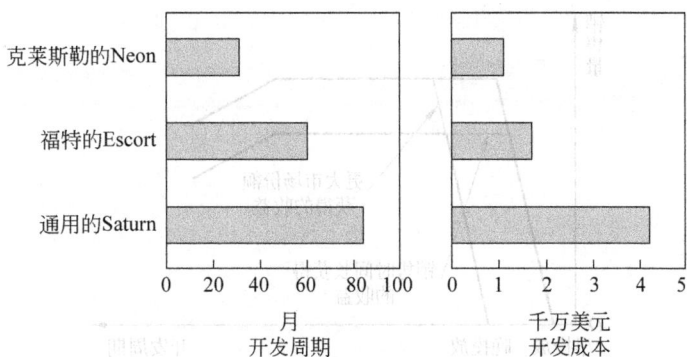

图 1-3 三大汽车公司的开发时间与开发成本

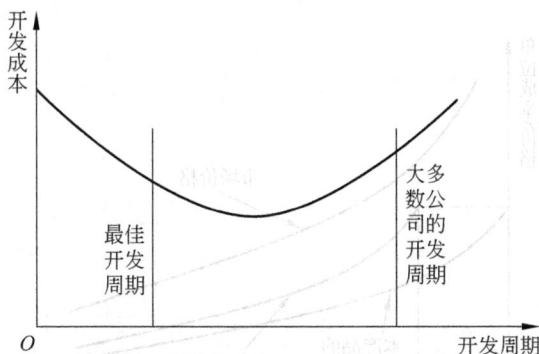

图 1-4 开发成本与开发周期的关系曲线

2. 开发周期与销售量

通常,新产品从上市到被淘汰,如同任何生物一样,有一个发生、发展、成熟和衰亡的过程。市场产品运作的变化轨迹,可以用一条曲线来描述,这条曲线可称为产品生命周期曲线(也称为成长曲线)。产品开发周期的缩短将使产品可以提早上市,从而带来三方面的利益:一是使销售时间延长,因而得到更大的总销售量。二是由于比竞争产品更早上市,易于争取到顾客,可望占据市场的垄断地位。产品的转换成本越高,顾客就越忠诚于该产品,就能长期地占据更高的市场份额,以上两点如图 1-5 所示。三是根据学习曲线原理,越早上市的产品生产越早,越能获得更多的经验以降低产品成本,使企业获得超额利润,并能长期保持领先,如图 1-6 所示。

3. 产品质量、产品成本与产品价格

产品质量、产品成本与产品价格三者之间的关系如图 1-7 所示。其中,E 表示质量盈亏平衡点。在 E 点之内选择 $m_1 \sim m_2$ 量差最大为最优选择,即质量在 M 点最佳。

更准确地描述,产品质量与成本的关系曲线往往不是光滑连续的。以打印机为例,当打印速度在一定范围内增加时,所用的传动齿轮等机械结构是不变的,只是对马达速度进行了调整,当打印速度突破某一个阀值后,才换用参数或结构不同的机械零件,成本会上升一个台阶,呈现一种折线的关系,如图 1-8 所示。这时就需要做具体的分析,以寻找利润最大的质量选择点。

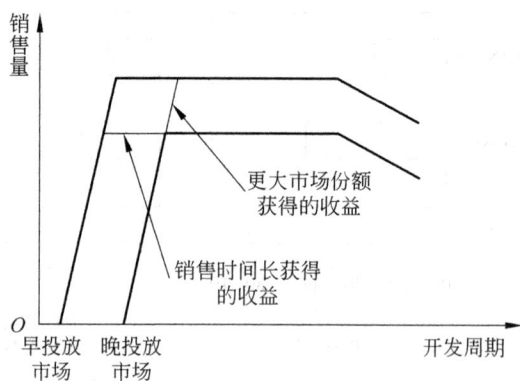

图 1-5　更早上市的产品将获得更大销量

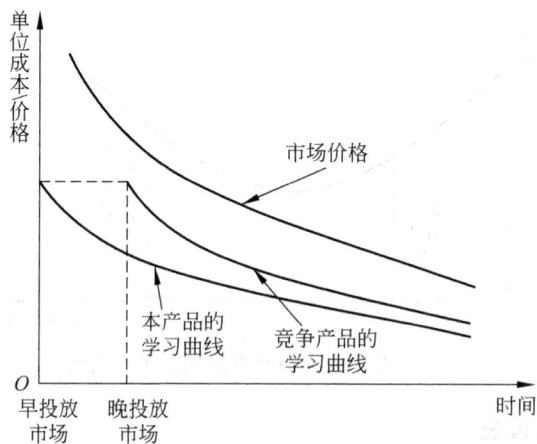

图 1-6　更早上市的产品能获得超额利润

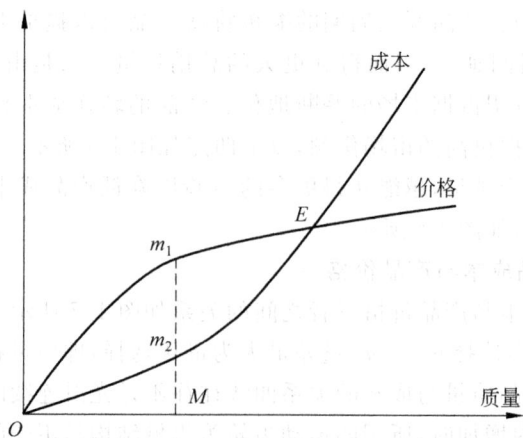

图 1-7　质量、成本与价格三者之间的关系

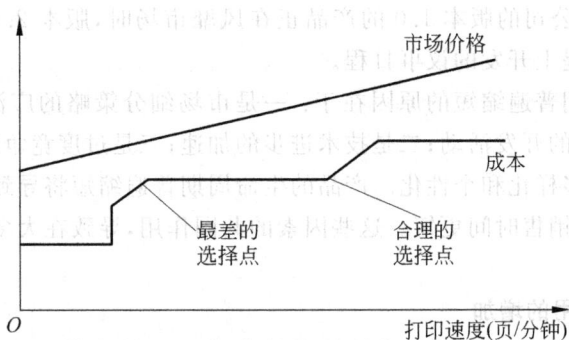

图 1-8　打印机质量的合理选择点

1.4　新产品开发的挑战

1.4.1　新产品开发的困难

1. 较低的新产品开发成功率

Lipovestsky 于 1997 年提出的新产品研发项目的递减曲线如图 1-9 所示,在每七项产品概念中,只有一项可以通过企业所有的开发流程成功走上市场。即便是那些能够上市的产品,其中也只有 1/4 左右能够在竞争中取胜。新产品犹如企业生命的新鲜血液,然而新产品的"新"既是优势又是劣势,实际上尽管美国每年都有多达 2.5 万种新的消费品问世,但大多数都只是昙花一现,在上市三年后仍在市场"存活"的还不到 10%。更糟糕的是,相当多的新产品非但未能带来丰厚利润,反而导致重重困境,特别是那些投入较多、耗时较长的新产品,往往令企业决策者处于骑虎难下的境地,最后陷入损失惨重的陷阱之中而难以自拔。

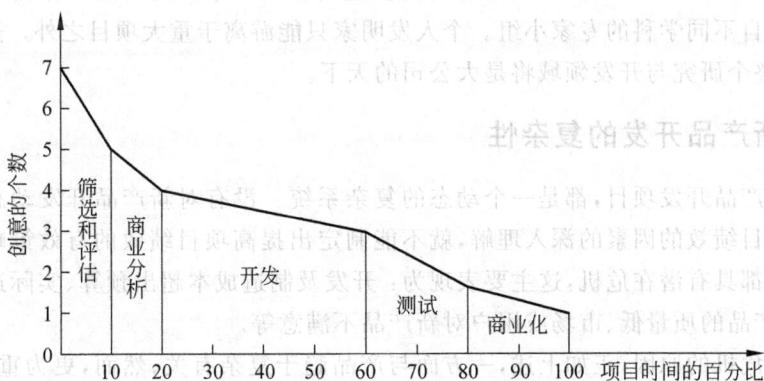

图 1-9　新产品研发项目的递减曲线

2. 产品的生命周期普遍缩短

在过去的 50 年间,产品的生命周期已削减到原来的 1/4。新产品不再有 5～10 年的生命周期,它们在几年甚至几个月的时间内就被竞争产品超越,需要由新一轮产品替代。

例如,DELL 计算机公司的版本 1.0 的产品正在风靡市场时,版本 2.0 已在开发之中,版本 3.0 的产品也已提上开发的议事日程。

产品的生命周期普遍缩短的原因在于:一是市场细分策略的广泛运用,提高了营销效率,增加了新产品的开发活动;二是技术进步的加速;三是过度竞争的存在;四是客户对产品的需求越来越多样化和个性化。产品的生命周期普遍缩短将导致新产品日益限制在更狭小的市场空间,销售时间更短。这些因素的共同作用,导致在大多数情况下新产品报酬急剧下降。

3. 产品开发费用的增加

技术进步速度加快,为把更先进的技术转化为一定的产品而大大提高了投在研究与开发上的费用。报道时常出现诸如"临界费用"、"预算突破"等反映费用上升的说法。同时,新产品的管理者正面临通货膨胀、较高的工资率,以及按政府规定将资金用于安全、防污、能源保护方面等一系列问题。所有这一切都必将导致费用水平的无法预测。因此,产品开发者将承受盈亏平衡点的上升、销售款回收期的延长以及毛利的不断下降等压力。

当前,市场对产品设计的要求在不断提高,现代产品也表现出具有复杂的结构、超强的功能、很高的技术含量等特性,这些都使得复杂产品的开发过程呈现以下一些新的特点。

(1)复杂产品的开发过程已经是涵盖了机械、电子、软件的多学科、多领域的一系列系统化的技术与管理的问题,而不再只是局限在设计领域内的简单技术问题。这种跨领域、跨学科的产品设计的特性,使得产品开发过程的技术与管理活动变得越来越复杂。

(2)产品的开发过程包括从市场需求到产品交付的全部活动。其开发过程的内涵现已大为扩大。

因此,发明的源头正逐步向大公司的实验室转移——今天的研究工作需要昂贵的大型设备和来自不同学科的专家小组。个人发明家只能游离于重大项目之外。这似乎可以断定,未来整个研究与开发领域将是大公司的天下。

1.4.2　新产品开发的复杂性

每个新产品开发项目,都是一个动态的复杂系统。没有对新产品开发动态过程和对影响开发项目绩效的因素的深入理解,就不能制定出提高项目绩效的有效策略。每个新产品的开发都具有潜在危机,这主要表现为:开发及制造成本超出预算、实际进度超出预订计划、新产品的质量低、市场或用户对新产品不满意等。

新产品危机的原因,正如上述,一方面与产品趋于复杂有关;然而,更为重要的是,新产品开发项目本身是一个动态的复杂系统。在开发过程中很少有从项目开始到项目结束始终保持不变的因素,开发人员的生产效率、人员数量等都会随着项目的进展而不断变化。在技术改进、顾客需求变化、竞争对手引入新产品、宏观经营转变的动态环境中进行决策是非常艰难的。如接头采用螺纹还是卡口这种微观决策也会产生百万元的经济影响。而开发一个中等复杂程度的产品需要进行上千种类似的决策。产品开发的决策通常是在没有充足信息的情况下迅速做出的。

开发项目的复杂性不仅仅体现在技术层面上，在开发过程中各种因素之间的相互作用和影响，也使得开发过程本身就难以被理解，而管理者却往往缺乏应对开发项目动态复杂性的有效工具。

Cooper 于 1980 年第一次把系统动力学用于项目管理的实践，他建立的系统动力学模型，成为一个大型造船项目评审的主要分析工具。后来，这个模型被进一步发展成为造船项目的战略分析与预测工具。Cooper 模型的主要创新点在于返工循环，这些概念对后来的项目管理方面的系统动力学模型有着重要的影响。

在纷繁世界的背后，存在着为数不多的基本模型。这些基本模型（以下简称"基模"）可以帮助我们提高处理复杂问题的能力。为此，彼得·圣吉教授在《第五项修炼—学习型组织的艺术与实务》中运用系统动力学的理论构建了九种基模，分别为：①反应迟缓的负反馈环；②成长上限；③舍本逐末；④目标侵蚀；⑤恶性竞争；⑥富者愈富；⑦共同悲剧；⑧饮鸩止渴；⑨成长与投资不足。这九个管理基模是分析社会管理系统的有效工具。通过对这些基模的分析，可以找出症状的表现形式，发现杠杆解并提出管理方针。

系统基模里有很多的环是由时间滞延组成的，它可以帮助我们看到一些长期变化的问题。企业是一个系统，是一个环环相扣的整体，而大部分对于危机的思考都集中在一种局部的、片断的现象上，所以进行系统思考是非常必要的。

例如，当决策者预计产品开发会延期，即存在进度缺口时，经常会增加新成员以希望加快产品开发的进度，缩小进度缺口。这个简单的反馈可以用图 1-10 中的反馈环描述。

箭头中的＋和－分别表示当其他因素保持不变时，箭头所指的变量随着箭尾的变量同方向或反方向变动。⊖表示负反馈环（negative loop），⊕表示正反馈环（positive loop）。图 1-10 中的回路描述了决策者

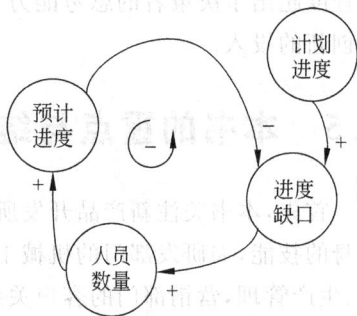

图 1-10　增加开发人员的正面影响

根据产品开发项目所处的状态采取相应的行动来改变项目绩效这一过程。独立地看，这一负反馈结构能够抑制进度缺口不会进一步扩大。然而，当综合考虑其他层次中的因素时，增加新成员这一行为将会带来一些意想不到的负面影响：引入新成员后，需要占用原成员的工作时间对其进行培训。当增加成员所引起的原成员有效工作时间的减少大于新成员所带来的工作时间的增加，即图 1-11 中，正反馈环的力量超过负反馈环的力量时，增加人员不但不能加快产品开发进度，反而会使项目更加延迟。增加人员这一策略的最终影响，取决于正、负反馈环的相对力量。而正、负反馈环的相对力量在很大程度上又取决于复杂动态系统的另一特征：时滞。时滞在因果关系图中用带有横线标记的箭线表示。如图 1-11 中，新成员需要经过一段时间的培训才能成为有效的人力，之后才能增加项目的有效工作时间，所以在新成员刚刚被引入时，正反馈环占主导地位。随着培训的进行，系统的支配力量有可能转向负反馈环。系统中正、负反馈环相对力量的转移使系统表

现出震荡的行为。图 1-11 所示系统所包含的"抵消回路"结构就是"饮鸩止渴"的一个实例。

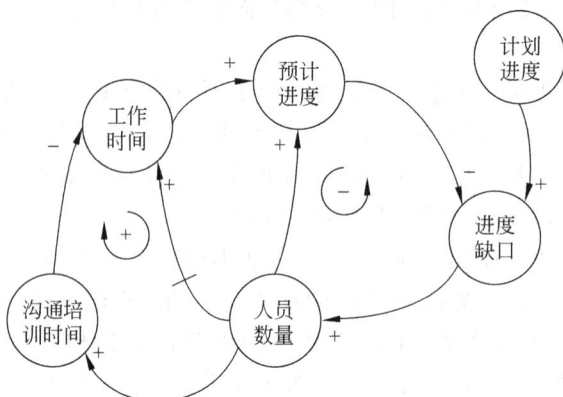

图 1-11　增加开发人员的多层次综合影响

各个基模并不是孤立的,而是相互作用、相互制约,构成了一个动态复杂的系统。基于复杂的影响路径,产品的某些因素进行调整,比如产品功能、性能或售价的微小改变可能给产品生产成本、供应链及最终销量带来巨大影响,所产生的影响路径、影响范围及影响程度超出了决策者的思考能力。难以预见与控制的风险制约了广大企业进行产品开发与创新的投入。

1.5　本书的重点与结构

首先,本书关注新产品开发所涉及的各个部门的协同工作,而不是关注每个功能部门自身的技能,如研发部门的机械工程技术、电子工程技术,制造部门的模具设计与制造技术、生产管理,营销部门的客户关系管理。研发、营销、制造三大部门是新产品开发的核心部门。

其次,本书重点论述普遍适用、步骤清晰、结构化的方法。结构化的方法具有以下好处:①步骤清楚,团队所有人都了解决策合理性,增加对决策的支持;②重要决策步骤不被漏掉;③易于文档化。本书所论述的结构化方法包括 TRIZ(发明问题解决理论)、Robust Design(稳健设计)、QFD(质量功能展开)等跨学科的广泛应用的方法,也包括产品开发流程与团队组织的选择、产品规划、客户需求分析、概念选择与方案测试、模块化设计等领域中常用的决策方法。通过理论方法与实践案例的结合,培养读者进行新产品开发所必须具有的技能。

尽管本书所述的方法适用于开发任何产品,但重点是工程化的、离散的和有形的产品,例如机电产品。

可将新产品开发划分为六个阶段:规划、概念开发、系统级设计、详细设计、方案测试和生产起步。

本书的第 2 章至第 10 章对这六个阶段的覆盖如图 1-12 所示。

| 规划 | 概念开发 | 系统级设计 | 详细设计 | 方案测试 | 生产起步 |

第2章　产品开发流程与组织

第3章

第4章

第5章　确定产品功能特征

第6章

第7章

第8章　产品架构设计

第9章　六西格玛设计

第10章　项目管理

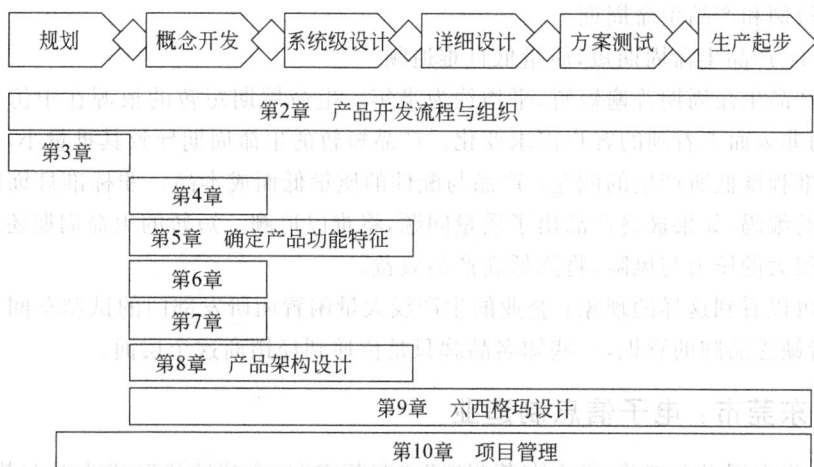

图 1-12　本书内容结构

1.6　案例：技术与产品创新现状——以三个产业基地为例

1.6.1　中山市古镇：灯饰产业

目前,古镇灯饰产值已占全国灯饰产值的 70% 以上,是亚洲最大的灯饰生产基地,被授予"中国灯饰之都"称号。但要实现从"古镇制造"向"古镇创造"的转变,任重而道远。

问题 1:古镇灯饰企业规模普遍较小、存在过度竞争。

古镇共有灯饰企业约 6 000 家,但在国内十大灯饰企业中只占三席。这引发了我国集群为什么难以内生出具有经济规模的企业的思考。

过度竞争的行业就如同一个拥挤的房间,其根源是进入门槛低而退出门槛高:人容易进入房间而不容易出来,人就会越来越多,房间越来越拥挤。由于灯饰产品的低技术状况,外行的人只需拼凑几台设备就可以生产灯饰,这是行业进入门槛低;由于灯饰非标准的个性化产品多,设备往往只能适宜某种个性化产品的生产,效益不佳的企业要退出这一行业就需要转让设备,但专用的设备往往难以转让,因此不得不继续留在这一行业,这是行业退出门槛高。

问题 2:缺乏创新能力,技术含量低。

至 2010 年,古镇的灯饰企业只有 19% 拥有专利,并且大多是外观专利;只有不到 1% 的专利为发明专利。因缺乏创新能力,所以仿冒多,进而缺乏创新意愿,进一步地降低了创新能力。在古镇的灯饰店,都贴有"同行莫入,恕不接待"、"同行止步,面斥不雅"等堂而皇之的警告语。为了防止被别人抄袭,古镇的厂家每有新款灯饰上市,一般都会放在展销厅的二、三楼,甚至密室当中。

因为灯饰产品缺乏技术内涵,往往只是简单地组装,所以成本是透明的,厂家议价能力低,造成厂家与经销商的不平等地位。利润空间大多掌握在经销商手中,经销商的随意加价行为,修改了灯饰原有的产品价格定位,使产品的市场竞争力减弱,牺牲厂家灯饰产品的市场份额和产品生命周期。

问题3：产品生命周期短，质量低且难追溯。

灯饰产品生命周期普遍短暂，平均约为半年。生命周期短暂的根源在于仿冒多及过度竞争，而非表面上看到的客户需求变化。产品短暂的生命周期导致其批量小，而批量小掩盖了标准程度低所产生的问题：产品与配件的质量低而成本高。非标准灯饰配件往往没有统一的编码，如果最终产品出了质量问题，将难以追溯。短暂的生命周期还给产品开发带来了很大的压力与风险，将降低新产品效益。

因此可以看到这样的现象：企业的生产线大量闲置而研发部门的试制车间却异常忙碌；消费者缺乏品牌的意识，一些知名品牌只是传递到经销商这个层面。

1.6.2　东莞市：电子信息制造业

"无论你在哪里下订单，都在东莞制造"，"东莞塞车，全球缺货"，成为对东莞"全球电子制造业之都"的形象描述。电子信息制造业与家电业是广东省最具代表性的两个产业，在全国处于领先地位。其中，电子信息制造业集聚东莞。

2008年全球经济危机的发生，促使东莞电子信息制造业向其他地区转移，这导致了东莞产业空心化的危险，使得东莞不得不采取积极的产业政策，促使企业加大对研发的投入，改变东莞电子信息产业仍以低附加值的劳动密集型生产为主的现状。传统产业转型仍将是东莞市未来五年工作的重中之重。

问题1：企业规模普遍较小、产品设计开发能力弱。

(1) 东莞虽然有三万多家企业，但绝大多数还是中小型企业，缺少自主知识产权和品牌内涵，仍然停留在简单的模仿和低附加值的生产上。全行业利润低下、质量不高。

(2) 东莞电子信息制造产业集群在全球价值链中处于低端生产制造环节，以按需制造为主，缺乏核心技术与设计能力，特别是工业设计能力。

(3) 在电子信息制造领域内80%的核心技术和设计专利掌握在外国公司手中。

(4) 电子信息产品生命周期明显缩短，企业难以及时开发新产品。

问题2：生产成本高，效率低，生产计划准确性差。

(1) 电子产品有80%左右的成本来自原材料，包括芯片、电路板、产品外壳等。

(2) 电子产品的原材料采购周期普遍较长，半导体集成芯片往往从国外购回，需要几周的时间，而一个产品的制造时间仅仅为几十分钟。

(3) 电子产品具有时尚性，需求变化大，因此，电子行业的需求预测得普遍不够准确。

(4) 原料采购、销售渠道严重依赖国外，产量虽然不断增加，价格却急剧下滑。

难以预测的需求以及漫长的采购提前期，造成了严重的牛鞭效应(bullwhip effect，是对需求信息被扭曲在供应链中传递的一种形象的描述)，牛鞭效应带来的危害是高库存和低客户满足率，对生命周期较短的电子元器件来说，随着时间的推移，库存价值会迅速贬低。因此，在产品设计开发时就应同时进行供应链决策，产品设计方案还应具有零件种类数量少、供应商供货速度快的特点。

综上，我国的电子信息制造业不只是技术依赖外部，而且采购、市场营销、品牌也依赖外部，因而对技术研发与市场品牌已失控，不能掌握价值链利润最丰厚的两端，而处于价值链中最低值的加工环节,只赚取微薄的加工利润。

1.6.3 珠海市平沙镇:游艇及船用发动机制造业

珠海市平沙镇的游艇工业区已有专业游艇制造企业约 20 家,配套企业 6 家,主要来自美国、澳大利亚、加拿大等国家和中国香港、中国台湾地区,其中全球最大的游艇制造企业美国宾士域集团已在平沙投资设厂。2010 年产值达三十多亿元。企业刚开始只有国外的订单,很少有自己的独立设计,随着市场发展和企业壮大,一批企业纷纷成立设计室,组建自己的设计团队。但设计人员基本都是外籍人士,本土设计人才缺乏,企业借用外脑成为无奈之举。除了高端人才外,许多企业还存在技术工人严重短缺的问题。

玉柴船舶动力股份有限公司具有强大的船用发动机制造能力,但需要瓦锡兰集团(Wärtsilä)提供图纸与认证。该企业负责人说:"如果不经过瓦锡兰的认证,生产出来的船用发动机也没有人敢买。"

鉴于上述的国内企业滞后的研发创新水平,有以下问题急待解决。

(1)如何提高企业产品开发创新能力。有没有一种实用有效的创新方法,使一般水平的人及组织也能解决发明问题。

(2)能不能在提高产品创新度与质量的同时,还能缩短产品开发周期、降低开发成本。

(3)如何在产品设计阶段就考虑并改善产品的生产成本与效率。如何预见产品生命周期下游阶段的制造、销售、安装、使用、报废、回收等环节可能出现的问题并提前纠正。

(4)能不能通过研发创新增强对销售、采购等环节的掌握?

以上问题覆盖了产品的生命周期,需要系统地研究。

产品开发流程与组织

2.1 篇首案例：丰田的产品开发流程

在产品开发的初始阶段,也许只需要几个工业设计师来进行设计,待车型外形确定下来以后,马上就要找其他的很多工程师、供应商和技术员一起来做车型的设计,这时团队的人数就达到了顶峰。在汽车的车型通过了之后,需要的工程师数量又将大大减少。这样一个类似抛物线形状的曲线是大部分工程项目人力资源需求的普遍状况。如果公司有很多后备的工程技术人员,那么就会有相当数量的工程师在大部分时间没有工作可做;相反,如果没有足够数量的工程技术人员,那么就会造成项目的延迟,"项目堵塞"现象就会马上出现,最后导致的结果将可能是整个项目的失败。对于一个企业来讲,一个项目的失败很容易引起"多米诺效应",导致整个企业的其他项目也会停滞不前。丰田非常重视产品开发流程的标准化,它的做法是:它把很多工作进行外包,由于采用了一种标准化的工程清单和知识库,也就是设计工程师的设计标准和流水线的制造标准,任何一个其他公司的工程师也都可以顺利地参与到项目中来,而迅速进入开发状态。这样,丰田的产品开发过程实际上是一种平流化的进度,是精益思想在产品开发中的应用。如此就能够保证在整个过程当中,工作量是均匀分布的,不会产生"项目堵塞"或者技术力量不足的困局。数据库提供了标准化组件并能保证同时获得设计数据,在产品设计的同时也进行生产工艺制定与采购。

公司通常为产品开发项目提供一个很大的房间,每天开发人员生活在一起。首席工程师还可以把关于整个项目的关键信息(技术、财务和进度)等张贴在这个房间当中。使开发人员足不出户就可获得所有资源。

丰田公司的首席工程师是一位领导者和技术集成者,对产品项目有关的重大问题有最终决策权,他既代表客户的心声,也对产品的成败负最主要责任,不同于一般公司的项目经理,后者仅仅是控制项目的人事和工期而已。许多公司模仿丰田公司的精益设计模式,但大多未明白为什么丰田公司对首席工程师有这样的要求。

丰田的产品开发周期仅有美国同行的一半,而生产率却是美国同行的四倍。美国同行由于没有将其技能、设计和流程实现标准化,就会经常遭遇糟糕的结果和极高的交易成本,而它把这一切都归罪于其供应商。

2.2 产品开发的一般流程

2.2.1 流程定义的必要性

对产品开发过程进行明确定义具有如下好处。

(1)质量保证:制定合理的开发流程并严格遵循,是保证产品质量的重要途径。

（2）协调：明确的流程，使开发人员了解应何时向谁交换什么信息与材料。

（3）计划：明确指出每个阶段的里程碑。

（4）管理：有助于评估当前的开发状况。

（5）改进：产品开发管理的精髓，是"过程控制，文档先行"，规范的文档有助于识别改进机会，及时纠正错误。

2.2.2 开发流程的四个观点

开发流程有以下四个观点。

1. 门径管理

门径管理因其由一系列阶段和入口组成而得名，它将开发流程划分成一系列预先设定的阶段，每一个阶段由一组预先规定的、跨职能部门的、并行的活动组成。这些入口控制着流程，并起到质量控制和做/不做（go/not go）决策检查点的作用。

典型的门径管理流程有 4 个、5 个或 6 个阶段，如图 2-1 所示，每一个阶段从设计上都收集了把项目推进到下一个阶段或者决策点所需要的信息。

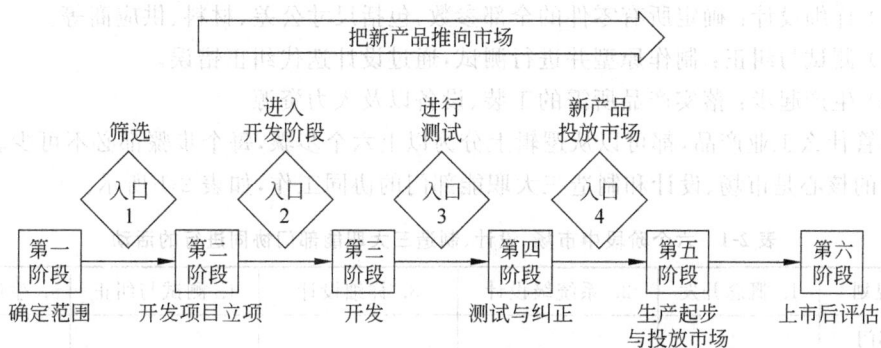

图 2-1 典型的门径管理模型——从新产品发现到投放市场

在整个模型中，各个入口作为一种质量控制检测点，这些入口决定了开发活动是否能够向流程的下一个阶段推进。每一个入口有着相似的结构，都需要包括一套要求交付标的物、项目据以判断的准则，以及确定的产出或结果。而入口指标通常由各个不同职能部门的高级管理人员制定，他们拥有项目下一个阶段所需的资源。

2. 管道管理

由于各个入口的筛选，进入下一阶段的新产品可选的方案越来越少，因此产品开发流程类似一条不断缩窄的管道，在这一喇叭形态的"管道"中，流动着的新产品可选方案及对应的开发项目数量越来越少，而新产品方案的信息却越来越丰富、具体，如图 2-2 所示，新产品开发划分为六个阶段，图 2-1 中的"上市后评估"及图 2-2 中的"立项"不作为独立阶段。

这六个阶段的主要工作内容如下。

（1）规划：进行企业战略与产品战略分析，以及技术与市场的评估，形成项目建议书。建议书包括产品的目标市场、商业目标、关键假设、约束等内容。规划阶段通常被认

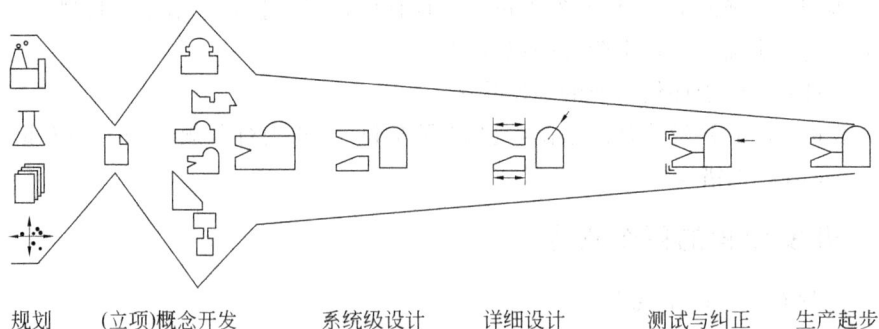

規划　　(立项)概念开发　　系统级设计　　详细设计　　测试与纠正　生产起步

图 2-2　产品开发一般流程的六个阶段

为是阶段 0,是因为它在立项之前。

（2）概念开发：进行概念产生与选择,制订产品开发计划,确定产品的基本结构、功能、特征、关键规格参数,并进行竞争产品及项目经济性分析。

（3）系统级设计：定义产品的架构,确定产品的模块（或子系统）与部件。

（4）详细设计：确定所有零件的全部参数,包括尺寸公差、材料、供应商等。

（5）测试与纠正：制作原型并进行测试,通过设计迭代纠正错误。

（6）生产起步：落实产品所需的工装、设备以及人力资源。

不管什么工业产品,都可以从逻辑上分为以上六个步骤,每个步骤都必不可少。这六个阶段的核心是市场、设计和制造三大职能部门的协同工作,如表 2-1 所示。

表 2-1　六个阶段中市场、设计、制造三大职能部门协同进行的活动

0. 规划	1. 概念开发	2. 系统级设计	3. 详细设计	4. 测试与纠正	5. 生产起步
市场部门					
确认市场机会,定义市场细分	收集客户需求,访谈领先用户,确定竞争产品	开发产品可选方案,延伸产品族	制订市场计划	准备上市宣传与推动材料,进行现场测试	向关键客户提供早期产品
设计部门					
考虑产品平台与架构,评估新技术	研究产品概念的可行性,开发工业设计概念,建造与测试实验原型	产生可选的产品架构,定义产品的主要模块与界面,提炼工业设计	定义零件的尺寸与公差,选择材料与供应商,建立控制文档	可靠性测试,寿命测试,性能测试,完成设计更改	评估早期的产品
制造部门					
辨识产品约束,设定供应链战略	估计制造成本,评估产品的可制造性与可装配性	确定关键零部件供应商,进行自制/外购决策,定义装配方案,权衡性能与目标成本	定义零件生产工艺,设计工装（刀具、夹具）,定义质量保证流程,开始采购长周期工具	督促供应商的起动,定义制造与装配工艺,培训工人,改进质量保证流程	开始整个生产系统的运行

领先用户和产品平台两个概念解释如下。

领先用户(leader user)是指具有两个特征的人：①他们处于重要市场潮流的前端，所以，他们现在所遇到的需要将是以后许多用户在这个市场上会遇到的；②他们预计可以从他们自己需求的解决方案中获得相对较高的收益，所以他们可能会去创新。要产品或服务的创新，就必须研究用户，尤其是领先用户。许多创新概念是由领先用户提出而开发的。

产品平台(product platform)是产品族(product family)的基础，是能够被某一系列产品共享的、可重用的模块集合，一般具有相对稳定的结构。

3. 功能-作用原理-结构的映射过程

Pahl 和 Beitz 认为，产品设计分为明确任务、概念设计、技术设计和施工设计四个阶段。将产品设计定义为从功能到作用原理，再到结构载体的域映射推理过程。在不同阶段产品需要不同的模型来描述，包括从功能域、作用原理域和结构载体域来描述。认为概念设计是产品创新最关键的阶段。

概念设计主要包含一个"功能-作用原理-结构"的映射过程，其中作用原理起着桥梁的作用，对设计创新起着至关重要的作用。

[**例2-1**] 要设计一种新型的杯子，其用户需求有两项：容易拿、不烫手。可将这两项用户需求转化为产品的两项功能需求：防滑、隔热或有冷却功能。如果确认功能需求后，直接将功能需求转换为具体物理结构，将得到如下产品物理结构：粗糙/有手柄、加衬套或加厚/冷却系统，这将失去创新的机会。如果在步骤中间增加"作用原理"环节，找出能实现这两项功能需求的多种作用原理：摩擦/凸起(以实现防滑)、隔离/中空/接触散热/蒸发散热/辐射散热(以实现隔热或冷却)，将可发现被遗漏的新方案：通过增加凸起结构，以实现防滑并同时隔热；把杯子设计成一大一小隔离的两部分，由于小的部分易冷，使得冷水与热水分离；设计中空的杯子；设计能与台面紧密接触的、利用台面散热的杯子；设计一种翻盖打开后，可增加蒸发散热面积，以利于降温的杯子等。

4. 风险管理系统

与其他种类项目例如建筑工程项目相比，产品开发项目的特点是各阶段间的信息交流多、迭代与反复多、产品开发的成功率低。其主要原因就是存在较高的风险。

所谓风险，从主观的角度看，风险是损失的不确定性；从客观的角度看，风险是给定情况下一定时期内可能发生的各种结果间的差异。它的两个基本特征是可能性和损失。产品开发是一种以人为本的创造性活动，不管开发过程如何进行，都有可能出现超出预算或时间延迟或产品不满足要求等情况。所以，风险在产品开发项目中是普遍存在的。

在项目管理中建立风险管理策略，和在项目的生命周期中不断控制风险是非常重要的。产品开发从一开始就要评估风险点，并一直监控它们。风险点具有动态特性，表现在其风险度(可能性与损失的乘积)在不断变化。如果监测到某风险点的风险度超过了容忍阈值(可容忍的风险度，由管理者确定)，就应实施预先确定的措施，使风险度重新落回到阈值线以下。如图2-3所示。

新产品开发的主要风险包括以下几项。①资源风险，指能否获得所需资源的风险，包

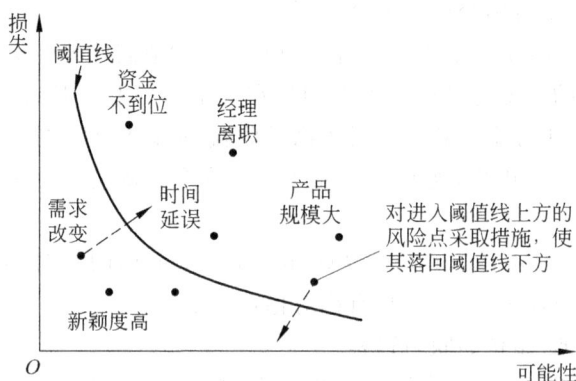

图 2-3 新产品开发风险管理策略

括组织风险、资金风险、人员风险、时间风险。②技术风险,指能否按计划完成新产品开发任务的风险,包括如下影响因素:技术与产品的新颖度、可重用的模块数量、项目边界的控制、工作量估算方法、任务分解与分配方法、产品的产量、技术的变化。③市场风险,指已按计划开发出来的新产品能否满足市场需求的风险,包括如下影响因素:市场细分与选择的合理性、市场需求获取的准确性与充分性、市场需求变化。很多项目在确定需求时都面临着一些不确定性。当在项目早期容忍了这些不确定性时,在项目后续进展当中如果得不到解决,这些问题就会对项目的成功造成威胁。④相关性风险,指项目的外部环境或因素相关性产生的风险。

风险管理策略包括:①损失控制,指有意识地采取行动以防止或减少灾害事故的发生,及其所造成的经济和社会损失,包括事前的防损措施、事后的减损措施。②风险规避,是在项目早期的计划阶段经常使用的一种有效手段,即将风险置于项目范围之外,风险有可能通过缩小项目目标或功能的范围,或者采用渐进式创新而非革命性创新进行规避。③风险转移,指为避免承担损失而有意识地将风险损失或与风险损失有关的财务后果,转嫁给其他单位或个人,可采取开发任务项目外包和风险隔离(分割或复制风险单位,使任一风险事故的发生不至于导致整个项目或产品的失败)等方式。

一个风险隔离的例子为,一个拟开发的新产品需要采用几项高度风险的技术,该产品由一些模块组成。这时需要决策:把这几项高风险技术分散放到不同的产品模块中,还是全部放到同一模块中?经验表明,放入同一模块中能更好地控制风险,因为可以针对这一模块投入更充足的智力与资金资源,同时有助于隔离风险,在项目失败时可以用已有的模块替代或采用模块外包。

2.3 概念开发:压缩模糊的前端

日常生活中并不少见这样的情形:在团队开始工作之前,开发周期已经过 90% 了。官僚作风严重的公司有一个新的产品创意已 10 年才立项进行开发;而经营灵活的某小公司的总裁在飞机上想到一个产品创新,下飞机后就马上立项并组建了产品开发团队。

产品开发时间的缩短非常关键,但压缩时间的代价往往是高昂的。然而从上述情形发现：存在一个时间区域，在这一区域内压缩产品开发时间的代价非常低廉，这个区域被称为模糊的前端(fuzzy front-end)，它是指捕捉到某一产品创意或市场机遇到项目立项或开发团队组建完毕的这一段时间。

之所以称为"模糊的前端"，是因为这一段时间通常是不清晰的并且耗时非常长。尽早启动项目，消除"模糊的前端"是压缩产品开发周期的最佳办法。需要认识到：当人们捕捉到某一产品创意或市场机遇时，这时的市场机遇是最大的，然而这时人们却最缺乏紧迫感；当时间流逝，越来越感到紧迫时，市场机遇已经逐渐变小。需要自问：需要经过多少时间，我们才开始着手应对一项已确认的重要产品机会？

在尽可能早地开始任务的同时，也应把任务完成日期提前，否则，提早开始一个任务等于给它一段更长的富余时间，根据帕金森定律，人们会放慢速度消磨时间，"模糊的前端"反而延长，得到相反的结果。

2.4 产品开发过程的变型

图 2-1、图 2-2 以及表 2-1 所描述的产品开发流程是基本的流程。特殊的流程需要依据产品的分类特点以及企业的资源情况而定。基本的流程是市场拉动(market-pull)的。典型的产品类型还有技术推动型产品、平台产品、工艺密集型产品、定制产品、高风险产品和快速建造的产品。以下逐一论述。

1. 市场拉动型产品：开始于市场机遇

它来源于用户驱动或竞争驱动，例如用户说："要是有这个东西多好"、"你的东西价格高了，相对于……"市场拉动型的产品开发约占新产品开发的70%。

日常所见的商品，例如体育用品、家具、家电等，大多数都属于市场拉动型的产品开发结果。

2. 技术推动型产品：开始于新技术

公司获得某种新技术后寻找应用该技术的目标市场。团队确信包含这一技术的产品方案比其他的方案好。许多成功的技术推动型产品包括新型材料或新型生产工艺技术。例如 3M 公司的便利贴(post-it note)、GORE 公司的防水透气防风布料(Gore-Tex)、增强型聚四氟乙烯(expanded Teflon)等，这些经典的新技术带来了数以千计的新产品。

技术推动型产品一般属首创的高技术产品，一旦成功，通常会创造一个新的市场，并通过专利保护占据该市场的垄断地位，其他企业难以超越。技术推动型产品必须创新一个不存在的市场。优秀技术如果没能创造出自身赖以生存的市场最终也会以失败告终，这便是困扰高科技企业的"死亡谷"现象。

技术推动型产品的开发流程开始于新技术与市场机遇的匹配，一旦匹配成功，为新技术寻找到目标市场，后续的开发流程与市场拉动型产品开发流程相同。

然而，大量的研究发现，大多数成功的产品是市场与技术双驱动(dual-drive)的，成功不但基于领先的新技术，同时也来源于对市场的准确把握。仅通过技术或市场一方都难以驱动产品创新，必须是市场拉动与技术推动的同时进行。

例如，通常认为药物公司是技术驱动型的，然而，领先的药物公司的研发中心往往招聘大量的病人(客户)参与研究,拥有全世界疾病事件与需求数据库;通常认为 P&G(宝洁)公司是市场拉动型的,然而,公司强调客户需求与领先技术的匹配,仅满足市场需要而没有领先技术的产品是不会上市的。

3. 平台产品:基于可重用的模块

平台(platform)是指可在多种产品中重用的模块集合,例如索尼公司的磁带传动机构、苹果公司的 Macintosh 操作系统。一个公司往往需要投入巨资才能研发出一个平台,这一点与技术推动型产品相似,因此会基于该平台推出尽量多的新产品,即平台产品。这些平台产品可由模块的不同选项组合而成,就如搭积木游戏一样,同样的一套积木可以搭建出不同的造型。由于每个模块都是经过充分测试验证的,所以平台产品还具有质量稳定、高效、低成本的优点。

平台产品越来越常见,特别是在消费电子产品、计算机、打印机、汽车等行业中。例如,汽车平台产品就是同一个平台生产出来的汽车,它们会采用基本相同的零部件,采取相似的底盘、车身结构以及相近的工艺、轴距等,以此形成车辆生产的一套完整的系统。例如大众汽车公司看似凌乱的车型其实是基于同一平台而来的:“途安”、“速腾”、“高尔夫”等;又如虾蟹宝饵料公司基于相同核心成分配制出不同饵料:面向海水养殖的“虾特利”、面向淡水养殖的“淡化硅藻”、面向富营养化水域的“硅藻粉”与“压塘宝”等。

4. 工艺密集型产品:产品设计与生产工艺设计不可分割

常见的工艺密集型产品有:药品、食品、饵料、化学品、石油产品、半导体、计算机内存、纸。工艺密集型产品与离散制造的产品有很大不同,其生产工艺具有连续性,产品质量由生产工艺决定,因此产品设计与生产工艺设计不可分割,必须在一开始就同时进行。其次,其生产工艺过程和设备往往十分复杂,控制对象常具有不确定性、非线性、大时延性和变量间的强耦合性。由于其生产工艺的连续以及设备的高昂费用,工艺密集型产品的产量往往是巨大的。

5. 定制产品:标准配置的轻微变化

定制型的新产品是标准配置的稍许变化。例如,可由用户选择表盘结构及图案的 Swatch 手表。定制产品的成本往往是高昂的,因此如何降低成本同时又能满足个性化需求是主要的研究课题。大规模定制方式是最主要的解决途径,就是通过大规模的生产方式生产出定制产品,其主要技术手段是通过模块化设计,使用户的个性化选择通过大规模生产的模块的组合配置实现,使用户的个性化需求仅影响到生产的最后环节:装配,而非上游环节:设计,因而能保持大规模生产的方式,降低了个性化产品的成本。

6. 高风险产品:巨大的不确定性

产品开发的风险主要来源于技术与市场。风险控制的主要手段是在产品设计的早期就完成一些关键的设计任务并进行测试验证。对于市场风险,应在设计早期就提供给用户一个具有用户界面的产品原型,并让用户测试、判断这是不是用户所需要的;对于技术风险,应将最具技术难度的子系统、部件安排在早期开发,如果成功,再开发其他子系统、部件或重新正式开发。常见的高风险产品有药物、空间系统等。

7. 快速建造的产品:快速迭代

由于目前 3D 打印、快速成型、虚拟样机等技术迅速发展,以至于建立和测试原型已经成为在产品开发周期内可以重复进行多次的工作。开发团队可以通过快速迭代不断地逼近最终的产品，这种开发模式称为螺旋模型(spiral model)，如图2-4所示。该模型已经在软件产品开发中得到广泛的应用。

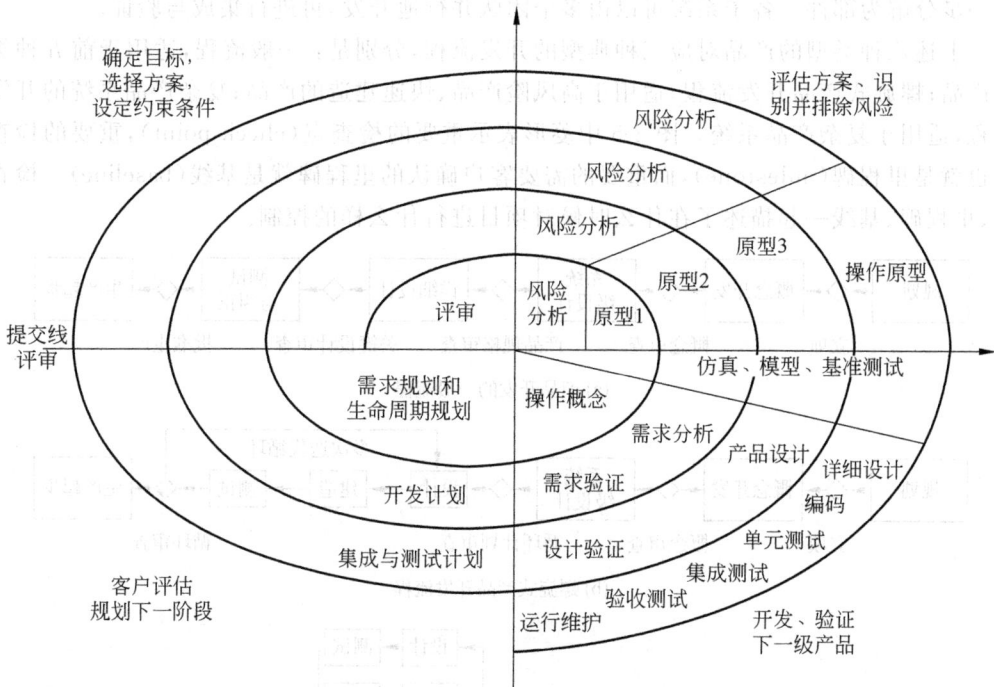

图 2-4 新产品开发的螺旋模型

螺旋模型是瀑布模型与原型模型的结合，并增加两者所忽略的风险分析而产生的一种模型，该模型通常用来指导大型项目的开发，它将开发划分为制订计划、风险计划、实施开发和客户评估四类活动。沿着螺旋线每转一圈，表示开发出一个更完善的新的产品版本。如果开发风险过大，开发机构和客户无法接受，项目有可能就此中止；离原点的距离表示开发成本；多数情况下，会沿着螺旋线继续下去，自内向外逐步延伸，直至得到满意的软件产品。该模型是由 TRW 公司的 B.Boehm 于 1988 年提出的。

图 2-4 显示了螺旋模型的原理，沿着螺旋线旋转，在笛卡儿坐标的四个象限上分别表达了四类活动。

制订计划：确定产品目标，选定实施方案，弄清项目开发的限制条件。

风险分析：分析所选方案，考虑如何识别、管理和消除风险。

实施开发：实施产品开发。

客户评估：评价产品功能和性能，提出修正建议。

例如，本田设计发动机是一个大规模的学习循环，该公司每个季度都要设计、制造和测试一个新的发动机，并且常常拒绝供应商提出的冻结规格不再修改的要求。这样的设计速度大概是美国公司的四倍，因此，本田能够完成八个学习循环，而美国公司通常只能完成三个，这样的差距还在拉大。

8. 复杂产品系统：包含许多相互作用的子系统

复杂产品系统(complex product systems,COPs)是指包含许多相互作用的子系统或部件的大规模系统,例如汽车、船舶、飞机。在系统级设计,系统被分解为众多子系统,并进一步分解为部件。各子系统可以由多个团队并行地开发,再进行集成与验证。

上述八种类型的产品对应三种典型的开发流程,分别是:一般流程,适用于前五种类型产品;螺旋式产品开发流程,适用于高风险产品、快速建造的产品;复杂产品系统的开发流程,适用于复杂产品系统。图 2-5 中菱形表示重要的检查点(check point),重要的检查点也就是里程碑(milestone),而重要的需要客户确认的里程碑就是基线(baseline)。检查点、里程碑、基线一起描述了在什么时候对项目进行什么样的控制。

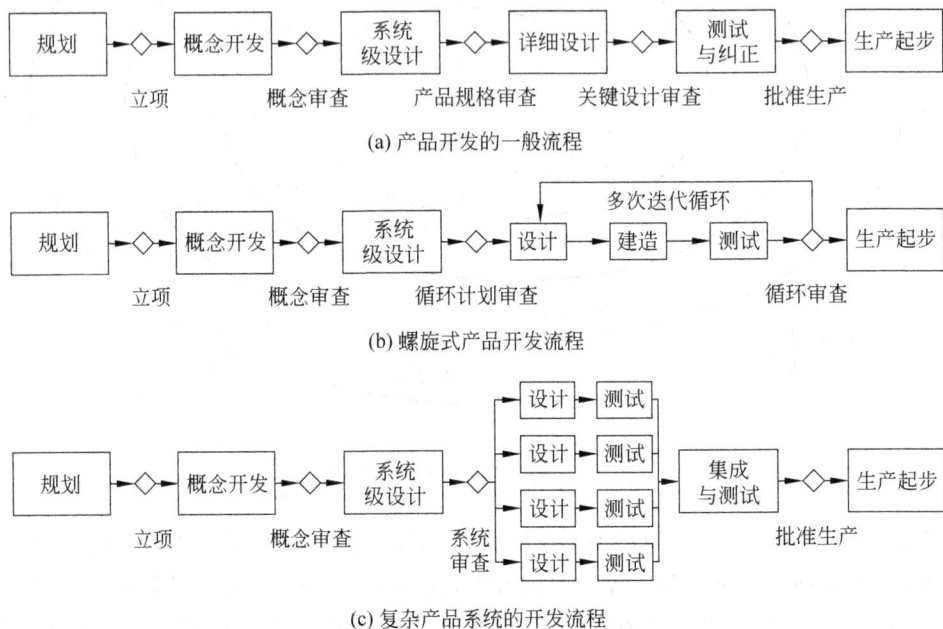

(a) 产品开发的一般流程

(b) 螺旋式产品开发流程

(c) 复杂产品系统的开发流程

图 2-5　三种典型的开发流程

除考虑产品类型外,还需考虑产品的具体特点以及企业的资源等因素,采纳、改造适用的流程模板。应防止形式主义,例如运用复杂的项目管理工具花一个星期做好计划,然后一天之后就作废了。为了加速产品开发流程,建议注意以下几点。

(1) 需要对检查点的收益和成本加以评估:某些检查点很少取消项目,但却使项目延期,应取消或修改,使之反映真正的意图。

(2) 将计划简化到只有里程碑,将时间花在消除进展的障碍上。

(3) 不要把新技术研发放在项目里,特别是关键路径上。

(4) 不要把资金授权放在关键路径上:预先审批资金,以后一旦满足条件,资金的审批就自动进行。

(5) 不要把寿命或耐用性测试放在关键路径上,因为寿命或耐用性测试耗时非常长。并应缩短测试时间,例如采用非正常状态测试、机器人测试等方式。例如用不平衡的方式测试波音 777 的飞机引擎,使问题迅速显示出来。

2.5 产品开发组织

2.5.1 多部门协同的重要性

调查结果表明,与国外的企业相比,中国公司更多地依赖于从内部的研发部门获取创意,而对公司内部其他部门的员工的依赖较少,例如销售和服务部门。中国公司倾向于把创新视为研发部门的责任,并且较少与其他部门协作,也不大愿意与它们的客户合作。

现在很多企业的设计开发管理方案是:设计部门出样机、样品,提供图纸、进行验证实验和产品认证,提供作业产品的物料清单(bill of material,BOM),确定供应商等。然后通过一个明显的交接过程,交接给工程技术、采购、品管等部门。工程技术部、采购部拿到任务后,再一次确认供应商,并由品管部进行再次确认。这种串联式的交接,使得新产品的开发时间拖得很长,再加上设计部门的能力缺陷,导致产品的品质问题点非常多。

首先,设计人员的知识往往具有局限性,例如设计部在新材料的知识方面无法超过采购部,更不如材料的供应商;在产品如何生产方面,显然工厂里的师傅们、班组长们、技术人员们要比设计人员能力更强。

其次,不同部门的视野具有局限性。例如,如图 2-6 所示。因为产品开发主要包括四个阶段:市场分析、产品设计、产品制造和市场营销,因此,设计部、制造部和营销部是产品开发的三大关键部门。设计部人员通常以美学的观点思考、设计椅子,因此设计出华丽的椅子,如图 2-6(a);制造部人员通常以成本的角度理解设计意图,认为椅子应该如图 2-6(b)所示,具有简单的结构以降低成本;营销部人员则希望椅子具有广泛的功能以促进销售,如图 2-6(c)所示;然而,客户需求的椅子可能却如图 2-6(d)所示。

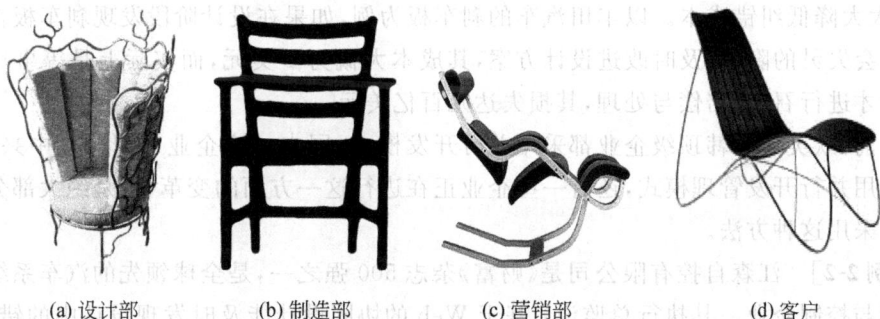

| (a) 设计部 | (b) 制造部 | (c) 营销部 | (d) 客户 |

图 2-6　不同部门及人员心目中的椅子

可见,公司内部各部门应以顾客为中心,充分沟通,就产品达成共识,协同地进行产品设计与开发,才能取得产品开发的成功。只有把具有适当的知识技能、能力以及文化背景的个体组成一个团队,企业才能获得成功创新的力量。

2.5.2 并行工程方法

从 20 世纪 60 年代开始,很多世界领先企业针对设计开发提出了并行工程方法。并行工程的特点如下。

1. 立项源头紧贴客户需求

并行开发就是从立项的源头、设计的开始构想起就紧贴客户需求,在立项开始就展开市场调查,主要调查产品如何设计才能够符合市场需求,才能够打动客户。也就是说,在决策的时候,设计部、制造部、市场部和品质保证部都要介入。

2. 密切合作

一旦项目立项,不仅设计部、技术部、工程技术部、工艺部、制造部、品质保证部、采购部、生产计划部、销售部要介入,包括海关,如果有进出口物料,还要邀请相关海关业务人员参加项目小组,直到批量生产。建立跨部门的运作程序,明确职责和权限,销售、设计、采购、制造、工艺、供应商、品管等所有部门都要介入。采用项目管理制度对新产品开发进行管控。

3. 同时并行

通过业务流程重组(business process reengineering,BPR)的方法让流程合理化,让多个部门尽可能同时地工作。强调技术信息的应用,通过信息系统固化合理化后的流程。并行开发模式和传统模式相比,时间大大缩短,它没有明显的阶段性特点,没有明显的部门交接。例如,在项目设计准备过程中,销售部门就开始进行准备,例如确定何时向媒体透露情况、何时和客户洽谈、了解客户意向、告之产品动态、要求客户订货、等到产品设计出来时开始进行广告宣传等。

4. 防患于未然

防患于未然是指预测产品生产周期的下游阶段,包括制造、装配、包装、销售、运输、安装、维护,直至报废回收等阶段可能出现的问题,在设计阶段通过设计方案的优化就进行纠正,大大降低纠错成本。以丰田汽车的刹车板为例,如果在设计阶段发现刹车板在某种环境下会失灵的隐患,及时改进设计方案,其成本大概为 1 美元,而实际上是等事故多次发生后才进行召回、赔偿与处理,其损失达几百亿美元。

目前,欧美、日、韩顶级企业都采用并行开发模式,国内一流企业(如华为、中兴等)也已经采用并行开发管理模式,还有一些企业正在进行这一方面的变革,但是绝大部分的企业没有采用这种方法。

[例 2-2]　江森自控有限公司是《财富》杂志 500 强之一,是全球领先的汽车系统和设备管理与控制企业。其执行总监说:基于 Web 的协同设计能及时发现设计中的错误,已经为公司节约了高达 80% 的研发投资。通过在线协同设计,设计师与制造和装配工程师协作,深入了解产品及其制造流程,设计师发现了减少产品零部件数量的途径,使核心产品组合的成本减少了 2 000 万美元。合作降低了零部件设计时间。过去采用特快包裹来来回回要几天,现在网上只要几个小时。当汽车里有多达 5 000 种不同的部件时,这一点至关重要。

2.5.3　产品开发组织的类型

组织可分为职能型组织、项目型组织、矩阵型组织和二元组织。

1. 职能型组织

职能型组织(functional organizations)是指各个职能部门,例如营销部、设计部、制造部等,新产品开发人员在各自的部门中执行开发任务。同一部门的人员有着近似的教育背景、培训经历、经验与专业技能。开发人员受部门经理的管理。如图 2-7 所示。

职能型组织能使领域专家紧密结合在一起,促进专业知识的共享,因此适合发展基础技术。而其劣势有:一个部门通常会参与多个产品开发项目,紧迫的项目与常规的项目混到一起,并且部门人员通常兼职参与多个项目,容易造成紧迫项目的延误;部门之间常常缺乏沟通,适合职能领域之间不需要广泛沟通的稳定活动如现有产品生产,而不适合于全新产品或复杂产品的开发。

2. 项目型组织

项目型组织(project organizations)是指以项目团队为单位的组织。团队成员来自于多个不同职能部门,每个团队专注于一个特定产品的开发。开发人员受项目经理(团队领导)的管理。如图 2-8 所示。

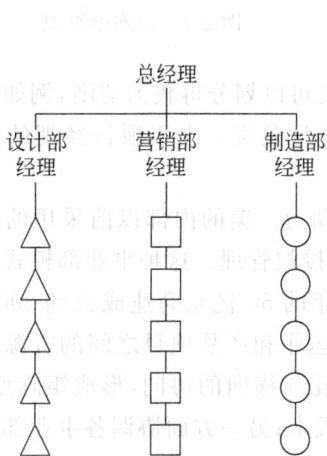

图 2-7　职能型组织　　　　　图 2-8　项目型组织

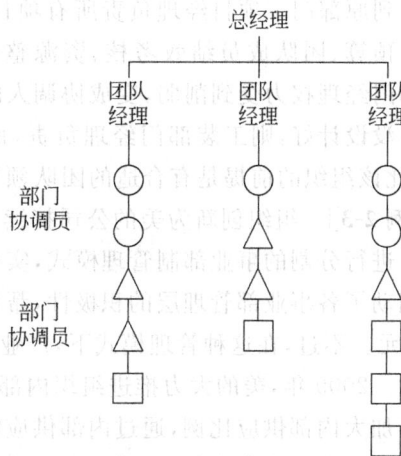

因为项目型组织能有效促进团队成员之间的跨学科交流,团队成员紧密围绕一种新产品进行协同工作,团队甚至搬到了与现有职能部门隔绝的地方,形成了独立的开发环境、创业环境,产生强烈的激励,适用于新技术或突破性产品的开发,也适用于产品上市时间是关键因素的产品的开发。创业团队就是一种极端的例子,常常起名为"老虎团队",以显示必胜的决心及非常规的激励。

该种组织的缺点是项目团队之间交流与资源共享不畅,使同一领域的专家不能紧密结合在一起,不适合发展基础技术;技术专家从原来的部门中抽调出来,背离了原组织,对组织造成冲击,易产生岗位不稳定的心理;团队承担更多(或所有)的经管责任,这分散了团队不少精力。创业团队之间的效果差别大。

3. 矩阵型组织

矩阵型组织(matrix organizations)是职能型组织与项目型组织的混合。在矩阵型组织中,部门经理与项目经理分享权力,每个成员同时接受职能部门经理与项目经理的管理,如图 2-9 所示。常见的做法是:项目经理控制成员个人时间,职能部门经理负责成员个人的职业发展。实践中常出现两种经理权力划分不清晰、多头管理、决策低效的现象。

矩阵型组织分为轻型(lightweight)矩阵型组织和重型(heavyweight)矩阵型组织。

轻型矩阵型组织是指项目联系弱,而职能部门联系强的矩阵型组织。在这一种组织中,项目经理知道项目延期或超出预算等不利状态时,却常缺乏采取相应行动的权力,任何决策都要职能部门经理与项目经理一起商讨,项目经理权力和职责往往不匹配。因此,这是一种较为危险的组织。

重型矩阵型组织是指项目联系强,而职能部门联系弱的矩阵型组织。成员在项目开始时脱离原来的职能部门而加入到团队中,当项目结束后团队成员回到原部门。项目经理负责所有项目决策,包括项目预算、团队成员绩效考核、资源整合等。原

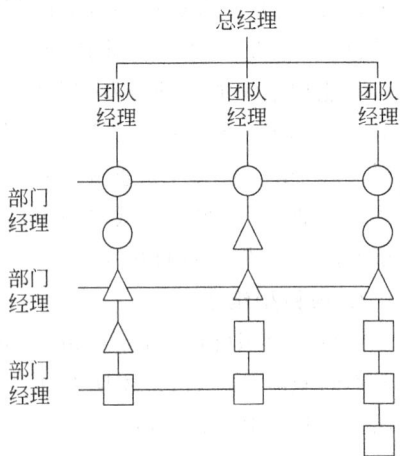

图 2-9　矩阵型组织

来的部门经理权力受到削弱,变成协调人的角色。职责可以划分得较为清晰,例如项目组中工装没设计好,则工装部门经理负责,而不是项目经理负责。由于项目经理的权力较大,因此该组织的前提是有合适的团队领导人选。

[例 2-3]　组织创新为美的公司持续发展注入了动力。美的内部以前采用的是以产品项目进行分割的事业部制管理模式,实行分权而治,授权管理。这种事业部模式曾经极大地调动了各事业部管理层的积极性,帮助美的从当年的 50 亿元高速成长到 2008 年的 500 亿元。不过,在这种管理模式下,产业链的一体化运作和产品项目之间的资源整合难免受阻。2009 年,美的大力推进组织内部纵向的一体化与横向的协同,形成矩阵型组织,一方面加大内部供应比例,通过内部供应链整合降低成本;另一方面协调各事业部间的利益分割与内耗,过去在成本与定价上相互扯皮的现象几乎消失,运营效率显著提升。2010 年上半年,美的库存下降就超过 50%,这在创新之前的高速粗放增长模式下,是根本无法想象的。2012 年,美的公司产值增至 1 500 亿元。

4. 二元组织

任何组织要保持长期的竞争优势,必须能同时进行渐进性创新(增量式创新)和突破性创新。突破性创新要求大量的资金和高水平的技术力量,同时也需要旺盛的创新精神。任何一种组织,例如大企业与小企业,职能型组织与项目型组织或两者混合,都难以同时具备以上条件。因此,如何有效结合大企业雄厚的资金力量和小企业灵活和旺盛的创新精神就成为管理学家关注的焦点。

一般认为二元组织是一种能使大型领袖企业同时进行渐进性和突破性变革的组织形式。采取二元组织策略的企业往往同时存在两个不同的研发组织:从事突破性创新研究的组织和从事渐进性创新的组织。在这种组织形式下,大企业的原有组织(例如职能部门)致力于渐进性创新,而另组建出项目团队作为突破性创新组织致力于突破性创新。从事突破性创新的组织是一个高度独立的项目团队,其能力、结构以及文化与原有的组织具

有高度的不一致性。佳能、本田等大型的老企业就是采用这一办法来扭转企业规模较大和保守的文化所带来的劣势。

组织类型的选择取决于哪种因素对成功最为关键。如果培养专业化技能最为关键，则应选择职能型组织。例如飞行器制造公司中的流体力学专家通常纳入职能部门管理，可同时兼职参与多个项目；如果迅速有效地协作最为关键，则应选择项目型组织。例如生命周期短暂的电子产品通常由项目团队进行开发；矩阵型组织综合了前两种组织的优点与缺点。当多种因素都是关键因素时，考虑采用二元组织。

复杂产品的设计过程实际上是产品结构树的逐层展开与相应的项目团队同步成立的过程，组织随着产品结构树的展开而同步演化，如图 2-10 所示。

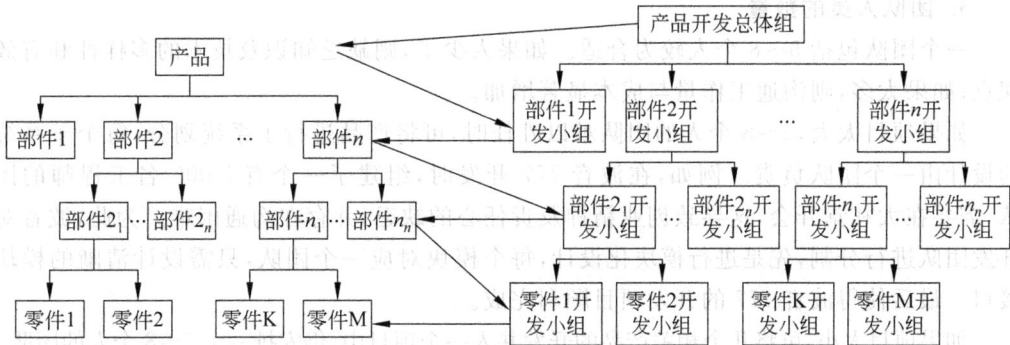

图 2-10　产品设计展开过程

2.5.4　项目人员选择与团队组建

关于项目人员选择与团队组建，包括以下几项主要决策。

1. 团队领导人的选择

团队领导人应是自愿的而非指派的。因为自愿的领导人会有更高的承诺。

团队领导人应是公司的资深人士而非新秀。新秀通常更具有新产品开发所需的激情，但新产品开发涉及公司的整体工作流程，需要多种资源的投入，因此团队领导人要了解公司的工作方式，才能从各个部门获得足够资源完成工作，同时需要得到各方的信任，所以团队领导人应该是资深人士。

团队领导人应是技术专家还是营销或制造业务专家？这应根据产品及情况而定。如果产品开发的最关键成功因素是技术领先，则需要技术专家；如果最关键成功因素是成本领先或制造难度，则应是制造专家；如果最关键成功因素是需求分析与市场开拓，则应由营销专家担任。

团队领导人应有技术背景，但不需要是技术大师，因为技术大师通常深入研究技术问题而对管理缺乏关注。团队领导人的技术水平只需要让他能与技术专家有效沟通即可。

2. 团队成员的集结

应该早一点还是晚一点配置产品开发团队人员？这需要从开发经费、开发质量、组织心理与凝聚力等方面思考。

由于产品开发所需的人员是动态变化的,呈抛物线状,所需的人员数量在概念设计阶段时较少,进入详细设计后显著增加,进入项目尾声后回落。如果根据需要动态地配置人员,在团队组建时只有少数的人员,而在详细设计阶段聘用或从其他部门或团队抽调人员然后在后期不需要时又将其调离,这将能减少产品开发经费。然而,这会使较迟进入团队的人难得到早入者同样的地位,较迟进入团队的人在心理上缺乏对团队的归属感,对早期确定的进度计划、产品规范等缺乏认同,缺乏责任心,这将会削弱团队凝聚力。并且,项目早期的决策影响最大,如果这时缺乏制造部等人员的话,损失了可用力量,这将容易使项目延期,所导致的损失往往远超节省的经费。

因此,应考虑从团队组建的开始就配置足够的人员,以保持团队的稳定。

3. 团队人员的数量

一个团队包括5~8个人较为合适。如果人少了,则缺乏知识及技术的多样性和有效观点;如果太多,则沟通工作量与成本显著增加。

如果项目太大,5~8个人的团队难以胜任时,可将产品进行子系统划分,每个子系统的设计由一个团队负责。例如,在波音777开发时,组建了一个有7 000名工程师的团队,需要在大礼堂开会,这导致创业精神及责任心的缺乏,并存在沟通困难。为此,波音对开发团队进行分割,先是进行模块化设计,每个模块对应一个团队,只需设计清晰的模块接口。最后使得波音777的开发项目顺利完成。

如果项目太小,可将几个相关产品的开发并入一个项目中,仍安排一个5~8个人的团队。

4. 如何激励团队成员

小托马斯·沃森在他的一本关于价值体系的书《一个企业和它的信条》中写道:"我认为一个企业成功和失败之间的差距经常可以归结为这样一个问题,即这个组织是否完全调动了其员工的聪明才智和工作激情。它做了什么让员工找到共同的目标事业?在经历一次次的变动时它是如何长期保持这一共同的目标和方向感的呢?任何一家存在了多年的大企业,我相信你都会发现它的适应性不是归功于组织形式或管理技巧,而是归功于我们称之为'信条'的力量以及它们所产生的对员工的巨大凝聚力。"

激发团队成员的内在的成就感与创新精神是最好的激励手段。企业往往通过金钱奖励激励团队成员,这会带来以下几个问题:一是金钱的外在激励会使团队成员的动机发生转移,消磨团队成员的内在的成就感与创新精神,最后滋生弄虚作假等风气;二是容易造成没有奖励就等于处罚的困境;三是金钱奖励通常没有考虑兼职成员,而兼职成员通常却是延期的来源(因为他们兼职于多个项目),因此奖励挫败了最需要激励的人,使团队要获得其他地方或下一个项目的支持就会产生困难。

表扬会比奖励更好,带来的问题较少,团队成员对给兼职成员表扬不会不满。表扬应来自受团队尊敬的人,通常由技术领导而不是管理精英来表扬。由受表扬的人介绍自己的做法,这样获得表扬的同时又可以传递方法。有的公司在宣传新产品的同时会向外界介绍研发团队以资鼓励。

授权与消除阻碍是一种优越的激励方法,例如,给开发人员修改产品方案的控制权,增加他们对产品方案的认同感与信心;提供前后一致的团队配置,而不是根据工作优先级随意增减成员;配备制作原型和测试工作的资源。

5. 团队应在同一地方办公

根据麻省理工学院(Massachusetts Institute of Technology,MIT)的研究,沟通的可能性随着团队成员办公位置距离增加而迅速下降,距离增至 10 米以外时,沟通的概率已非常小,如图 2-11 所示。经常进行沟通是开发团队的生命之源。

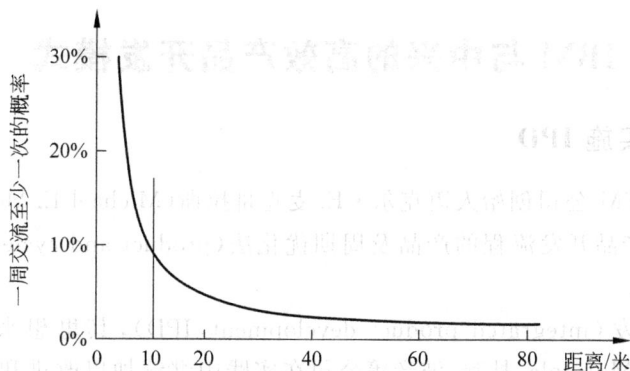

图 2-11 团队成员办公位置距离与沟通可能性的关系

[例 2-4] NACCO 材料加工集团租赁了一幢办公楼容纳跨职能团队。在办公地点,团队刚做好新卡车的框架原型,正要做压力测试,同一个地方办公的制造工程师发现小孔难清洁和难上油漆。最新的 CAD 系统都没有发现这一问题。问题的解决需要所有与金属结构相关的人参与解决,制造专家正好也一起办公,竞争性产品也放在现场供参考。由于所有需要的技能都立即可得,团队决定修改方案并在 48 小时内重新设计和制造架构。将供应商样品、进度表、质量功能展开图、竞争产品、分解的测试零件、设计辅助手段等放在团队区,以吸引团队,防止团队成员离开。同时提供会议室与休息室。

使用书面文档、电子邮件进行沟通的效率不高,这些文件需要时间准备与分发,并且不能保证接收人会看到并反馈。如果没有得到反馈,沟通就会受阻,工作上的衔接就会失灵。多媒体的网络视频对话是一种先进的沟通方式,但并不能替代面对面的沟通,因为情景、表情、语气、肢体语言难以通过视频充分传递。

[例 2-5] 上海汽车公司注意到了团队协同的重要性,通过网络技术将它的三大汽车技术中心(上汽新技术中心、韩国双龙汽车研发中心和上汽英国技术中心)进行连接,形成了网络化和全球化的协作体系,利用时差,三个团队通过接力的方式可以 24 小时不停地开发。然而有人认为,产品开发效率并没有提高三倍,其实是每天重新设计了三次,因为这三个团队的沟通时间及沟通方式并不充分。

有许多成功的大公司,例如索尼、佳能、丰田,它们在创新的特性上具有三个共同的特征:一是它们的产品都非常复杂,包括上千个零部件,众多部件同时开发需要协调;二是它们的产品都具有跨学科的特性,产品开发所需的知识是机械、电子、软件甚至化学与物理领域知识的集成,知识的集成要求各方面的领域专家的充分沟通与协同;三是它们都强调面对面的沟通。公司所有的设计机构都汇集在高成本的大城市,例如丰田公司的研发机构都设置在东京,而非分散到各个生产基地,在目前的全球化时代这一点让人难以理解。丰田公司的决策者认为:只有让设计者集中起来,才能进行面对面的沟通,才能高效地开发新产品。

当然,团队在同一地方办公也会带来一些问题,例如空间可能不够;相互干扰;团队人员担心没有固定的办公地点,或者担心从原来办公室搬出会更丧失原来的地位;职能部门负责人担心失去自己员工的控制权等。

2.6　案例:IBM 与中兴的高效产品开发模式

2.6.1　IBM 实施 IPD

1986 年,PRTM 公司创始人迈克尔·E.麦克哥拉斯(Michael E. McGrath)及其团队成员联合提出了产品开发流程的产品及周期优化法(product and cycle-time excellence, PACE)这一概念。

集成产品开发(integrated product development,IPD),其思想来源于 PACE,在 PACE 的基础上,Motorola、杜邦、波音等公司在实践中继续加以改进和完善,由 IBM 在学习、实践中创建,并成功地协助华为实施了该体系。

IPD 是 IBM 在 1992 年提出的,当时正是 IBM 处于业务上很困难的时期,出现了财务危机。1993 年 IBM 开始推行 IPD,当时 IBM 管理状况是:IBM 与竞争对手相比,IBM 的产品平均研发费用是业界最佳水平的两倍;在新产品上市速度上,IBM 公司 27% 的新产品的上市时间是业界最佳的两倍。这就是 IBM 在 1993 年的管理状况。

为此 IBM 更换了 CEO,新 CEO 郭士纳针对上述状况,委托咨询公司评估了 IBM 的所有花费后,承诺减少开发预算 20 亿美元。

郭士纳上任后的第一件事情是,推行变革,使新产品上市时间降低 50%,研发费用降低 50%。IBM 做了两件事:一个是优化 IPD 流程;另一个是重整开发组织结构,使开发资源得到有效利用。IBM 在流程优化过程的关注中心是:缩短产品上市时间和产品赢利时间、提高工作效率、提高资源利用率及关注客户价值。在当时的流程重整和产品重整中,主要对流程、决策点、团队、衡量标准 KPI 进行了改进。

在上市时间方面,IBM 发现,IBM 是垂直结构的公司,各部门的协同与反应较慢。必须找到大型公司小型化的运作方法,使用跨部门团队管理办法组织变革。将不同层次的业务分开,把每一层次的业务推向市场,使其成为独立运营的业务。在每一层都制造了市场竞争的气氛,公司内部不同层次之间不一定使用下面层次或其他部门的产品。每个事业部有独立能力进入市场,拥有自己的业务和客户,这样使公司内部与公司外部一样彼此之间快速反应。

IBM 在设计 IPD 流程时,建立起两个操作团队,一个是集成产品开发管理团队(integrator product management team,IPMT),由公司副总裁组成,是决策人,像银行家一样控制投资,他们的工作是确保在市场上有正确的产品定位,确保职能部门的资源被有效地利用,所以他们的工作就是确保公司关注正确的产品,正确地使用资源。另一个团队是产品开发团队(product development team,PDT),PDT 的角色是制订产品策略、产品开发计划、供货建议和其他业务计划,并按计划将产品交付市场。IPMT 和 PDT 均是跨职能部门团队,每个团队均有且只有一个来自各个职能部门的代表,每个代表得到所在的职能部门的充分授权。将硬件开发、软件开发、采购、财务、制造、客户服务部门的人员加入到 PDT 中,他们的工作是确保 PDT 小组将可靠的计划及产品如何投放市场结合在一起。

PDT 不是一个永久的团队。当这个项目完成后,他们会以不同的身份加入另外的项目组工作。每个 PDT 成员代表他们的部门在 PDT 中工作。所以 PDT 的工作是制定整个项目的策略和项目计划,并按照该项目的计划执行并及时完成。

IBM 在实施 IPD 时难度很大,因为 IPD 不仅是研发的事情,而且与公司所有职能部门相关。一开始,公司在实施 IPD 时,相关人员很兴奋,因为一个大公司就如小公司一样运作,每个人感觉就像在运作自己的小公司。但是随着实施的展开,与之相关的困难就呈现出来了。

IPD 的第一个难点是跨职能部门团队的组织设计,它是 IPD 最难之处;第二个难点是项目管理和管道管理;第三个难点是结构化的流程,结构化的流程可以使每一个人明白相互依赖的方式并协同工作。结构化流程中最重要的是决策点,它们不是技术决策,而是业务决策,需要 PDT 与 IPMT 的领导力与决策能力。郭士纳要求所有的高级干部都要亲自参与 IPD 项目,有的高级干部甚至因为没有做到而被解聘。

IBM 公司在推行 IPD 的过程中使用了许多优秀的 IT 工具,在项目管理方面,使用了 CA 的 CASuperPrj 和 Microsoft 的 Project,并将它们与 Lotus Notes 连接。当项目组在制订项目计划时,可以用项目管理工具,计划完成后放进 Lotus Notes 中进行资源共享,这样每个小组人员都可以看到他们的任务是什么、相互关系如何、完成得怎么样,帮助正确获取不同小组成员(如开发、采购、财务、生产等)的进度情况。

经过三年持续不断地推动,IBM 的企业财务指标、新产品上市时间等关键指标均有大幅度提升,IBM 的财务状况有了极大的进展。上市时间有了显著的减少,高端产品(大型主机)的开发周期从七十多个月减少到 20 个月、中端产品(RS/6000,AS/400)从 50 个月减少到 10 个月、低端产品(PC)已减少到 6 个月以下。研发费用从销售额的 12% 降到了 6%,达到业界最佳。最重要的是,IBM 花在废弃的项目上的费用从 25% 降到了 6%,在很多事业部甚至可以说是零。

2.6.2 中兴通讯实施 IPD

传统的研发模式已经不能适应市场要求。与业界最佳相比,中兴通讯的产品开发周期偏长、产品发布时质量不高、项目成本超出预期。中兴通讯邀请国际著名的 PRTM 对自身进行诊断测评,共发现了五个方面的主要问题。

(1) 缺乏充分授权的跨职能团队运作和负责研发项目。公司是典型的职能型结构。研发项目执行的过程需要各个体系、各部门的人员参与,但目前各体系、各部门之间存在严重的壁垒,不能实现部门之间的穿越,项目成员大部分是从自身部门的角度考虑问题,这种情况大大降低了公司的竞争力和研发效率。

(2) 决策团队缺少明确的机制来控制、评价研发项目。研发过程中的决策是决定研发方向的重要活动,公司目前的研发决策活动一般是以市场部门为主,不是一个决策团队,考虑不够全面;决策过程也缺少必要的支撑工具、手段来帮助决策者决策;最后决策结论很多时候不能落实,因为决策者对其他体系没有足够的资源调配权力。

（3）技术规划和开发流程缺失,得不到足够的资源。产品开发需要以技术为基础,公司需要掌握和积累各种技术。但公司没有正式的流程来规范技术开发活动,公司在这上面的投入也远远不够,这会影响到公司长期的竞争力。

（4）在多项目的管理上问题是:缺失管道和组合管理机制,产品开发和战略脱节,没有明确的项目优先级,导致重要的项目资源得不到保证。如果将资源投入到不重要的项目中,或投入到失败的项目中,一方面是资源投入无效,更重要的是使重要项目得不到资源,丢失市场机会。

（5）支撑机制不足以支撑高效的研发,公司的支撑机制是职能式的,不是项目化的。

分析得出的结论是:中兴通讯和业界最佳有较大的差距。针对上述问题,PRTM相应地给出了四个方面的建议。

（1）改进项目的跨职能运作能力,提高产品竞争力、研发速度和生产力。

（2）提高产品开发-供应链的集成能力,引入并行工程的结构化流程,以提高效率。

（3）在单项目运作成熟的基础上,改善项目组合管理,以促进公司的快速增长。

（4）改进职能与支持流程,以提高效能,包括:关键职能领域的改进,如质量、系统工程等;人才管理;绩效和激励;流程管理等。

其中建议（1）和（2）优先实施,PRTM给其建议起名为高效产品开发（high performance product development,HPPD）。由董事长和总裁挂帅,自上而下地推动HPPD整体工作。

下面从建立跨职能团队、引入并行工程的结构化研发流程这两个方面对流程进行优化。

1. 建立跨职能团队

公司组建了跨职能团队,把以前的组织结构转变成"强矩阵式"组织结构。跨职能团队是一个充分授权的团队而不是以前的单纯的开发团队。跨职能团队是由市场、研发、物流、财务、客服等不同的部门人员组成。他们有共同的愿景和目标,充分履行职责,充分代表部门,充分贡献领域知识。建立跨职能团队能使得其成员更关注产品,为产品的成功负责;可以充分利用团队成员的跨领域知识,提高决策质量;使得代表各自部门的团队成员能够畅通地沟通,不会太过关注部门之间的关系,从而推倒部门间的壁垒。

跨职能团队由三种团队组成:决策团队、规划团队、开发团队。决策团队负责产品投资决策,掌握资源调配权力,把握正确的方向;规划团队起着桥梁的作用,进行中观层次的决策例如产品版本规划并上报决策团队,同时指导开发团队的具体开发工作;开发团队的人数比较多,负责执行开发过程,对整个开发过程负责。规划团队、决策团队、开发团队的关系如图2-12所示。

产品决策团队的主要任务包括相关产品规划的批准、为产品开发各个阶段进行资源调配及实行相关阶段的决策、把超出相关产品决策范围的问题提交至上级决策团队、《产品开发任务书》的审批、把上级团队进行决策通过的结论加以落实。产品决策团队的组长由产品总经理来担任,而一般成员则由相关职能的领导组成,他们共同组成了产品决策团队。

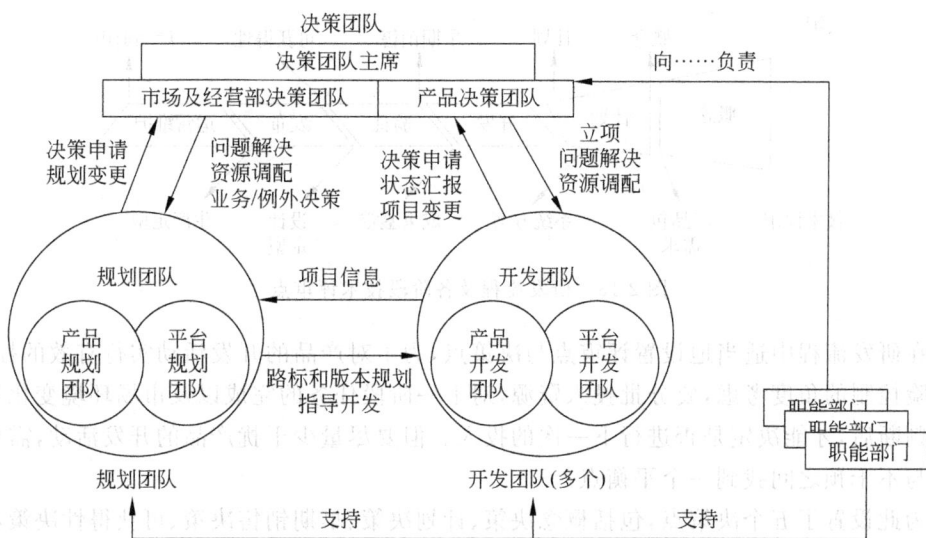

图 2-12　HPPD 中规划团队、决策团队、开发团队的关系

产品规划团队在产品开发的过程中起着原始驱动力的作用,其主要任务包括:产品的路标规划和版本规划,并将规划上报于决策团队进行决策,并将决策通过的规划传递给产品开发团队予以执行,从而开发出符合规划的产品。

产品开发团队负责整个开发项目的产品开发工作,以及产品包的完整交付。产品开发团队由两部分组成,包括产品经理和核心组。

产品经理由产品决策团队来任命产品经理,其主要的任务包括:确保"产品包"能达到预期的目标及完整交付;协调整个产品开发团队与各职能部门之间的运作;从各职能部门及产品优秀团队得到相关的承诺;对产品包业务计划书与业务计划进行组织制订;对产品开发成本进行控制,以及为产品开发的各个决策活动准备相关的资料;对产品的并行开发过程和产品管理加以确认。

核心组中每个成员通常来自于不同的职能部门,核心组成员是经过各相关职能部门单位充分授权的,必须利用所在部门的资源来为组织提供相关的保障,更好地完成产品的开发任务,产品经理对相关的部门进行考核。核心组成员来自的职能部门包括研发、市场、售后、采购、产品 QA、生产以及财务等,其主要的任务包括:对产品包的交付及产品变更进行负责及管理;参考产品规划,对相关的配套策略、产品需求以及产品包业务计划书进行分析和制订;作为职能部门与项目之间沟通的桥梁,给职能部门领导汇报项目情况;对产品的执行情况进行监测。

职能部门领导的职责包括部门管理和支持产品开发,部门的相关工作包括:对产品开发的人员资源进行确定并对各开发项目间的资源加以协调;培训、招聘、解雇员工,并对其进行考核;实施职能部门的预算;对职能部门的相关项目加以实施及管理。

2. 引入并行工程的结构化研发流程

优化后的研发流程图如图 2-13 所示,包括概念阶段、计划阶段、开发阶段、验证阶段、发布阶段及运营维护阶段。

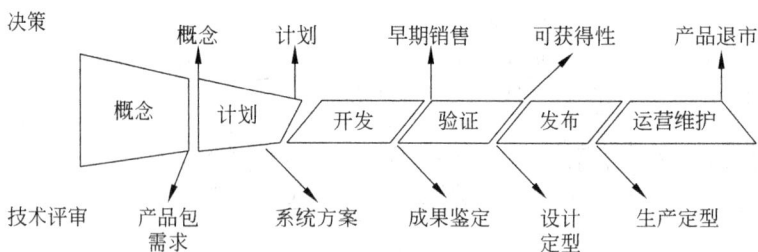

图 2-13   研发流程及各阶段技术评审点

在研发流程中适当地设置评审点与决策点,为了对产品的开发活动实行有效的控制,从风险控制的角度考虑,要分批投入资源,对上一阶段任务的完成以及市场环境变化进行审视判断后,才能决定是否进行下一次的投入。但要尽量少干扰产品的开发活动,需要在干预与不干预之间找到一个平衡点。

为此设置了五个决策点,包括概念决策、计划决策、早期销售决策、可获得性决策和退市决策。各个阶段的决策关注点是不同的:概念阶段——关注产品包的市场潜力、资源与风险、盈利能力分析;计划决策——关注产品包的及时交付能力、供应商的能力与选择、资源与风险、盈利能力分析,在产品设计阶段就进行供应链设计决策,实现产品开发与供应链的集成;早期销售决策——关注产品的质量水平、市场机会成熟情况、盈利能力分析、风险与资源;可获得性决策——关注产品包交付能力、产品的可制造性与可装配性、市场机会成熟情况、盈利能力分析、风险与资源;退市决策——关注产品迁移情况、市场占有影响。

各个阶段的相关的技术评审报告作为决策的输入之一,是决策活动的重要依据,决策的输入和依据主要包括:①产品包所针对的目标市场变化情况;②产品开发工作的进展,包括研发、市场、采购、生产、售后等各项策略与计划的制订与执行情况、技术评审的结果、关键绩效指标如质量指标等达成情况等;③产品规划及其实施完成情况;④产品包的预期成本、收益;⑤下阶段的资源需求表及投入时间表;⑥相关的市场及行业信息等。经过决策后,研发项目通常可以有五种选择,包括项目终止、项目暂停、项目继续、冒险继续和重新提交决策。

并行的思想贯穿于整个开发阶段,产品包业务计划书需要各部门共同对产品概念进行评估选择;包括开发、测试、售后服务、采购、生产、市场推广等的计划书提前到计划阶段,与系统方案并行进行;而市场销售、生产、测试和售后服务的准备在产品开发阶段并行进行;把之前串行进行的产品测试验证工作与设计变更工作改为并行进行等。实施并行开发要求产品开发人员必须从一开始就要考虑产品整个研发过程从概念形成到产品报废的所有因素,其中包括质量、成本、进度计划和用户的要求。这就需要产品开发流程要有重要的变化,而且所有参与人员对产品开发流程都要有清晰的认识和理解。

中兴通讯通过 HPPD 变革,已取得了阶段成功,2010 年营业收入达人民币 702.64 亿元,成为全球第五大电信设备商。

习题

1. 产品开发流程有哪几种类型？每种类型有何特点？

2. 试指出产品开发组织的四种类型：职能型、项目型、矩阵型、二元型的优点与缺点，及其适用场合。

3. 试分析为何日本众多跨国企业把新产品开发活动在地理上汇集在一起，特别是定位于高成本的地区，例如东京或名古屋。

4. 用图示的方法表示出一个家庭晚餐的计划与烹饪过程。该过程与新产品开发一般流程是否有相同之处？或者与市场拉动型、技术推动型、工艺密集型，或定制型流程更接近？

5. 大学是职能型组织还是项目型组织？是否在不同层次有不同结论？

6. 试总结篇首案例中丰田公司的产品开发流程的特点及优点。

第 3 章

产 品 规 划

3.1 篇首案例：施乐公司的技术预见与产品规划

施乐公司是挫败日本对手的典范。在 20 世纪 50 年代，最好的复印方法是一种名为蓝图的复印技术。复印出来的东西味道很重，而且湿乎乎的。施乐发明了复印机，在复印机行业取得了巨大的成功。然后，施乐申请了五百多项专利，假如一个企业要花钱买它的五百多项专利，制造出来的复印机会比它贵几倍，成本远高于市场价，根本没有市场。在巨大的利润之下，施乐公司根本没有兴趣去仔细深入地分析市场。

此外，施乐 20 世纪 70 年代推出的几乎每一个型号的机器都有一些令人尴尬的故事。像 3600-3 型中低端复印机，就以经常起火而出名，其中最有名的一次是在白宫的办公室里烧起来。4000 型的中端复印机，是施乐第一台可以双面复印的机器，但其质量很不稳定，有时墨盒会从机器里面弹出来洒得整个办公室都是，卡纸问题更是频频发生。

施乐将广告诉求定位在"复印速度更快"上，所以施乐更热衷于体积大的高端产品。施乐曾耗时八年开发 9200 型复印机，它能每分钟复印 120 页。当施乐 1974 年推出 9200 型时，它的包括研发在内的整个成本已经接近波音 747 客机。

专利保护期过后，仿佛一夜之间，许多日本公司，包括佳能、理光、夏普、美能达、东芝等十几家日本公司纷纷向美国出口复印机。几乎每家日本公司都用相同的低价战略和庞大的广告攻势，"我们没有像施乐那样响亮的名字，但是，我们的机器不会死机，不会卡纸，而且便宜。"当日本的复印机以几乎低于施乐产品标准成本的价格在市场上竞相出现时，施乐感到了从未有过的恐慌，但束手无策。

1970 年，施乐占有全美 95％的市场。1976 年，市场份额还保持在 50％左右。但是到了 1982 年，市场份额跌到了 13％。美国市场上相继出现了 147 种不同功能、不同类型的复印机。六年后，施乐公司通过降低成本、重新集中关注关键顾客群和提高产品质量等手段迅速恢复了生机。但到 20 世纪 90 年代初，施乐公司在开发新型数字成像技术的竞赛中又落在了惠普公司与柯达公司的后面，因而陷入十分危险的境地。

在施乐濒临倒闭的关头，威尔逊展现了远见卓识，他说："现在只是在传递图文信息，人们要把东西写下来，然后复印，再由一个人传给另一个人，才能使信息得以分享。在即将到来的电脑时代，将用数字来处理信息，通过网络来传递信息。"并对公司如何参与到与互联网发展相关的办公数字化革命当中进行了规划。

自 2002 年施乐股票见底达到 4 美元时起，该公司股票一路上扬。施乐创造了一系列悲喜剧后，最终又再次成为行业龙头，成为技术领先的代表。在施乐公司多次体验濒临死亡的感觉之后，认为扭转乾坤的秘诀就是技术预见与产品规划。

3.2 产品规划的困扰

产品规划的常见困扰有以下几种。

1. 规划了太多的产品

常见的做法有三种：一是抱着占领零售商货架的想法，规划的产品过多，导致货架面积不断上升，使消费者选择困难，主力产品不突出，资源过度分散，主力产品得不到足够资源，品牌失去支撑；二是通过产品分化实现覆盖，但通过只是换个包装，消费者很快明白产品是同样的，"窜货"使管理产生困难，分销商的经营难以为继；三是围绕某区域推出产品，导致一地一品，没有整体性，产品过多却不能充分覆盖目标市场。

以上做法最终使得新产品不断推出，生命周期越来越短，生产成本上升但产品质量下降；新产品销量上升以老产品销量下降为代价，甚至没有带来总销量的上升。

这时应从合适的维度对市场进行划分，以较少的产品全面地覆盖目标市场。有些企业甚至选择单品运作，只推出一种产品覆盖目标市场，也可以取得很好的成绩，例如红牛功能饮料。

2. 以技术标准规划产品

这是上一困扰的主要根源。例如电视以屏幕尺寸标准扩展，而没有考虑用户居室；冰箱按容量，而不考虑生活方式；汽车按排量规划，汽车轮胎按直径规划，而没有考虑驾驶体验。这导致有些市场没有产品覆盖，有些市场有太多产品覆盖而产生冲突。

3. 项目组合与项目管理的不合理

项目组合与项目管理的不合理包括：产品上市时间的不合理安排；新产品开发项目组合超出了企业的研发能力；有些项目人员冗余，有些却缺员；选择了错误的项目，浪费了大量的资源；项目方向频繁改变等。

为此需要按步骤科学地进行产品规划。

3.3 产品规划的内容

产品规划就是考虑一个公司应该从事的项目组合，并决定什么时候从事什么项目。产品规划开始于企业战略分析，包括市场目标与技术发展的评估，最终产生项目任务书。

通过产品规划，可以回答如下从宏观到微观的问题：应根据哪些细分市场来设计产品并确定产品特征？应从事何种新产品、平台和派生产品的开发？不同项目之间如何联系而成为整体组合？项目的时间安排和顺序是怎样的？新产品包括哪些新技术？产品的制造、服务方面有哪些目标与约束？项目的财务预算与时间安排如何？等等。

本章展示了一个五个步骤的产品规划过程，其步骤如图 3-1 所示。

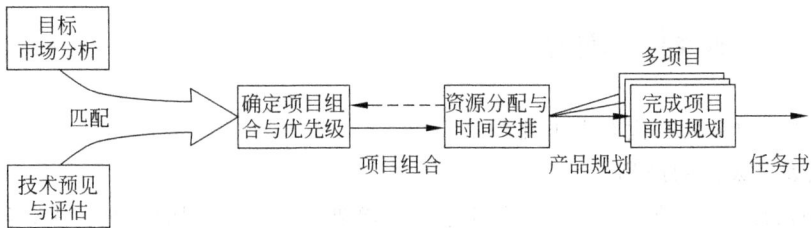

图 3-1　产品规划过程

3.4　步骤 1：目标市场分析

目标市场分析过程是由市场细分、目标市场选择和市场定位三个环节组成的。

3.4.1　市场细分

目前比较普遍的做法就是基于用户收入区间、年龄、教育背景、职业等基本信息进行细分，并没有深入研究用户的需求。并且，竞争对手往往采取类似的策略，从而造成恶性竞争。

例如，如果基于用户收入进行市场细分，将规划一系列覆盖各个价格区间的产品，如图 3-2 所示，横坐标代表开发时间，纵坐标代表产品的价位。公司的产品有 A、B、C 等很多种类，目前拟开发的新产品是 G，从价位上来说，G 比 B 稍微贵一点，介于 B 和 D 之间，它的目的是替代 B 产品，因为将来 B 产品可能会被市场淘汰，企业考虑在适当时候终止生产 B 产品，由 G 来代替它。企业根据这一价格目标确定成本目标，再围绕着预定的成本把产品设计出来。这一产品规划的简单做法是仅关注价格因素，而忽略了用户的其他方面的需求，难以有效覆盖目标市场。

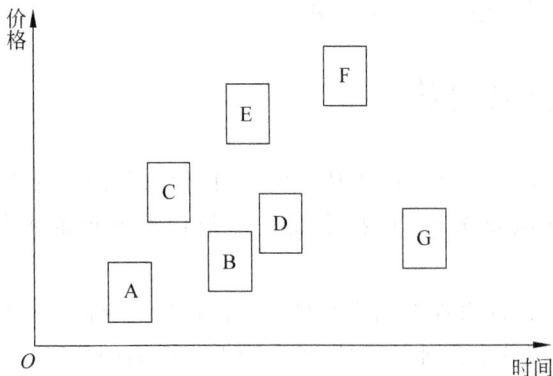

图 3-2　规划一系列价格不同的产品

目前，以技术标准细分市场、规划产品是大多数国内企业的做法，这会造成产品线的混乱，见例 3-1。

[**例 3-1**]　华南轮胎番禺生产基地每年均有 30 多个新的规格花纹品种推向市场。轮

胎产品线涵盖了17寸、18寸、19寸、20寸、22寸、24寸、26寸等几乎所有尺寸。然而公司发现在增加新品牌新产品销售时，受到了原有品牌及产品经销商的抵制，他们采用减少订单或低价扰乱市场的方式抵制新产品对原有产品销售的冲击。为此公司决定从根本上解决问题，改变以前以直径尺寸进行品种扩张的情况，重新进行市场研究与市场细分，并根据市场细分的结果判断目前的产品是否已经覆盖所有细分市场，如果没有，则应进行新产品开发来覆盖它；如果某个细分市场有太多产品，存在产品线混乱，则应减少无利润且没有战略价值（如培养客户忠诚度、阻止竞争对手等）的产品种类。因为这些低效的产品也同样会占据营销资源，因此会对有利润的产品造成冲击。产品间无实质区别、产品线混乱是产品开发的问题，无法通过营销来解决。公司规划的新产品有：针对高速公路上高速行驶的用户，规划跑气保用轮胎，在驾乘安全性大大提高的同时，免去了随车携带备用胎；针对维修操作不熟练的用户，规划无向安装的非对称胎，减轻了客户在实际拆装中需十分注意安装方向的麻烦；针对欧美汽车市场日渐风行的超高性能的越野车而研发的大轮辋轮胎，能在野外适应各种艰险路面状况；针对极寒地区的冬季轮胎等，使得公司保持10年年均20%以上的增长。

正确的做法是对客户需求有准确把握，并进行适当的产品规划，见例3-2。

［例3-2］ 波音飞机公司不是按尺寸，而是根据航空公司战略规划与需要来规划产品。基于"实现地球任意两点的直航"的用户需求，发现了"远途的大容量的运输"的产品需求，因此规划开发波音777产品。

因此，既不应根据技术标准、地域，也不应基于用户某一维度的信息进行市场分类，而应进行深入调研，获取用户潜在需求，将所得的各方面的需求点进行聚类，将接近的需求点聚合为市场细分。分类与聚类的区别在于：分类是基于明确的参数及区分规则进行划分；聚类是事先并没有空间区分规则，而是根据"物以类聚，人以群分"的道理，将并没有预先划分类别的用户聚集成不同的组，见例3-3。

［例3-3］ 伊莱克斯以前按地域、价格区间设计产品线，有一类产品是食品加工机（如豆浆机），有15种产品（15个国家），有7亿美元的年销售额，但年度亏损800万美元。经重新研究发现，有四个需求空间：基本需求，不同国家的基本需求是相同的，目标是酒吧、便利店；特殊需求，目标是民航、旅馆、医院；烹调伙伴市场，目标是员工餐厅、家庭饭店；知名美食市场，包括宾馆、饭店。以前推出的15种产品只覆盖了三种细分市场，没有覆盖烹调伙伴市场。伊莱克斯对产品进行重新规划，只保留三种产品，新增覆盖烹调伙伴市场的新产品。两年后，食品加工机年度利润3 700万美元。

产品规划的关键不仅在于对合作伙伴、最终客户的需求的理解，还在于对行业发展方向的预见，见例3-4。

［例3-4］ 在我国，客车底盘厂家的前三甲公司为一汽、二汽、江淮客车。江淮客车公司不认为自己的客户是整车厂，而是最终用户。基于对用户也就是乘客的调研发现，需求可分为三大类：①城市公交运输。城市公交车的容量、底盘高度、清洁能源、长度都有其特点，这些需求将会影响底盘的特点。江淮客车公司对公交公司的战略规划进行研究，根据它们的战略规划来扩展自己的产品线，以适合未来的公交规划的需求。②城市到村的运输。考虑到这一类运输短途及超载的习惯，规划加固处理的底盘产品。③城际高速

公路运输。考虑到其长途、舒适性、商务特性的需求,规划具有较大宽度与较好操控性的底盘产品。根据以上的市场细分构建产品线,结果公交公司在招标时,无论是哪个整车厂中标,都指定使用江淮底盘;从事短途客运的个体户无论购买什么品牌的汽车,都要看看它是否使用了江淮公司的经加固处理的底盘。

3.4.2　目标市场选择与定位

目标市场及产品研发项目的选择源于组织的竞争策略选择。组织的竞争策略定义了针对竞争对手为达到市场和产品目标的方法。常见的竞争策略有以下几种。

(1) 技术领先(technology leadership)。采取这一策略的代表企业有索尼、苹果、杜邦等公司。这一类的公司十分关注新技术的研发并将其产品化,例如美国杜邦公司用了11年时间,耗资 2 500 万美元,才试制成功合成尼龙生产技术,并基于这一新技术开发了上百种新产品。

(2) 成本领先(cost leadership)。采取这一策略的代表企业有戴尔、松下等。这一策略要求企业通过规模经济、先进的生产工艺、低成本劳动力以及生产改善,获得生产效率上的优势。例如,松下公司通常在索尼推出新技术新产品之后,其可行性得到检验时,再推出新产品,通过成本优势反超索尼。

(3) 以顾客为中心(customer focus)。采取这一策略的公司通常开发众多的产品品种,以满足不同种类的市场细分。其理念是主动创造市场细分,然后扩展产品线。这一策略又可分为三种:一是完整产品线策略,代表企业有宝洁、丰田、中国电信、Swatch。例如,宝洁公司的洗发水在品牌、包装(家庭装、旅行袋装、学生袋装)、针对的发质(干、油、所有)、香型四个维度上组合形成几十种产品。采取这一策略需要把握适度的原则,从战略的角度考虑产品间的有机联系,否则将导致产品增多,顾客不好选择,市场份额反而降低的结局。二是产品线的向下延伸策略,代表企业有华伦天奴,它增加副品牌从高端市场向下延伸至大众市场,以提高销售额。采取这一策略需要注意高端品牌价值损失的风险。三是产品线的向上拓展策略,代表企业有张裕,它通过"解百纳"新品从低端市场向中端市场扩展。采取这一策略需要注意营销能力与服务能力的提升。

(4) 模仿(imitative)。该策略是众多中小微企业常用的策略。有关调查表明,我国企业平均的 R&D 经费投入强度为 0.5%,其中大企业 R&D 经费投入强度是中小企业的两倍多。可以看出,我国中小企业技术创新能力和技术水平与大企业相比有着很大的差距,同时在市场竞争中,大企业整体在规模、市场份额等方面也表现出更强的竞争优势。

目标市场的选择不应过多,否则易引起品牌认知的模糊。哈佛大学米勒教授研究结果表明,人对事物的短时记忆项目通常不会超过七个。要想进入消费者认知,取得消费者心理认可,只有让品牌及产品特征变得简单、单纯,一个品牌或产品只代表一个核心信息,就如同钉子打洞一样,越尖锐越容易进入墙体。而品牌或产品信息越简单有力,就越容易进入消费者大脑。若只专于一个或少数领域及目标市场,信息简单明确,就具有取得消费者认知的优先机会。

3.5 步骤2：技术预见与评估

3.5.1 技术进化的S曲线

在技术密集的行业，产品规划的一个重要决策是何时在产品线中引入新的技术，例如灯饰照明行业，何时引入LED产品而非传统的灯饰产品。这时，需要评估当前技术在技术轨迹（technological trajectories）中的位置，才能进行正确的产品研发项目决策。通常越是技术发展的初期，研发的风险越大，但垄断市场的机会也越大，需要增加技术研发项目以提高新产品技术水平；通常越是技术发展的后期，研发的风险越小，但市场潜力也越小，需要增加工艺研发项目以降低新产品成本或寻求替代的全新技术。

技术轨迹展示技术或产品种类的性能随时间变化的情况，通常呈现为S形，如图3-3(a)所示；替代技术的技术轨迹多次叠加，会形成更高层次的技术轨迹S曲线，如图3-3(b)所示。S曲线就是一种帮助我们理解技术发展的模型。

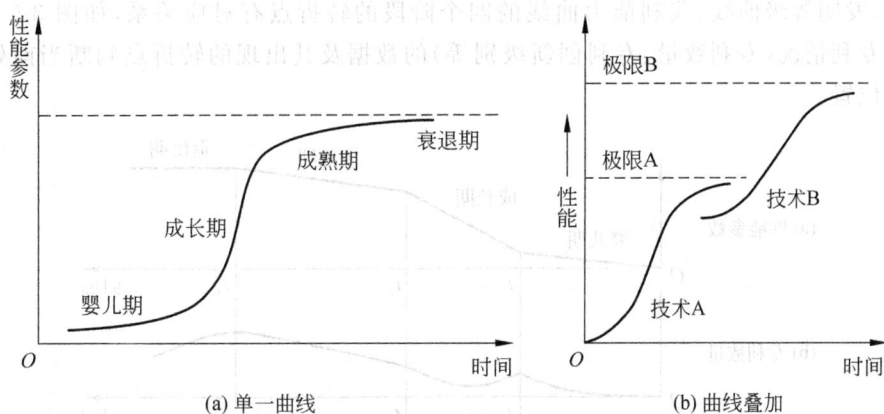

图 3-3 技术轨迹的 S 曲线

在全新的替代技术产生时，它的性能往往比不上原有技术，但全新的替代技术的发展通常比原有技术快，能够在较短时间内超越原有技术。例如，数字成像技术与传统的光透镜成像技术的S曲线如图3-4所示，自1991年柯达公司推出世界第一台商用数字照相机以来，数字成像技术的发展势如破竹，其分辨率等性能参数几年就远超传统的光透镜成像技术。

可基于以下几种方法，判断某种技术在其S曲线上当前所处的位置。

1. 基于性能极限的预测

它的步骤有：①在性能-时间坐标上绘出该项技术性能进展的历史数据点；②基于专家的判断，得知性能极限水平线；③将性能极限水平线作为约束，对历史数据点拟合得到S形曲线模型。

这一方法非常简便，其缺点之一在于，它的预测精度依赖于专家对性能极限的主观判断；其次，预测依赖于某一标准性能参数的选择，在某些行业中，对于哪个性能指标最重要，有时很难达到统一，这就增加了确定合适的曲线的难度。

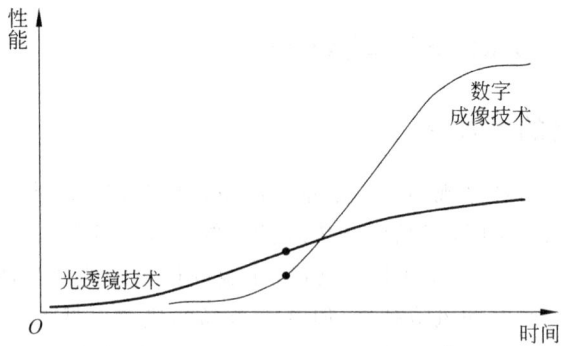

图 3-4　数字成像技术与传统的光透镜成像技术的 S 曲线

2. 阿奇舒勒的专利挖掘模型

　　技术与产品的发展周期可划分为四个阶段：婴儿期、成长期、成熟期、退出期，如图 3-5 中的四个分区所示。阿奇舒勒（Altshuller）基于对大量专利的分析发现，S 曲线、专利数量曲线、发明等级曲线、获利能力曲线的四个阶段的转折点有对应关系，如图 3-5 所示。可根据专利情况（专利数量、专利创新级别等）的数据及其出现的转折点判断当前处于 S 曲线的位置。

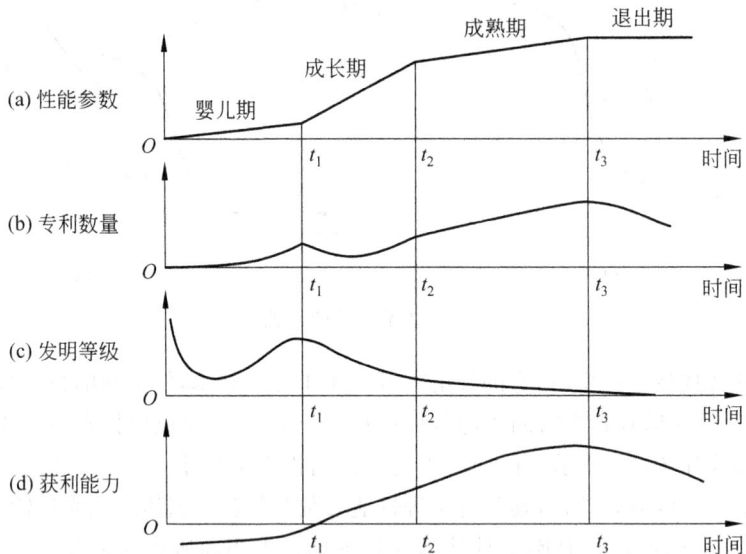

图 3-5　阿奇舒勒的专利挖掘模型

　　专利创新级别的定义如表 3-1 所示。

表 3-1　专利创新级别的定义

层次	比例	内　　容	知　　识
1	32%	技术系统的简单改进	行业内常识
2	45%	包含技术矛盾解决方法的发明	行业内已知知识

层次	比例	内　　容	知　　识
3	18%	包含物理矛盾解决方法的发明	行业外已知知识
4	4%	包含突破性解决方法的新技术	全新的原理
5	1%	新现象的发现	重大的科学发现

科技界认为发明创新有五个层次。第一层,由专业内为人熟知的常识方法就可以解决的常规设计问题,这个比例占 32%;第二层,行业内出现问题用本专业的技术进行解决,通过对矛盾的解决,就可以给系统功能带来一定提高,该比例占 45%;第三层,本行业的知识不够,需要借助其他行业的知识整合来解决出现的矛盾,使得现有系统的功能从根本上得以提升,这种问题大概占 18%;第四层,就是要由全新的原理执行系统的主要功能,让系统全面升级,该层次接近原始创新的层面,约占 4%;第五层,重大科学发现导致的发明,它催生了全新的系统,推动了全球的科技进步,约占 1%。

从以上五个层次我们可以得出一个重要结论:现在 95% 的技术创新问题依靠人类已有的知识体系都是可以解决的,问题在于怎么去整合与应用已有的知识。这给我们有效地解决绝大多数技术创新问题指明了一个方向。

对于第 1 级,阿奇舒勒认为不算是创新;而对于第 5 级,他认为"如果一个人在旧的系统还没有完全失去发展希望时,就选择一个完全新的技术系统,则成功之路和被社会接受的道路是艰难而又漫长的。因此发明几种在原来基础上的改进是更好的策略",因此他建议将这两个等级排除在研发目标外。一般来说,等级 2 和等级 3 称为"革新"(innovative),等级 4 称为"创新"(inventive)。

专利创新等级与技术进化过程的关系如图 3-5(c)所示,该技术领域的第一项发明(第一个峰值)奠定了技术系统的基础,因而总具有高的等级,后续出现的专利的创新级别渐渐降低;然后出现第二个峰值,这是婴儿期与成长期的分界点。超过了这第二峰值,创新等级一直降低,等待替代技术的高等级的新发明酝酿出现。以上结论的合理性在于,在曲线开始部分发明等级水平最高是公认的,在最初发现阶段之后,发明者们继续改进,工艺技术突破生产瓶颈,这对应的是第二个峰值,然后开始大规模应用,此后针对该技术的专利对该技术发展的作用很小,级别也相对降得很低。

专利数量与技术进化过程的关系如下。通过对专利统计分析发现,专利数量的变化趋势也与技术系统进化过程有关。图 3-5(b)描绘的是与给定技术系统有关的发明数量变化的典型曲线,图 3-5(b)的两个峰值分别和图 3-5(a)的两个转折点对应。曲线第一个峰值对应着婴儿期与成长期的分界点。当一项发现或高等级发明出现后,围绕这个发现或高等级发明的应用会成为研究热点,大量的尝试使发明数量不断增加。当限制发明大量应用的关键问题被解决(对应第一个峰值)之后,由于专利垄断和市场先发优势,以及多数企业仍在观望等原因,专利数量开始减少。但是很快很多有实力的企业会发现该技术的价值,而投资参与技术研究和竞争,成熟行业可能会投入更多资金,专利数量再次上升,推动技术迅速发展,直到成熟。达到成熟(对应第二个峰值)后,因为发展空间越来越小,部分企业转向对替代技术的研究,专利数量再次减少。因此,第二个峰值是成熟期与退出期的分界点。

　　技术获利能力与技术进化过程的关系如下。图 3-5(d)描绘的是一项发明在技术系统不同的发展阶段所产生的平均效益的变化,获利能力应是一个综合指标,包括实际产量、经济指标、利润等,某一单项指标不一定能代表技术的获利能力。第一项发明尽管等级很高,但是不带来利润,技术系统仅仅存在于图纸上或只是样机,包含许多缺陷或不足。在能够大量应用时(突破生产瓶颈后)利润开始出现,获利意味着进入成长期。在成长期即使很小的进步都能带来巨大的经济效益,同时给发明者以巨大的收益。技术过了成熟期终点之后,由于市场竞争和相关技术知识的扩散,以及替代技术的影响,技术的获利能力开始降低。

　　这一模型可检验给定产品技术的成熟度。其缺点在于:获利能力是四个指标中有效数据最难以得到的指标。首先是因为企业机密等原因,很难获得相关的数据;其次,企业往往不会只经营一种产品,所研究的产品技术也许是企业某一产品中的子系统,那么即使有机会从企业获得数据,这些数据也很难从其所在的系统中分离开来,因而数据有效性就难以保证;最后,销售量受市场需求变化因素、企业的经营管理水平、相关行业和宏观经济的状况影响较大,因此销售量有时不能正确反映技术的获利能力。

　　3. Darrell Mann 的弥补缺陷的专利数量模型

　　从图 3-6 可以看出,在技术的婴儿期,因为此时技术还没有定型,还处于技术探索和选择阶段,所以基本谈不上弥补缺陷或降低成本。在技术进入成长期后,技术选择基本结束,但技术还没有最终定型,技术向着一个方向快速发展,由于对技术性能提高的迫切需要,主要发明集中在对发明的重要问题的解决,往往不是简单的缺陷弥补,而是引起系统的较大变化。因此这个时期降低成本和弥补缺陷的专利数量也较少,技术进入成熟期后,这时技术已经基本定型,技术中存在的重大问题已基本得到解决,但激烈的竞争使企业不断通过技术创新降低成本,弥补技术缺陷,提高技术性能。因此在成熟期前期,这两类专利的数量迅速增加。当技术性能接近最大后,由于创新的结果对技术的影响力已经很小,因此这两类专利的数量开始下降,直至该技术退出市场。

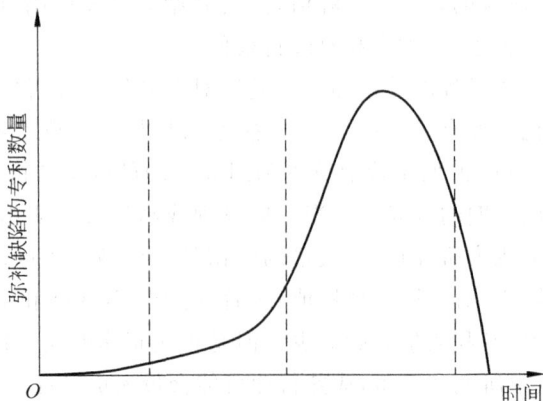

图 3-6　Darrell Mann 的弥补缺陷的专利数量模型

该模型的优点在于,它抛开较难获得的性能指标和获利能力指标,而基于独特的视角,引入弥补缺陷的专利数量这一指标,分析技术与产品的生命周期。

上述的第二、第三种模型属于专利分析法,专利分析的流程主要可分为三个阶段:准备、数据收集和分析。

1. 准备

准备首先是对该项技术的了解。必须先查询与该领域技术相关的文献资料,了解这些技术的原理以及它们的发展历程。接着就是确定收集专利信息的渠道。专利文献一般来源于专利局。国内专利可选择中国知识产权网(http://www.cnipr.com/)作为专利信息的来源。

2. 数据收集

数据收集就是在前期工作完成后,开始收集数据并予以记录的过程。为了得到所需要的专利信息,首先必须选择一个或多个合适的关键词,这个关键词要能够尽可能多地检索出与该技术相关的专利。当然,不能把太多无关的专利也网罗在内。数据收集的充分性与冗余性是一对矛盾体,需要把握好这个权衡。适当的检索关键词不仅能大大减轻工作量,而且也能使检索结果更充分。

接着要浏览检索出来的专利文献,对于那些满足研究要求的检索结果,要仔细阅读专利内容,并按标准进行专利分级,以及判断出这些专利是属于弥补缺陷的专利,还是属于降低成本的专利,以及该专利的创新等级。创新等级是主观判定的,不易做到准确。通常的做法是先找出创新度最高或最典型的专利,并给定其创新等级,然后以其为基准,根据专利与基准之间的创新程度差别来赋予创新等级,这样的赋值方法可提高判定的准确性。

最后是记录工作,必须将符合要求的每一项专利的信息记录下来。这里主要是将创新等级、专利名称、专利号、申请日、公开日、分类号、是否是弥补缺陷或降低成本的专利等信息记录到表格中。

3. 分析

数据分析是将记录下来的信息进行分类统计的过程,主要运用到统计学的知识。从模型的原理可以知道,某些指标与时间的关系是专利分析的对象。因此,可以用年份作为分类的基础,统计出不同年份的专利数量、平均创新等级、弥补缺陷的专利数量等数据,并用 Excel 等统计工具将表格数据绘制成曲线图,最后将这些曲线图与 S 曲线进行比对,分析出技术成熟度,并对企业应该采取的策略等进行分析。

如表 3-2 所示,在技术与产品的不同生命周期阶段,技术与产品研发的战略选择与应侧重的目标内容应有所不同:在婴儿期应关注技术的可行性与市场需求,着重突破性技术创新;在成长期应关注技术应用与市场推广,着重突破性工艺创新;在成熟期应关注外观设计、实用新型的研究,并着重降低成本的渐进式创新;在退出期,应关注能够代替处于衰退期的技术的新技术,着重进行全新替代技术的研发,准备下一代的技术。

产品生命周期图与技术生命周期图的形态基本相符,差别仅在于:在技术生命周期图中,纵坐标表示性能,S 曲线退出期为水平线,因为技术性能不再有进步而只能保持某个水准;在产品生命周期图中,纵坐标表示销售规模,S 曲线在退出期呈下降趋势,而非水平线。

表 3-2 技术与产品生命周期的战略类型分布

项目	产品生命周期的战略类型分布			
产品	婴儿期	成长期	成熟期	退出期
生命周期图				
公司战略	研究开发与专利保护是关键 扩大市场份额的有利时机	关注市场销售 调整价格 提高质量 树立产品形象 强化市场能力	低成本变得更关键 精益战略 守势战略	成本控制是关键
生产运营战略	产品设计与开发是关键 产品和工艺设计改动频繁 设计改进迅速 突破式创新 重大产品创新 联合创新	关注销售预测 重视产品和工艺流程可靠性 选择与提高产品竞争优势 增加生产能力 开始批量生产 重大工艺创新	产品标准化 产品更新速度减缓 大批量生产 改进生产作业 降低生产成本 工艺创新 渐进式创新 独立创新	产品差异化小 使成本最低 行业生产能力过剩 停业生产非营利产品 削减生产能力 替代技术的突破式创新

3.5.2 技术系统进化路径分析

随着市场竞争的日益加剧,市场变得越来越复杂,不可预期性也明显增强。因此,单单依据技术与产品的生命周期阶段的判断来制定战略显然还不够全面。这里需要引入另外一个从专利分析法中衍生出来的制定技术战略的工具——技术系统进化规律。

阿奇舒勒通过对世界上大量的专利分析之后得到八大进化规律。将技术成熟度预测结果和技术系统进化规律结合起来制定战略,将使得所制定的技术战略更加合理。

下文通过实例说明技术系统进化的八大模式规律。

进化模式 1:技术系统的生命周期分为出生、成长、成熟、退出四个阶段(S 曲线)。

这一模式已在上一节详细论述。这种进化模式是最具普遍性的进化模式。以变频空调技术为例,根据 Darrell Mann 的弥补缺陷的专利数量模型进行分析,变频空调技术专利从 1992 年至 1999 年每年平均增加约 20 项专利,为变频空调技术婴儿期;1999 年至 2002 年专利数量开始增加,为成长期;2002 年至 2008 年专利数量迅速增加,于 2008 年达到顶峰后开始下降,至 2012 年明显形成下降的态势,为成熟期。

进化模式 2:增加理想化水平。

理想化水平＝有用功能/成本与有害作用。增加理想化水平就是增加产品功能或减少副作用与成本。例如,单冷空调增加制暖、变频技术增加舒适性等有用的功能与作用,或采用冷量回收技术以减少能量消耗(即有害作用)。也可以将上述技术糅合在一起,这样能更迎合消费者的需求,理想化水平更高。

进化模式 3:子系统的不均衡发展导致冲突的出现。

系统的多种不同的子系统组成,各个子系统具有不同的生命周期,某些子系统阻碍了系统的整体进化,必须找出其中的子系统短板并加以弥补,才能使整个系统可以得到最大的优化。例如,目前空调系统中 R22 仍然是主要的制冷剂,它在成本、传热效果与能耗方面劣于 R290,与其他的热交换子系统的传热能力不匹配。如能解决 R290 的易燃性缺点,或电控系统的火花问题,就可用 R290 替代 R22,整个空调系统的性能将得到很大提升。

进化模式 4:增加动态性及可控性。

为了适应环境变化和满足多重需求,技术系统总是朝着增加灵活性和可控性的方向发展。由刚性趋向柔性是该模式衍生出的具体路径之一。

例如,电脑键盘的进化轨迹是由刚体结构的键盘向单铰链的、多铰链可折叠的、柔性可卷曲的键盘进化,再逐步地向液晶键盘、激光键盘,最后向虚拟键盘进化。如图 3-7 所示。虚拟键盘是指通过一个平坦的桌面以及摄像头,用户就能把桌面作为键盘使用,而屏幕上也会显示出用户手指的实时位置。可以看到,键盘的发展是遵循动态性及可控性法则,向着适应性和流动性增加的方向发展的。

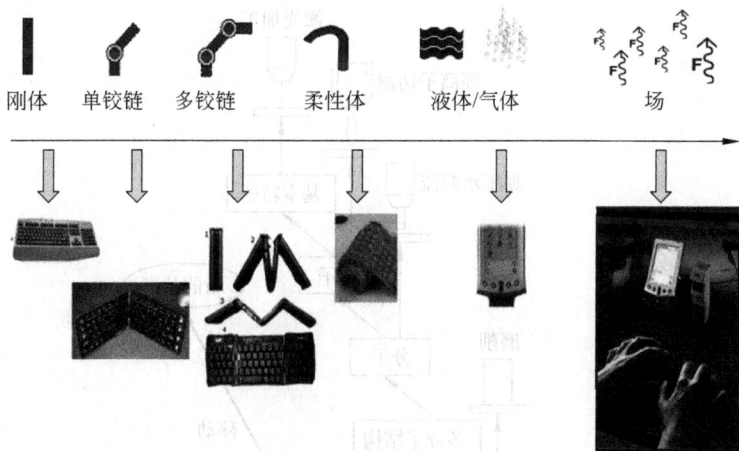

刚体　　单铰链　　多铰链　　柔性体　　液体/气体　　场

图 3-7　电脑键盘增加动态性及可控性的进化轨迹

具体路径之二是缩短能量流路径长度。这条定律要求能量形式的转换次数能够减少,能量的可控性得到增强。例如,原有的空调的能量转换路径为:水能或太阳能或煤化学能→电能→压缩机的动能→制冷剂的机械能。如果能运用太阳能直接推动制冷剂的运动实现制冷,消除中间的能量转换,将使系统更可控,也有更大的节能潜力。

进化模式 5:通过集成增加系统功能。

将两个单系统集成后形成一个复杂的系统,会使其能实现的性能提高。例如最开始的手机只有基本的通话功能,随着科技的发展,现在的手机将收音机、MP3、摄像机、游戏等集成为一个系统,用户可根据需求选择自己需要的功能。又如空调可以由单压缩机向双压缩机方向发展,虽然系统更为复杂,但是空调的性能将更加稳定,其在外界温度不高时工作的效率将大大提升,从而实现节能的功能。

进化模式 6:部件的匹配与不匹配交替出现。

这个定律主要强调技术系统的协调和各个零部件的协调。在这种进化模式中,为了改善系统的性能,消除系统的负面效应,系统元件既可以是匹配的,也可以是不匹配的,系统就是在这种匹配与不匹配中获得继续发展的动力,系统组件的不均衡发展是直接原因。例如,空调由五大部件组成:压缩机、蒸发器、冷凝器、毛细管(或电子膨胀阀)、制冷剂。每一个部件都要与其余四个部件匹配才能取得高的能效比。但每个部件往往独立地取得技术进展,而使得部件之间不匹配。因此需要不断地针对出现的不匹配情形进行改进,达到新的暂时匹配状态而提高效能。

进化模式 7:由宏观系统向微观系统进化。

由宏观系统向微观系统的演变过程中,元件占用空间可以得到有效利用,可以获得更好的系统功能,实现更好的系统控制。

例如,原来的铣刀是一根金属棒的结构,进化为由微小颗粒黏结成的磨具,再进化为高压水射流、等离子切割,最后进化为激光加工,乃至将进化为电磁波切削加工,实现越来越灵活的加工。如图 3-8 所示。

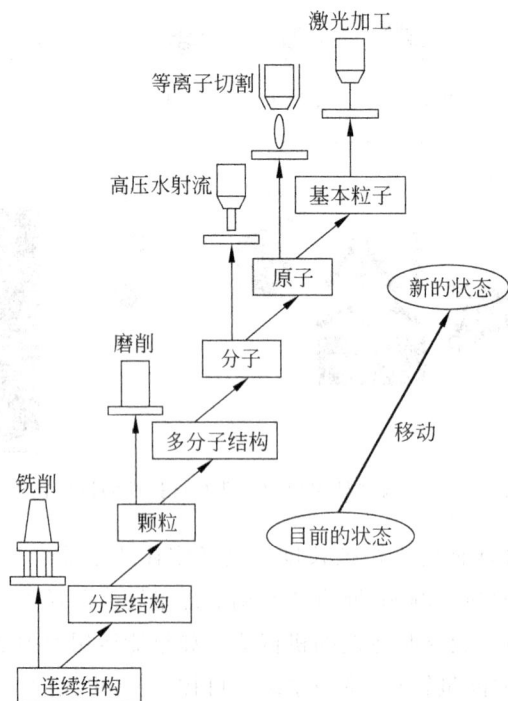

图 3-8　加工工具从宏观系统向微观系统进化

又如,音乐播放器的产品进化路径是:从最原始的产品——留声机,到现在的 MP3/ MP4/MP5,产品的体积、重量不断变小,微观化的趋势很明显。体积虽然越来越小,但是功能却越来越多,性能越来越好,这是集成化趋势的表现。可以想象,未来的音乐播放器将是集成众多功能于一身的多媒体娱乐平台,不仅支持多媒体的录、播、摄像,还可以网上冲浪、阅读文本,甚至收看卫星电视、播放投影等,实现声音控制、视频通话和辨明方向,并且逐步集成到用户的穿戴(例如眼镜、衣物)中。

进化模式 8:增加自动化程度,减少人的介入。

例如,空调系统也会朝着自动化、智能化方向发展,自动调节微气候环境,减少人的介入。例如智能芯片、微电脑的引入都可以实现这一功能。

技术系统进化法则是在大量专利的分析基础上,对技术和产品的进化所遵循规律的抽象总结,具有普遍适用性,如何将这种抽象的法则应用在不同的工程领域和产品,需要根据不同工程背景来实现。

3.6 步骤 3:确定项目组合与优先级

本节论述两种确定项目组合与优先级的方法:项目组合图和技术路线图。

3.6.1 项目组合图

项目组合图是沿着两个维度绘制的:产品变化程度和生产工艺变化程度如图 3-9 所示,一个圆圈表示一个开发项目,圆圈的大小表示该项目的大小,圆圈的位置表示该项目在产品与工艺两个维度上的创新程度。产品变化是指产生新的产品功能,生产工艺的变化能降低产品的生产成本。

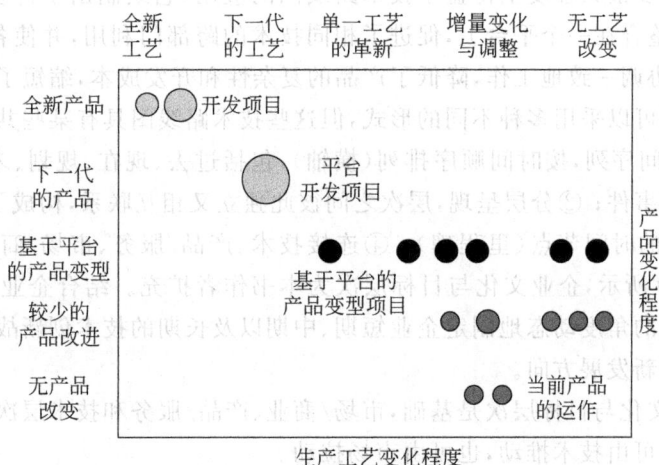

图 3-9 项目组合图示意

通常根据企业选择的竞争策略是技术领先,或成本领先,还是以顾客为中心,来确定项目的组合。如果是技术领先战略,则应选择包含更多创新度高的产品研发项目;如果是成本领先战略,则应选择包含更多的生产工艺变化的项目;如果是以顾客为中心战略,则应选择基于产品平台产生多种产品变型。无论如何选择,都应该考虑到企业的资源与能力,不能同时执行超出了企业能力的太多或太大的研发项目。

通常公司会从多种项目的组合中受益,通过项目适当组合来降低新产品风险。然而,需要注意的是,如从事的项目超出了可配置的人力、物力资源,就会造成项目延期,这种企图分散风险的行为实际上却会增加风险。

[例 3-5]　摩托罗拉公司认识到,正确的投资组合可以确保新产品和现有的成功产品之间的最佳平衡。为了保持项目和资源投入的正确组合,摩托罗拉公司的政府和企业移动解决方案事业部将产品组合投资按照 70∶20∶10 的比例来分配。其中 70% 的投资被分配给与核心业务相关的项目,20% 分配给现有产品需要开拓新市场的项目,剩余10% 被分配给涉及全新市场和新产品的项目。

3.6.2　技术路线图

相对于项目组合图,技术路线图(technology roadmap)能展示多层次研究视角与更完整清晰的产品研发规划指引,是基于企业理念、目标、市场/商业、产品/服务、技术、组织等创新要素的内在关系分析,通过可视化的方式形象地展示创新要素之间结构化的时空联系,推动企业进行未来创新方向预测、创新战略制定及创新系统构建的创新管理工具。

1998 年 5 月,摩托罗拉前总裁 Galvin 在《Science》上发表了《Science Roadmaps》一文。在这篇文章中,他认为:"技术路线图是对某一特定领域的未来发展的看法,该看法集中了该领域中集体的智慧和最优秀的技术驾驭者的想象,一般是采用绘图的形式表达出来,可成为这一领域可能发展方向的指南。"摩托罗拉公司是技术路线图的创造者,它系列产品的成功开发很大程度上得益于技术路线图的应用,它绘制出了许多产品的技术路线图,并将它们整合在一个平台上,促进了相同技术的跨部门利用,并使各部门在发展方向上达成共识,协调一致地工作,降低了产品的复杂性和开发成本,缩短开发周期。

技术路线图可以采用多种不同的形式,但这些技术路线图具有某些共同的特征,主要包括:①基于时间序列,按时间顺序排列(横轴),包括过去、现在、规划、未来等时间范围以及关键里程碑事件;②分层呈现,层次之间彼此独立又相互联系,构成了企业创新战略地图;③有明确的时间节点(里程碑);④连接技术、产品/服务、市场/商业、组织等多个层次。如图 3-10 所示,企业文化与目标层次为本书作者扩充。结合企业创新路线图,企业可以从更宽广的角度动态地制定企业短期、中期以及长期的技术创新战略,从而更为有效地把握未来创新发展方向。

其中,企业文化与目标层次是基础,市场/商业、产品/服务和技术层次是主体,组织层次是保障。产品可由技术推动,也可由市场拉动。

从技术路线图的结构可以看出,它有两项重要作用。①协调:通过图直观清晰地展示企业的重要目标,使管理者容易掌握全局的进度,使所有部门步调一致、形成合力。②揭示存在的问题:包括在某个层次上的问题,例如时间安排不合理,太少或太多,工作的先后次序等;以及层次之间的一致问题,例如有些技术没形成产品,或有些拟开发的产

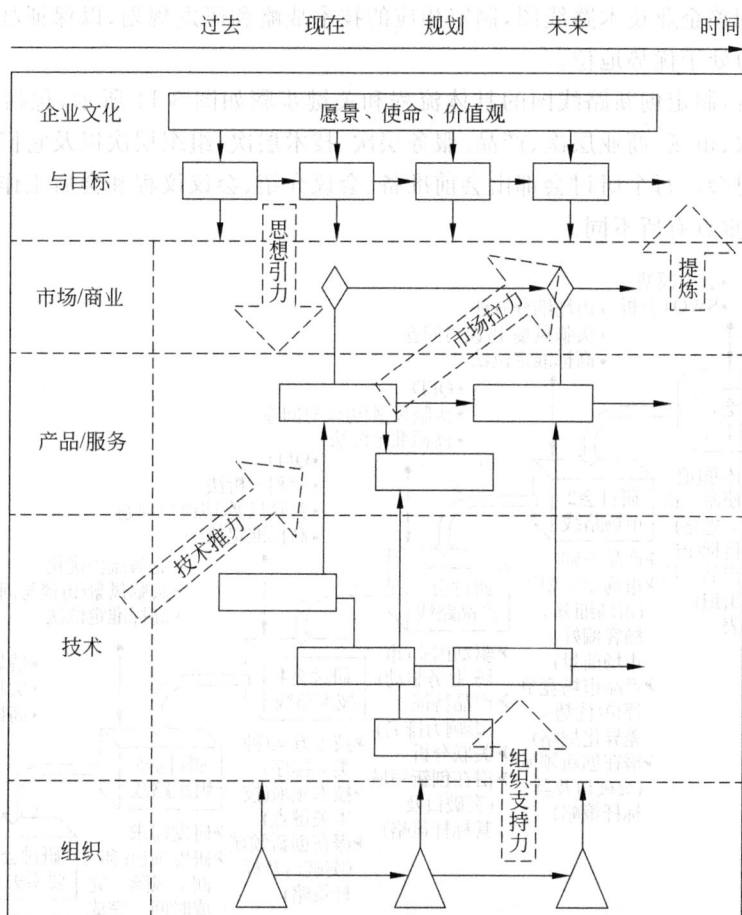

图 3-10　技术路线图的扩充形式

品缺乏技术的支持。

　　与技术预测、规划等相比,技术路线图不仅是一种图示化的结果,也是一种过程,具有一套标准化的制定流程。技术路线图的制定过程与技术路线图这个结果本身同等重要,有时过程甚至更重于结果。

　　技术路线图本质上是对于未来技术、市场等因素发展步伐的预测,是各环节先后逻辑关系的梳理。技术路线图的绘制是相当复杂的过程,有着多种不同的环节。绘制过程主要包括六个起促进作用的专题组。前五个专题组注重路线图的五个主要层次(企业文化与目标、市场/商业、产品/服务、技术、组织),最后一个专题组按照时间把这些主题集中到一起来构建路线图。这种方法是受市场和商业要求推动的,可以利用它们来确定产品技术方案,并确定产品和技术的优先顺序。

　　对企业而言,一种简便的做法是,不从整个技术的现状与趋势分析入手,而只需了解行业内或国家已经制定的技术路线图,并从中找到自己的位置,然后结合自身资源与实力水平,明确企业的定位和未来的研发方向,再进行相应的资源配置,即可完成本企业的技术路线图。在具体的实施过程中,还需随时关注市场需求与技术变化,定时或达到一定触发条件后就调整企业技术路线图,制定相应的技术战略和研发规划,以保证赶上技术发展的步伐并努力处于优势地位。

具体而言,制定创新路线图的具体流程和关键步骤如图 3-11 所示,包括关于企业文化与目标层次、市场/商业层次、产品/服务层次、技术层次、组织层次以及它们之间关系整合的六个研讨会。每个研讨会都由会前准备、会议介绍、会议议程和会后工作总结四个部分组成,但侧重点有所不同。

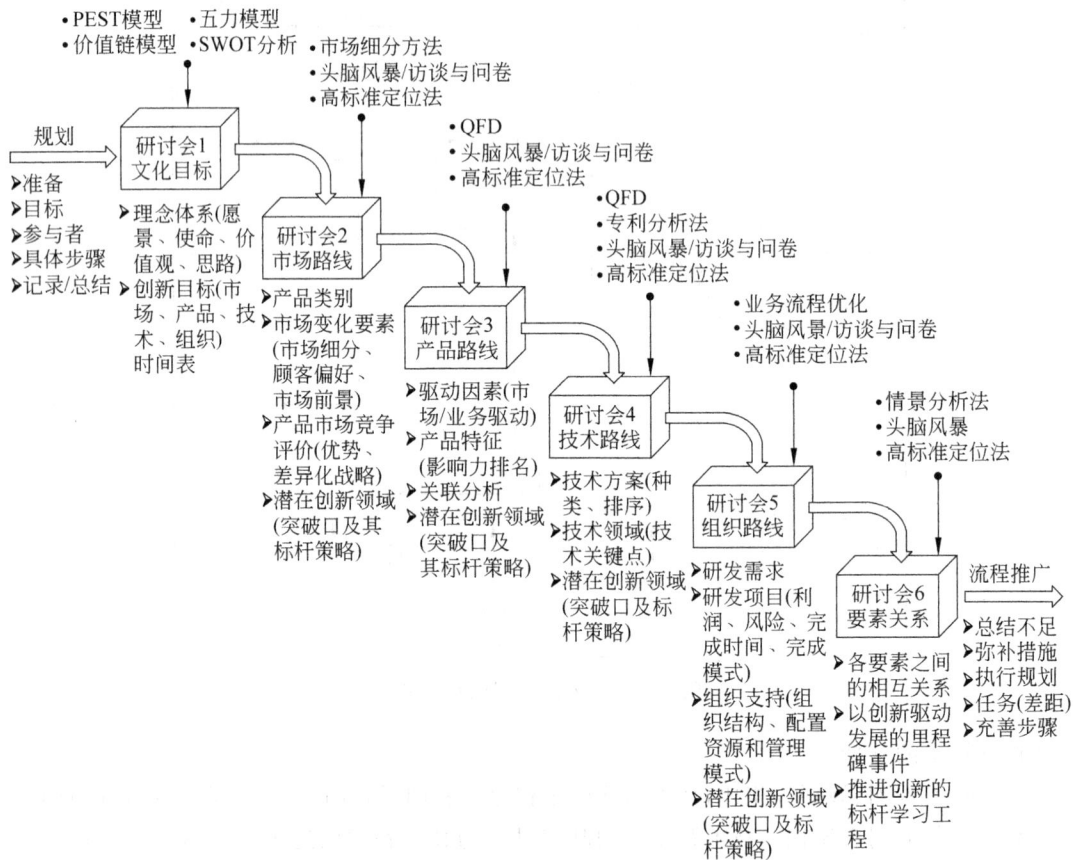

图 3-11　制定创新路线图的具体流程和关键步骤

1. 企业文化与目标层次研讨会

以企业创新方面的愿景、使命为焦点,对企业的内、外部环境进行分析,确定企业总体创新目标以及市场创新、产品创新、技术创新、组织创新的近期、中期、远期目标。

对于外部环境分析,首先利用 PEST 模型分析宏观环境,PEST 模型是对企业外部宏观环境因素分析的工具,包括对政治(political)、经济(economic)、社会(social)和技术(technological)四个环境的分析。其次,运用"五力模型"进行中观环境分析。这五力分别是供应商的讨价还价能力、购买者的讨价还价能力、潜在竞争者进入的能力、替代品的替代能力和行业内竞争者现在的竞争能力。

对企业内部环境分析,首先,运用企业生命周期理论进行发展阶段分析。其次,运用价值链模型识别企业核心竞争力。基于已完成的宏观环境分析、五力模型分析及价值链分析结果，从企业内部的优势、劣势和外部的机会、威胁的角度进行简单的 SWOT 分析，以推动企业发挥自身的优势、克服潜在威胁、转化现有劣势、把握发展机会。

2. 市场层次研讨会

市场层次研讨会的主要工作包括三个方面：一是对现有市场细分状况的评价；二是预测未来可能出现的细分市场；三是估计该细分市场对企业盈利能力的贡献程度。

3. 产品/服务层次研讨会

在产品或服务层面，以公司主要产品或服务类别为基本分析单位，分析各类别的性能特征、驱动因素以及发展趋势，讨论产品/服务的开发战略。如产品/服务来源于市场拉动，则 QFD(见第五章)是一种常用工具，它引导决策者将市场需求合理地转化为产品/服务需求。

4. 技术层次研讨会

在技术层面，分析影响产品特征实现的可选技术方案和可能技术方案，从中筛选出实现产品特征的关键技术难点。通过找出企业技术关键点与行业技术关键点之间的关系和距离，突破关键技术难点，或通过专利分析寻找技术进化方向提炼关键技术目标，实现企业的发展目标。在这一阶段，同样地，QFD 也是一种常用工具，它引导决策者将产品需求合理地转化为技术需求。

5. 组织层次研讨会

基于行业领先企业的先进管理模式和组织流程，运用业务流程优化的方法，结合企业文化与目标、市场/商业、产品/服务、技术层次的相关内容的组织调整或变革需求，探讨企业组织模式的未来创新方向，及其内在依据和推进策略，总结出公司组织结构、资源配置和管理制度的调整和变革路线。

6. 要素关系研讨会

在前五次研讨会的基础上，就五大层次各要素之间的相互关系、里程碑事件及其判断依据展开讨论，从而明晰和确定公司在技术创新过程中企业文化与目标、市场/商业、产品/服务、技术和组织五大要素之间的相互作用及演变情况，绘制出目标明确且具备参考价值的创新路线图。

最后，通过准备阶段收集的资料，以及上述一系列研讨会的结果，撰写技术路线图的报告。报告内容主要包括五个部分：第一部分为技术路线图制定与实施的背景综述，主要简要介绍企业的基本概况和技术路线图的制定方法；第二部分为技术路线图制定的基础条件，主要通过企业的竞争地位、发展阶段以及创新现状分析，明晰技术路线图制定的需求与必要性；第三部分为技术路线图的制定过程，主要包括准备工作、关键步骤以及绘制工作，重点说明技术与产品前景、主要市场/商业目标、目标市场、制造与服务环境的约束、利益相关者；第四部分为技术路线图的实施重点，主要基于技术路线图，形成创新战略实施的重点领域；第五部分为技术路线图制定与实施的保障措施。另外，在报告中附上一张技术路线图总图和五张技术路线图子图。技术路线图总图结果示意如图 3-12 所示。

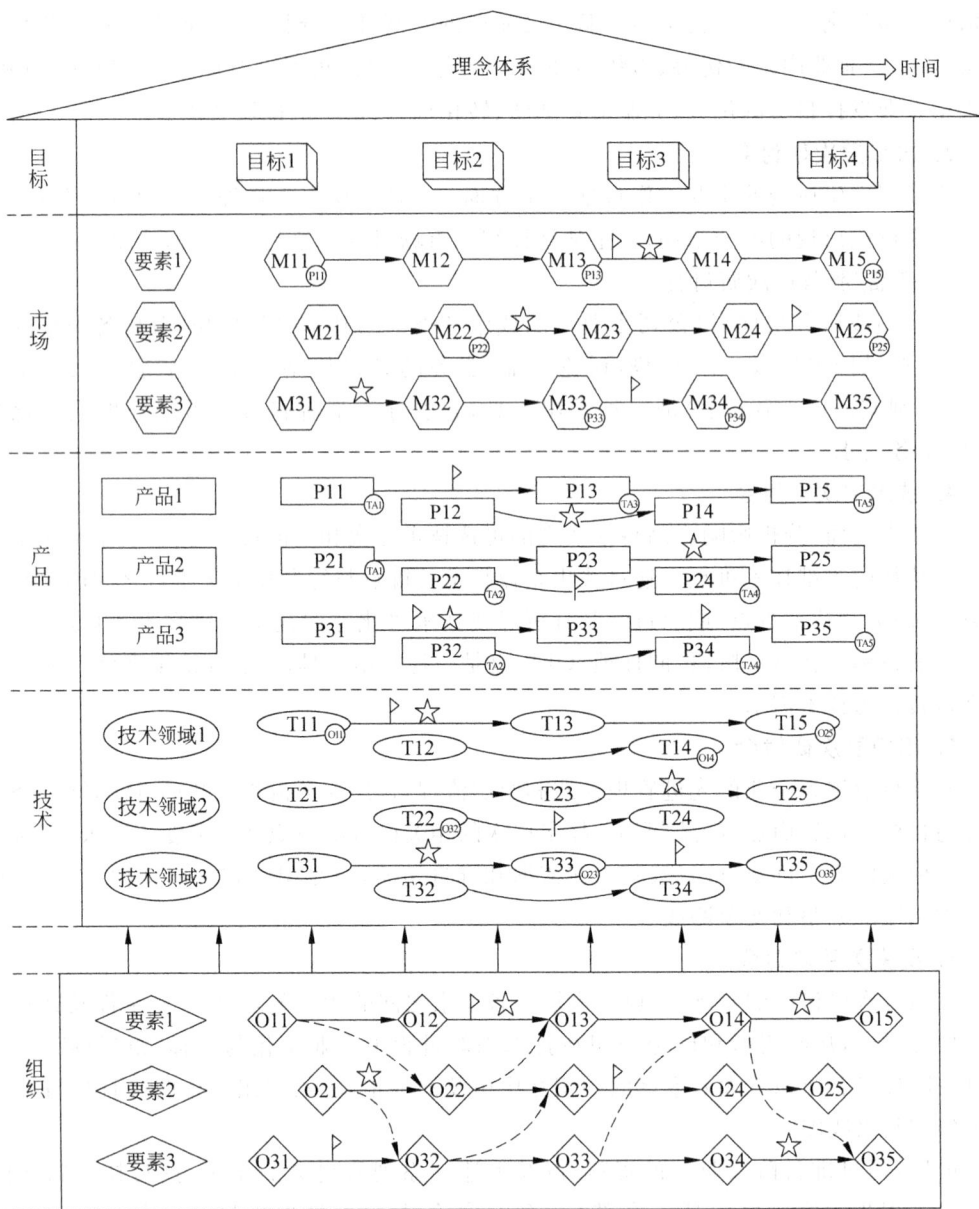

图 3-12 技术路线图总图结果示意

3.7 步骤 4：资源分配与时间安排

各个项目经过评估、筛选以及优先排序，使有限的资源被分配到最需要的地方。这样，企业可以平衡业务目标各异的多个项目，从而获得长期的盈利能力和市场份额。资源分配与时间安排的原则如下。

（1）考虑到意外事件发生的可能性，所计划的能力利用率要略低于100%。

留一点资源给意外的项目，这样才能有强的市场响应能力。常见的资源分配与时间安排问题如图3-13所示。在产品开发的前期，包括概念开发与系统级设计阶段，工业设计师往往超负荷工作，却在产品开发的后期负荷太低。而机械设计师在产品开发的中期，即详细设计阶段，工作过于繁重。制造工程师在后期负荷太高。这种不均衡的状况需要通过项目优先级重新安排、人员调整、外包等途径解决。

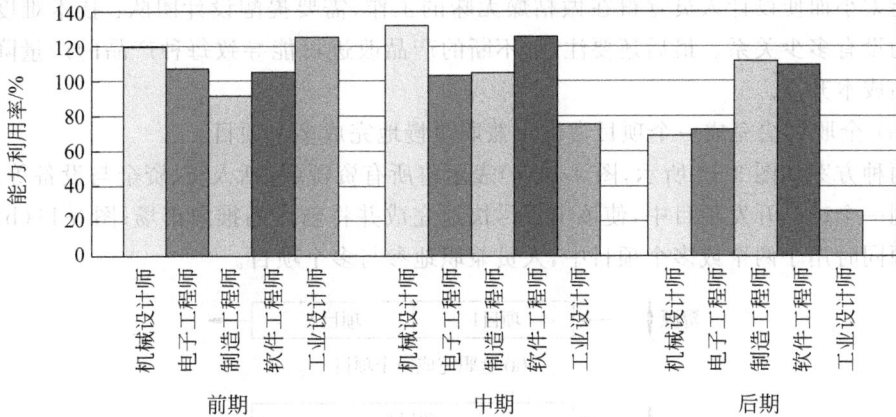

图3-13　总资源计划图

（2）多次渐近式创新常优于一次突破性创新。

项目时间安排的一个主要决策就是：做一个推出革命性创新的产品的大项目好，还是做几个逐渐改进使产品不断优化的小项目好。大量的事实表明，将变革分解成稍小的、执行速度更快的步骤，将显著增加产品开发成功率。

[例3-6]　电子测量系统的开发。

Keithley Instruments公司在开发新伏特表时，试图生产完美无缺的仪器。他们与所有可能的用户交流，评估所有竞争对手，致使为期三年的项目进行了多次变更，员工压力大，常常加班，但财务回报减少，还辞掉了不少员工。项目将近失败。后来换用渐近式创新的方式后，12个月内完成开发一个存在功能局限的产品2400，它一上市就占领了80%的市场，然后，推出了其他两个型号——2410和2420，它们都以不同的顾客细分为目标，但又是以从开发2400过程中获得的技术和非技术知识为基础。

人们通常认为，索尼的Walkman是突破性创新的典范。而事实上正好相反，这一案例证明了渐近式创新者实际上才是产品开发的无名英雄。渐近式创新成为进行廉价实验的方法，只有真正的生产才能不断降低成本。

[例3-7]　索尼开发出世界上第一台便携式音乐播放器Walkman，它摒弃了笨重的音箱等机构，显著地缩小了体积，让使用它的人可以一边运动一边听音乐。这一突破性创新的产品于1979年投放市场时，价格高达200美元，销路不好导致亏损。在随后的10年里，公司以降低成本为目标，不断进行生产改进和性能改进，用更轻更廉价的电子元件更替机械元件，降低磁带传动机构的成本，使得产品价格不断下降，扩大了销售量，最终成为

公司的明星产品。

更浅显的例子是：Intel 的产品性能每年提高 25%～35%，而不是五年后将性能提高了四倍的产品投放市场；苹果手机获得了巨大的成功，这些产品主要是逐步地改变了手机的外观以及平台的特性。

渐近式创新强调现有方案的复用，而复用的缺点就是很难完整采纳一项新技术，而某些技术变革不存在渐近的路线。例如蒸汽引擎与柴油机、真空管与晶体管之间没有渐近的路线，在这种情形下采用渐近的转型路线，就会落后于新技术。另外，要警惕渐近式改进不能太小而使设计人员觉得在做枯燥无味的工作，需要提醒设计团队：技术难度与业务成功没有多少关系。最后还要注意，不断的产品改进可能导致每种产品的产量降低而使产品成本升高。

（3）全职尽快完成一个项目常优于兼职缓慢地完成多个项目。

两种方案如图 3-14 所示，图 3-14(a)表示将所有资源（包括人员、资金与设备等）全部投入到一个产品开发项目中，使该项目尽快地完成并将新产品推向市场；图 3-14(b)表示将资源同时用于两个或多个项目中，人员兼职地参与多个项目。

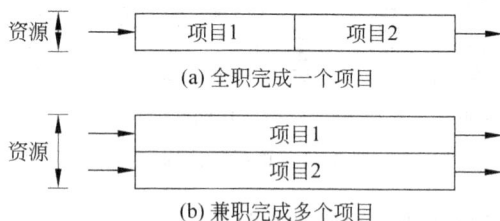

图 3-14　两种项目时间安排的方案

前者常优于后者的原因是：尽快完成的项目使后续的项目得到更多的技术准备和市场准备。另外，后者容易由于兼职成员的通病而使项目延误：当在一个项目中碰到困难就去做另一个项目，或优先级更高的项目时，易使某个项目延期。兼职专家（特别是有名望的专家，他们通常参与多个项目）表面上效率高，但却是项目延期的常见原因。

研究表明，每人同时进行两个项目时，等待之类的浪费时间的事会减少，时间得到最有效的使用；但如果速度是目标，则每人一个项目才是最佳方案。

3.8　完成项目前期规划

产品规划通常由跨功能部门的核心开发团队执行，其目的是制定产品开发任务书。产品开发任务书的主要内容包括：

（1）产品的简短（通常是一句话）的描述，指出产品的关键客户利益。

（2）关键商业目标，包括产品的上市时间、成本、质量。

（3）产品的所有目标市场。

（4）产品开发的假定与约束，包括产品所用的技术、制造方案、服务方案与使用环境。

（5）利益相关者，包括产品成败会影响到的所有的人。这一点的目的是确认目标客户,防止关键的需求被忽略。

[**例 3-8**] YL 电梯公司意识到,随着老龄化社会的临近,越来越多地需要在公共设施设计中考虑老年人、病人的需要。住宅电梯作为一种垂直升降的公共交通设施,需要重视人性化需求。为此,首先在设计其轿厢内部装潢时,应考虑到人的情感因素,尽量使电梯给人一种舒适温馨的感受;其次,为了不显著增加井道空间与成本,在需要容纳各种医疗设备,特别是 1.9 米长的担架的情况下,轿厢的深度可以延展,而在不需要时折叠收回;最后,考虑防撞缓冲的需求,减轻震动与撞击时对人的伤害。目前,还没有一种电梯能满足上述需要。

为此,公司建立了包括如下成员的团队:工业设计师 1 人,电梯设计工程师 5 人,制造工程师 1 人,医护人员 1 人,医学专业人员 1 人,电梯维护人员 1 人。经过市场的细分与分析、技术发展趋势分析、企业战略分析,以及三者的匹配,最后经过头脑风暴会议来完成产品规划。

通过产品规划,认为新型电梯的焦点是感性设计、人机交互,在有限的空间内需要容纳担架、轮椅及病人、减少碰撞振动与不适,并进行安全高效的电梯控制操作,同时又要满足节能环保的要求。作为产品规划的结果,该人性化电梯的产品开发任务书的内容如下。

产品描述:
考虑老年人、病人的需要的人性化电梯。

关键商业目标:
* 支持公司在电梯行业的技术领先战略。
* 对于视觉不良、行动不便的人,该电梯也具有良好的可用性。
* 主要市场占据 20% 的市场份额。
* 成本:11.0 万元/台。
* 2015 年第 1 季度上市。

主要市场:
养老地产。

次要市场:
12 层及以上的普通住宅。

假定与约束:
* 当轿厢深度在使用时动态延展后,电梯处于司机状态,不响应外召,以保证电梯平稳、快捷运行。
* 轿厢顶部设置弹簧吊环,轿厢地面设置软垫。
* 利用轿厢上的风滞压力产生电梯轿厢中的竖起气流,实现免电力换气。
* 轿厢设置盲文按钮及声控系统,声控系统外包制造,标准化系数≥60%。
* 基本参数:1 000kg(13 人),轿厢尺寸 1 600mm×1 400mm,井道尺寸 2 200mm×2 100mm。
* 属节能电梯。

利益相关者:
地产商,用户,制造厂,安装与维护服务提供商,销售商,建筑设计院及其设计师。

3.9　案例：ZG空调有限公司的技术路线图

ZG空调有限公司创建于1993年,是一家以家用和商用空调、冰箱、冰柜、红酒柜的研发、生产、销售为主的大型现代化家电集团。经过十余年的快速稳健发展,公司目前已成为营销网络覆盖全球100多个国家和地区、年产能达1000万套的全球知名品牌,并奠定了国内空调领跑者之一的行业地位。

中国的空调业在经过二十多年的快速发展之后,现已进入整合期,品牌集中度不断提高,主要空调厂商的产能仍然在急剧扩张,规模优势将进一步挤压其他品牌的生存空间,市场竞争日趋激烈。北美是除中国之外的全球最大的空调市场,年需求量达1000万套以上。目前北美市场的份额主要为美的、格力、LG和海尔所占据,作为中国家用空调行业前四强,同时也是最早进入美国市场的ZG空调公司,于2011年全年预计出口至美国的销量仅11万套左右,不及美国前三强的十分之一。面临着企业内外环境的重大变化,企业急切需要进行技术发展规划。

ZG公司的工业工程师们依据"市场需求—企业目标—技术需求—研发项目"的内在联系,建立起空调企业技术路线图模型。首先,进行市场需求分析,确定企业在近、中、远期所要达到的市场发展目标;其次,根据市场发展目标,确定应以何种产品占领目标市场;再次,识别产品开发的技术"瓶颈"、企业薄弱环节所存在的关键技术问题,凝练出不同时间节点的技术研发需求要素;最后,建立企业制冷产品技术发展技术路线图。

ZG公司的技术路线图制定的主要步骤如下:一是运用SWOT分析等方法,进行第一次研讨会,明确企业的技术发展战略;二是再进行四次研讨会,主要利用头脑风暴法广泛获取专家意见,分别明确市场、产品、技术、组织与项目层次的关键因素;三是运用QFD等分析工具明确不同层次及同一层次中因素之间的关系,最后进行一次研讨会,将多个层次的分析结果合并成完整的技术路线图。

首先对公司面临的优势(strength)、劣势(weakness)、机会(opportunity)和威胁(threat)进行SWOT分析法分析,分析结果见表3-3。

表3-3　ZG公司的SWOT分析图

内部优势(S)	内部劣势(W)
(1) 民营企业的体制优势; (2) 具有地理优势,有利于出口,市场反应快; (3) 形成了完整产业链,具有一定的规模和品牌效应; (4) 地方政府相对重视	(1) 与日美等先进制造国家相比,在品牌、技术、品质方面还是存在差距; (2) 基础研究开展不足,自主创新技术不足,缺乏核心关键技术; (3) 研发能力、工业设计能力有限; (4) 产品附加价值低,低端产品占量的绝大部分,竞争主要还是以价格竞争为主; (5) 高端专业人才短缺,劳动力成本逐渐成为劣势

外部机会（O）	SO 战略（依靠内部优势，利用外部机会）	WO 战略（利用外部机会，克服内部劣势）
(1) 国家对传统空调制造产业升级换代正加大支持力度； (2) 空调产业正面临一个技术改革的新时期； (3)《珠江三角洲地区改革发展规划纲要》的实施将带动空调制造业发展新的全球空调制造基地； (4) 行业的规模整合	(1) 利用区域龙头地位，争取当地政府政策扶持，扩大市场占有率； (2) 加强技术创新，使产品符合空调产品发展潮流； (3) 加强上下游产业链的合作，从设计方案开始就使用本地元器件产品	(1) 抓住空调技术革新机会，加大科研投入，逐步掌握核心技术和未来发展新技术； (2) 利用便利交通、良好产业环境培养、留住一批专业人才； (3) 促进产学研结合，提高新产品开发能力，共同攻克技术难关，打破国外技术壁垒
外部威胁（T）	ST 战略（依靠内部优势，回避外部威胁）	WT 战略（减少内部劣势，回避外部威胁）
(1) 大品牌的挑战：美的、格力、海尔等； (2) 竞争加剧，行业整合趋势明显； (3) 市场价格竞争加剧，盈利空间压缩； (4) 成本（原材料）上涨； (5) 国家优惠政策的减少； (6) 通货膨胀，汇率风险加大	(1) 发挥贴近市场优势，加强市场营销，巩固国内前四地位； (2) 做好上下游产业链，发挥成本优势，参与全球竞争； (3) 构建产业支撑体系，提高产品质量，创建知名品牌	(1) 加大研发投入，缩小与国内外同行的技术差距； (2) 加强与高校的产学研合作，培养和提升技术队伍水平，扶持有实力的企业进行核心技术开发

根据技术路线图中"市场需求→企业目标→技术需求→研发项目"的内在联系，进行以下几个层次的研究。

1. 市场需求层次

根据空调行业及 ZG 空调企业的现状分析结果，使用中国期刊网、产业数据库等，对空调技术发展的资料进行检索分析，根据广东省家电产品绿色制造技术路线图关于空调技术的市场要素的分析结果，并经相关专家研讨，最终确定对八个市场需求要素（高效率、智能化、多功能组合、工业设计、低碳环保材料、变频、低成本、高效可靠压缩机）进行调研。采用问卷调查在企业进行了调研，共发出 120 份调查问卷，回收 80 份有效问卷，调研问卷的回收比例为 67.67%，然后通过德尔菲法将第一次调研问卷结果反馈给各专家再进行三轮评分。统计结果显示，多功能组合、工业设计、智能化排在近、中期的前三位。高效可靠压缩机是空调器的核心技术，直接影响了空调的节能效果，从企业到消费者层面都具有迫切需求，应优先解决。远期的市场需求要素的排序与近、中期相差较大，"智能化"、"新能源"、"多功能组合"在近、中期仍有较大的实现难度，但其是市场发展的未来趋势。因为在近、中期已经解决了"高效可靠压缩机"及"变频空调"的需求，所以在远期这两个要素不再进行评分。

2. 产品目标层次

为满足市场需求，根据确定的市场需求要素，确定企业应实现的产品目标。通过问卷调研及头脑风暴研讨会，凝练出 10 个产品目标要素，经与市场需求要素进行关联性分析之后，获得不同时期的产品目标重要性排序。其中"节能、大容量、时尚"的产品始终排在近、中、远期的产品目标的首位，可见，节能空调技术随时间的推移而不断进步，并可能开

2012　　2014　　2016　　2018

MARKET DRIVERS

Consumers

Energy Efficient - power efficiency, environmentally friendly, utility cost, tax credit

Smart - Wifi Capable, d/base linkage, ext. communication, lpod capable, text messaging, alert system, rotation system

Multifunctional- Heating &Cooling, Ice cream Maker, Coffee Maker, Wine store

Design - counter-depth, doors, trim kits, exterior, color, rotation system, s torage space, freezer space

Cost- affordability but willing to pay for quality and functionality

Cost- low product price, affordable and standard functional expectation

Business Current Manufactures

Viable Industry- ability to profit, maintain low manufacturing cost

Government incentives- Energy Efficiency components, New target market-new generation, keeping up with competitors

Consumer Demand- New target market-new generation, keeping up with competitors, Increase in demand

Development- New Design, New Innovation

PRODUCTS

Domestic Refrigerator

Conventional side by side, freezer on top, freezer on bottom

Innovative Color, Design, Functionality Future

Kenmore - 20cb ,top freezer

Whirpool Energy star 23cb

Samsung - cubic feet French door

SAM X1000

FAB Refrigerator - 11 color, Energy Efficiency, Huge Capacity

FAB 1000

LG - HD ready LCD TV

Whirpool Centralpark- Interactive message boards, Digital Pictures frames, Satellite radio, DVD Players, Cell phone, echarger

Whirpool CP00

Industrial Refrigerators

Commerical Small business and stores

Manufacturing Large Production Companies

True-Glass door slider, merchandiser, oversized

Seaga SM 26-26 cuft

Ture zv100

Ture Stainless Steel 23 cuft -300 series

Seaga BV155

Seaga zv200

TECHNOLOGY

Energy Efficiency Technology　　**Internet connectivity**

Urethane Insulation Technology

Fast Fill Technology

Whirpool unique 6th sense technology

Sliver Carbon/Nano technology

Electronic Temp cool chipset

Materials- stainless steel ,carbon,glass

Compressor- compressor refrigerant

Refrigerant- liquid that evaporates inside to creat the cold temperatures

FAN- cools refrigerator ,both inside and outside

Expansion Value - small and big, allows refrigerant to change its pressure and flow into its values

Compressor Free Refrigerators

Thermoelectric Technology

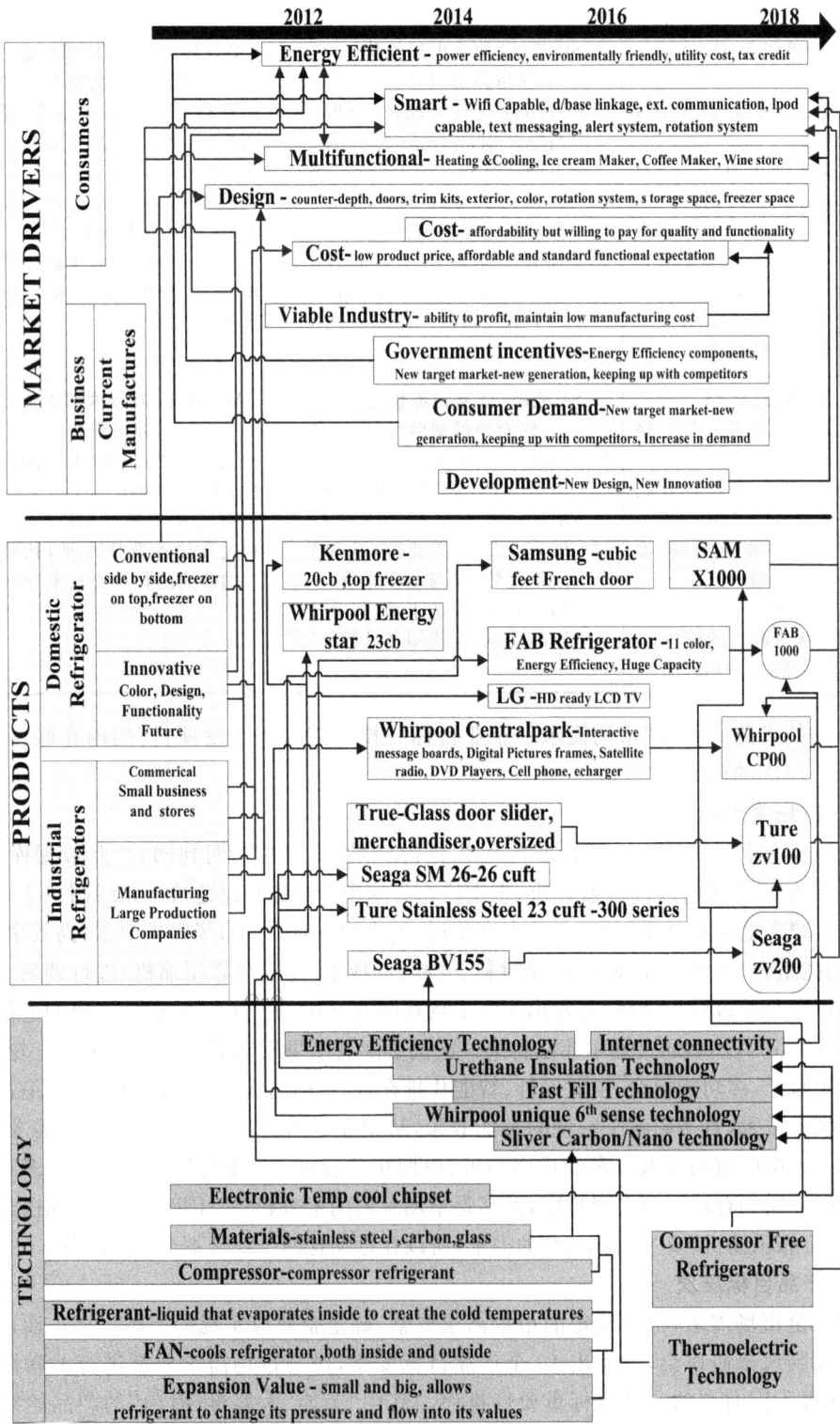

图 3-15　ZG 公司的技术发展路线图

发出新的节能技术,因为节能降耗是我国也是全世界不断研究追求的方向。在近、中期,变频空调、低成本高效压缩机、低成本高效率换热器、高效电机始终处于企业目标要素排序的前列,说明企业需要在近、中期尽快实现这四个目标。带玻璃门的时尚产品、与电视机组合的制冷产品,由近、中期的排名后端升至远期的前列,体现了未来市场对该项技术的需求。总体而言,近、中期以关键部件(低成本高效压缩机、高效电机)、新材料为主要目标,远期,关键部件、新材料排序靠后,而多功能、时尚的产品的排序逐渐上升。企业目标要素及其重要性的排序的确定,为企业在不同时期的发展指明了方向。

3. 技术需求层次

同样是根据企业目标要素分析结果,通过问卷调查及专家研讨会,确定制约企业实现发展目标的关键技术难点,综合与企业目标要素的关联分析,确定关键技术难点的优先解决顺序,在近期与中期,玻璃与碳等新型材料、智能传感器、高效压缩机技术排在前列,而在中期与远期,节能技术、网络连接等技术排在前列,可见近、中期制约企业技术发展的仍然是缺少对传统核心材料及部件技术的掌握和创新。

4. 组织(研发项目)层次

首先请专家根据市场需求、企业目标、技术需求三次专家研讨会的内容,及行业的实际情况,提出研发需求和研发项目,经过整理汇总,总共凝练出 60 个研发项目。再以新材料开发、关键零部件与整机、生产工艺过程为三个边界条件,从上述研发项目中进行筛选分类、归纳、分析,凝练出不同时间节点的优先研发项目。其中,"新型高效压缩机"、"新型玻璃门"、"智能控制系统芯片和模块设计技术"、"风道优化设计与降噪技术"、"低成本制造工艺技术"是企业前期急切需要完成的研发项目。

最后综合以上层次的研究结果,绘制出企业的技术路线图(见图 3-15)。由于篇幅限制,该技术路线图的目标层次、组织层次在此省略。该技术路线图在北美绘制,在此保留英文。

通过技术路线图的研制,明晰了未来几年的研发重点,并使公司意识到,公司近几年已经被美的集团、格力电器等竞争者远远抛在后面,其主要原因就在于技术预见的缺失。

习题

1. 如何判断当前技术是处于图 3-16 中技术发展轨迹 S 曲线的 A 点还是 B 点?不同的位置对于研发项目类型及组合有何影响?

2. 请根据技术与产品系统的进化规律思考下一代的手机应该是怎么样的?通过"悬浮手势"功能使用户在没有触碰屏幕的情况下操作设备属于哪一项进化模式?

3. 以下技术进展属于哪一项进化模式?笔记本/平板混合设备采用电磁铁来对接显示屏、对平板电脑进行无线充电、手机的"智能触摸边

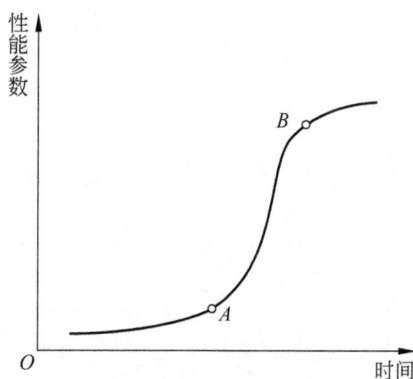

图 3-16　S曲线

框"可以根据用户手指感应隐藏或者显示输入界面?

4. 试为某一个熟悉的企业或一类产品画出技术路线图。

(1) 准备阶段主要包括明确初始条件、确定领导者和赞助者、定义技术路线图的范围和边界。

(2) 绘制阶段主要包括确认技术路线图的关键、确认关键系统的条件和目标、刻画技术动力及其目标、确认技术活动和时间表、写作技术路线图报告。

(3) 跟踪阶段主要包括评价并使技术路线图确实发挥作用、制订执行计划、回顾和更新。

第 4 章

确认客户需求

4.1 篇首案例：铱星项目

古语有："知己知彼，百战不殆"，但能真正做到的企业很少。很多大公司喜欢先开发后推销。例如，大众汽车公司开发了"复杂的小车"宝来，多年后却发现中国人喜欢"简单的大车"，不得不降级销售；雪佛莱汽车公司在南美推出诺瓦(Nova)牌汽车时，没有意识到在南美各国的官方语言西班牙语中，诺-瓦(No-va)的意思是寸步难行；利威尔兄弟公司(Lever Brothers)宣传它的牙膏能使牙齿洁白，但这种广告对东南亚某些国家的人来说却是毫无效果，因为当地人认为有色牙齿才是身份和地位的象征；某食品公司在向一些非洲国家推销婴儿食品时，在标签上印有婴儿的照片，当地的消费者就认为里面装的是碾碎的婴儿；摩托罗拉的铱星项目的失败就是最好的例子。铱星通信系统曾经是世界上最先进的通信系统，但由于摩托罗拉没有很好地把握市场需求而失败。

更早的时候，有意向的投资者们已经发现，摩托罗拉的工程师的创意和市场现实之间存在脱节。一位地方贝尔公司的高级管理人员回忆说，20世纪90年代初他们观看摩托罗拉的铱星演示时，被一张幻灯片惊得目瞪口呆。他回忆说，用户必须置于和卫星之间没有任何障碍物的地点，才能顺利地使用电话，不能在室内和车内使用。他的公司最后拒绝投资铱星计划，也拒绝销售这种通信系统。

铱星系统曾被认为是20世纪最辉煌的高科技成就，它的通信网络前所未有地覆盖到了全球的每一个角落。然而，它正式运行仅一年多，运营铱星系统的铱星公司就在2000年3月破产关闭。于2001年被一家基金公司以2 500万美元的低价买下，不到项目总投资的60亿美元的1%。

然而，三年之后，铱星系统匹配到了客户需求。新铱星公司的客户包括美国中央情报局，以及海运、石油、航空等领域的跨国集团，这些都是普通的移动通信无法涉足的领域。通过铱星系统在辽阔的海洋中央、万米高空飞行时打电话，话音也非常清晰。市场策略的转变，使铱星起死回生，2012年实现近三亿美元的营业额和5 000万美元的利润。

可见，一种产品即使它的卖点非常独特、很有创意，但如果脱离了消费者的需求，也无法打动消费者，最终逃不过被市场淘汰的命运。

4.2 客户需求分析的意义

消费者购买产品的行为从根本上讲是为了满足各式各样的需求。因此，顾客需求是产品定位和新产品开发的前提，也是产品创新的源泉。

美国麻省理工学院的马奎斯等人曾研究了567项不同的产品创新项目，其中只有1/5

是由技术本身的发展引起的,而创新活动中的 3/4 都以市场需求作为出发点。由此可见,与技术推力相比,市场需求是当今激励企业技术创新活动更为重要的动力源泉。产品开发失败的原因统计如图 4-1 所示。

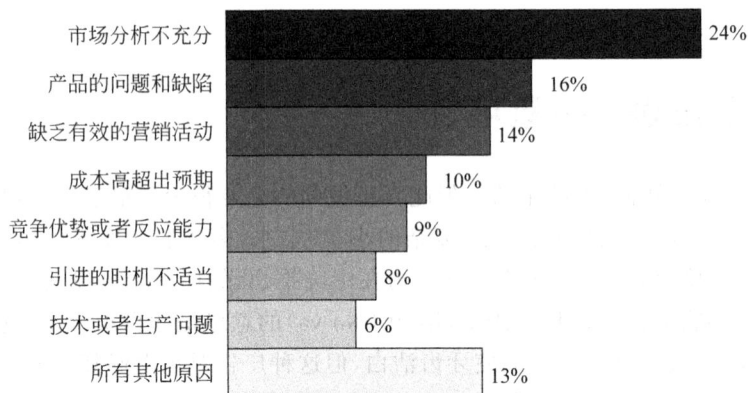

市场分析不充分 ████████████████████████ 24%
产品的问题和缺陷 ████████████████ 16%
缺乏有效的营销活动 ██████████████ 14%
成本高超出预期 ██████████ 10%
竞争优势或者反应能力 █████████ 9%
引进的时机不适当 ████████ 8%
技术或者生产问题 ██████ 6%
所有其他原因 █████████████ 13%

图 4-1 产品开发失败的原因统计

市场分析不充分是新产品失败的最主要原因之一,包括市场调研不充分,或对于对手的行动未在初期引起警觉,或是获得了错误的市场信息。

那些最终能脱颖而出的曾经的小企业,像 Yahoo、百度和 Google 之类的企业,也许一开始的确没有做规范的市场调查。有创业精神的人物往往有很好的商业敏感性,也就是直觉。但是这丝毫不意味着市场研究不重要。认为那些最终成功的企业仅仅是靠运气才成功的观点,无疑是偏颇的。那些最终使得企业成功的创始人的直觉也并非不可解释。

在日本知名的企业家稻盛和夫的"经营 12 条"中,有一条是"心中怀有强烈的愿望——要具有能渗透到潜意识的强烈而持久的愿望"。只有这样,灵感才会出现。宝洁公司的前副总裁拉里·休斯顿在接受沃顿知识在线的采访时表示:"我见过很多产品,其中销路不好的产品中,有 60%～70% 都是因为不了解顾客需求。"

[例 4-1] 美国摩恩公司的产品设计。

美国摩恩公司是当今全球最大的高级水龙头、厨盆、卫浴、五金配件及各类水管配件的专业制造公司之一。在美国,摩恩拥有三家水龙头专业工厂、四家各类水管配件及一家厨盆专业生产厂,这些在美国均处于行业的领导地位。美国摩恩注重领会客户的声音(voice of customer,VOC),理解客户需求。通过多种方式收集信息,包括与客户的直接接触,对客户和市场调查,让客户体验试制的新品,甚至让重要客户在线参与产品设计,使产品贴合客户的需求。

访谈客户获取需求的常见顾虑及应持有的态度如下。

顾虑 1:工程师时间太宝贵,不能到处旅行进行市场调研。评述:事实上,没有市场调研就缺乏设计指引,项目甚至会因为设计决策不力而延期。

顾虑 2:工程师对客户太诚实,会透露商业计划秘密、成本秘密、技术秘密。评述:对工程师进行某些初步培训将克服泄密的潜在问题。

顾虑 3:工程师将从几次访问中得到的结论普遍化,将某些客户的个人梦想当做普遍的客户需求。评述：由营销部的同事确保工程师将调查数据应用到正确的地方。

顾虑4：差旅费太高。评述：要对照一下项目延期或产品失败带来的损失。

客户需求的分析并不是易事。因为客户不了解新技术的潜力，是无法直接回答其需求的。例如，当初福特汽车公司的人员询问被访者的需求时，得到的回答却是："我要一匹快马"。客户需求的分析需要通过以下四个严谨的步骤。

4.3 步骤1：从客户处收集原始数据

客户需求分析是一个从宏观到微观，再到潜在需求分析的过程。本章不包括竞争对手与竞争产品的分析（见图4-2）。

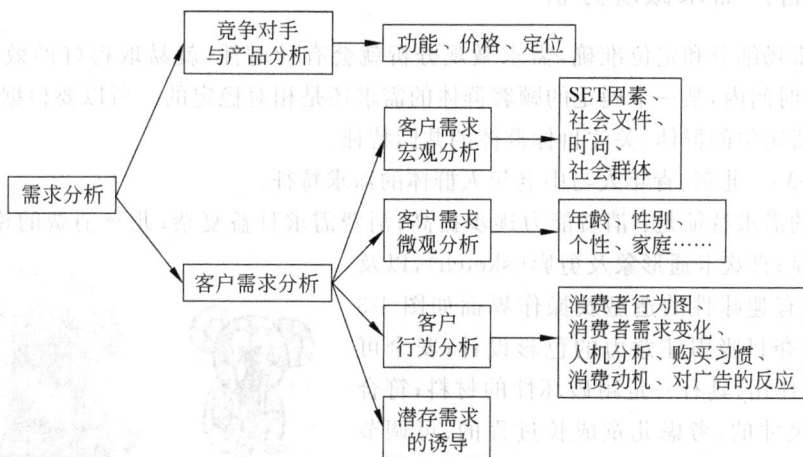

图 4-2 需求分析的内容

4.3.1 客户需求宏观分析

客户需求的识别首先要不断对社会（society）、经济（economy）、技术（technology）三个方面的因素进行综合分析研究，这就是社会-经济-技术模型（SET模型）。SET的分析方法有助于寻求产品的发展动力及未来发展趋势。

社会因素集中于文化和社会生活中相互作用的各种因素，包括家庭结构和工作模式、电脑和互联网的应用、政治环境、各行业成功的产品、运动与娱乐、旅游环境、图书杂志。

经济因素所关注的主要是人们觉得自己拥有和希望拥有的购买力水平。这一因素是"心理经济学"的主要研究对象。

技术因素主要是指直接或间接地运用公司、研究机构和学校的新技术和科研成果，以及这些成果所包含的潜在能力和价值。

［例4-2］ 自行车的SET因素分析。

社会因素分析：自行车变得越来越重要。汽车消费具有"官车"观念。同时自行车出行的环保理念开始深入人心。在环保意识日益增强的欧洲，很多城市管理者正积极筹划和推行自行车共享计划。

经济因素分析：人们能买得起更高质量的自行车。在中国，近年来，人们生活水平越来越高，在不少人热衷购买小汽车的时候，都市里却涌现出越来越多骑行爱好者，"骑游一族"正在引导着新潮流，1 500元以上的中高档自行车销量翻倍。自行车，不再仅仅是代步工具，更是人们休闲健身的新伙伴。

技术因素分析：自行车既具有运输上的低成本、操作简易、弹性、节能、无污染、用户方便等优点，又节省道路使用与停车面积、节省道路维修费用，同时具有其他交通工具所无法比拟的运动功能，可以说是最先进的都市交通工具之一。各车之间差异在于车架，而车轮几百年来几乎没有改变。

4.3.2　客户需求微观分析

如果市场细分和定位准确，需求微观分析就会有针对性，就易取得好的效果。总体上，在一段时间内，某一个确定的顾客群体的需求还是相对稳定的。所以要根据市场细分以及产品所定位的群体，关注目标群体的共同特征。

[例 4-3]　儿童、青年人与中老年人群体的需求特征。

儿童的需求特征是：消费能力逐步提高；消费需求日益复杂；儿童消费的模仿性强，趋同性明显；喜欢卡通形象及剪影(sketch)，以及生动活泼、有趣味性的造型及操作界面如图 4-3所示；绚丽夺目吸引注意力的色彩设计；安全可靠、无毒副作用、具有一定耐破坏性的材料；符合儿童人机尺寸的、考虑儿童成长过程的、可调节的产品。

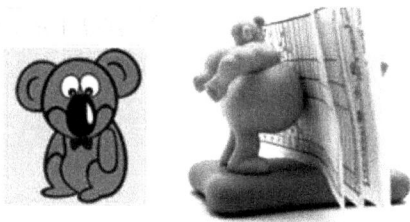

图 4-3　卡通形象及文件夹

开发儿童用品市场，要根据各年龄阶段儿童的心理与生理特点设计儿童喜爱的产品。除了根据儿童消费心理设计和生产以外，还要把握家长的消费心理。

青年人的需求特征是：青年人的消费能力相对最强；独立性与依赖性共存；强烈的求新、求异思想；情绪热情奔放，追求时尚；追求名牌，突出个性。

青年人活跃、影响广泛，他们的消费行为能在较大程度上影响中老年人，从而扩大商品的市场占有率。

中老年人的需求特征是：消费能力相对较弱；消费需求相对集中稳定；消费决策求实随俗；有高层次的审美自尊等精神需求；感官机能开始退化，需要适当的人机交互界面，例如大字体、大音量、大按键、求救功能等；风格统一，满足一种恬静的心理需求；需要沉着、温暖的感觉以及到家的氛围，通过外形饱满、色彩艳度低的器具，唤起对以往生活的美好记忆和感情。

4.3.3　客户行为分析

客户行为特征信息并不是简单的数据，而是通过建立客户行为模型，帮助企业的营销人员和客户分析人员深入理解影响客户行为的相关因素，而得出来的客户行为特征信息。

客户的行为特征信息是指与客户行为相关的,反映和影响客户行为和心理等因素的信息。行为图是一种常用的客户行为模型。

行为图是用线框表示行为,用箭头表示行为顺序,用箭头的粗细(或直接用数字)表示行为的频度的图形化工具,如图 4-4 所示。它的制作过程是根据对每位客户的调查,得到一张行为图,然后将行为图叠加,形成新链接,如果行为是可重合的,则叠放。

[**例 4-4**] 无绳螺丝刀的行为图及分析。

无绳电动螺丝刀的行为图如图 4-4 所示。它描述了无绳电动螺丝刀从购买到包装运输以及使用、维护、丢弃报废的全过程。由于印刷的限制,表示行为频度的箭头粗细在此图中忽略。

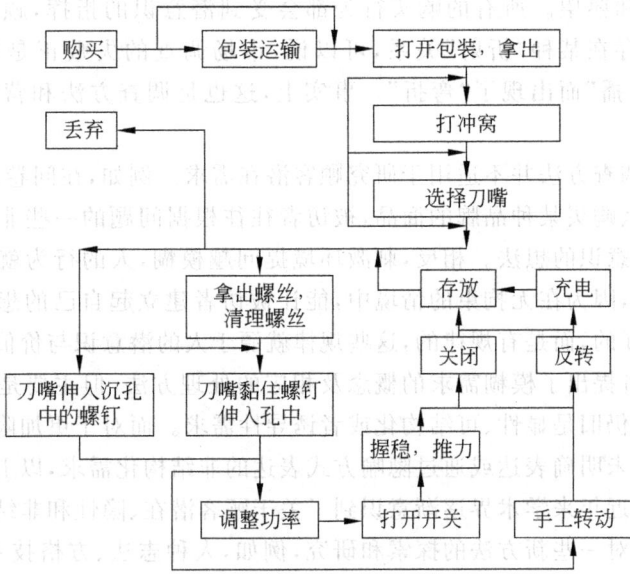

图 4-4 无绳螺丝刀的行为图

通过该行为图,可以使分析人员发现容易被忽略的需求。

(1)包装及便于携带运输的需求。

(2)打开包装,拿出螺丝刀等操作的方便性需求。

(3)上螺钉前可能需要打冲窝、钻孔,因此有打冲窝、钻孔功能需求。

(4)可以选择、更换刀尖类型以适应不同种类的螺丝的需求。

(5)无绳螺丝刀具体操作有两类:吸住螺丝按入孔、接触已固定在孔中的螺丝。前者需要螺丝刀能清理螺丝上的杂物,并要求刀尖有磁性;后者需要接触深且窄的孔中的螺丝,孔深且窄会导致刀尖进不去,或光线不够而对不准,因此需要照明或自动对准的功能需求。

(6)螺丝刀可以推进也可以退出螺丝,因此有倒转的功能需求。

(7)需要握稳并施加较大推力,因此对手柄有人因工程需求,包括便于握持、不易打滑。

(8)有充电的行为及需求,因此引导分析人员想到在工场是否有合适的充电处?或者能否利用汽车的充电器进行充电?这是对充电器接口的需求。

（9）调整功率的需求等。

行为分析图提示我们：每一项行为都隐藏着大量的需求，要对顾客需求的产生及满足的全过程进行分析，并考虑组合性的活动。

4.3.4　潜在需求的诱导

挖掘顾客潜在需求信息有重要意义。看得见的、现实的浅层次需要的挖掘会导致同质化的产品，进一步导致价格战。比顾客自己更早地洞察他们的潜在需求，可以创造更高的产品价值。

顾客的潜意识才是最真实的需求。只要触摸到并阅读了顾客的潜意识，才能真正读懂顾客的需求和愿望。所有的购买行为都会受到潜意识的指挥，顾客的真实需求和表现出来的需求存在某种"折射"关系，可以说，市场调查的失败正是因为没有看到某些需求在"水里传播"而出现了"弯折"。事实上，这也是调查方法和营销方法发生变化的动力和压力。

传统的问卷调查方法并不适用于研究顾客潜在需求。例如，在问卷调查中，直截了当地问消费者为什么购买某种品牌的商品，被访者往往根据问题的一些非常理性的原因来回答，而掩饰了潜意识的想法。相反，刺激环境提问越模糊，人的行为就越可能由内在的需要、动机来操作，因为在无拘束的情境中，能让被访者建立起自己的想象世界。然而想象并不是漫无边际的，而是有规律的，这些规律就源于人的潜意识与价值观。

尽管一些学者提出了模糊需求的概念及相应的处理方法，但主要是指语义表达上的模糊需求，本质上仍旧是显性、可结构化或者诱导性需求。而对于更加隐蔽、模糊，深藏于客户潜意识中的、未明确表达或通过隐喻方式表达的非结构化需求，以上方法已难以用于其测度。事实上，近年来学术界逐渐意识到了关于顾客潜在、隐性和非结构化需求研究的重要性，并开始了对一些新方法的探索和研究，例如，人种志法、方格技术法、扎尔特曼隐喻抽取技术、感性意象法等。下文给出几项简单易操作的潜在需求诱导的技巧，而对于较为复杂的理论方法在本章案例中陈述。

潜在需求诱导的技巧有以下几项。

（1）对被访谈的顾客提供的信息持接纳的态度，并避免感情上的对抗。

（2）如下是常用的提示问题：您什么时候以及为什么使用这一类产品？对于现有的产品您喜欢哪些方面？不喜欢现有产品的哪些方面？购买该产品时您考虑什么问题？您希望对这一产品做哪些改进？

（3）顺其自然，不要担心跑题，不能施加时间压迫感。例如，不能经常指出被访者说话离题，以及催促加快谈话进度。

（4）对于惊奇的表达要警觉。很多潜在需求或易被忽略的需求隐藏在让人惊奇或被访者饱含感情的表达中。

（5）注意非语言信息，包括面部表情，以及产品的操作方式。

（6）让顾客阐述产品和与产品相联系的典型任务，以便绘制利用上节所述的行为图。

（7）抑制对有关产品技术先入为主的假设，产品的技术实现是下一阶段的事，目前只是获取"做什么"，而非"怎么做"的信息。被访者总是倾向于表达怎么满足其需求，而把需求本身隐藏起来。全程追溯"怎么做"背后的"做什么"的潜在需求，才能得到真正的客户需求，见例 4-5。

[例 4-5] "全程法"实例：机场大巴的设计从"我希望巴士旁边有一盏灯"开始。

有很多利用市场调查的人都抱怨他们无法掌握到目前尚不存在的事，也无法挖掘出顾客自己还未意识到的需求。这时可以超越"顾客想要什么"的范围，开始把焦点放在"为什么想要"上。为开发一种新型的机场大巴，在一次小组访谈中，有一位顾客回答说："我希望巴士旁边有一盏灯。"主持人说："好，巴士旁边要有一盏灯。"然后便把这句话写在黑板上。但她并没有继续要大家进行头脑风暴，以取得更多有关需求的意见，而是问"为什么？"那位顾客看着她，但没有人回答。"为什么？"她又问了一次。"为什么在那个时刻，一盏灯这么重要呢？""因为外面很黑。"这人回答说，结果大家都笑了。"为什么在那个地方，你们觉得一盏灯很重要？"她又问了一次。"租赁公司停放车辆的地方都比较远。"另一个人说。"都在犯罪率高的地方。"最后发出了一个声音，让整个问题的思路都完整了。"那么在巴士旁边加一盏灯能提供什么样的价值？你觉得这可以给你带来什么好处？"主持人问。"人身安全。"一位顾客回答。"放心和安全感。"另一位回答。"好，灯的事就谈到这里，"主持人说，"现在请你们告诉我，在这个特定的时刻里，你们觉得怎么样才是为你们提供安全和放心的理想方式。"讨论的焦点不再是想要什么灯，而是他们希望取得的价值——安全和放心。

大家停顿了一会儿以后，有一位顾客回答："租赁公司把车子送到我面前，而我站在有灯光的明亮处，这样比我待在旁边有一盏灯的巴士里还要安全，而且也让我感到更安心、不会焦虑。"其他顾客很快加入了讨论，开始想除了那盏灯以外，还有什么方法可以提供他们共同希望取得的价值。"我希望下了飞机之后，能直接到机场的出口，而车子已经停在路边。"一位顾客说。"最好我的行李已经在里面了。"另一位大声说道。就在那一刻，顾客对理想价值的愿景清晰地突现出来了。

4.3.5 数据收集

1. 访谈的方式

有以下四种访谈的方式可以获得数据。

（1）一对一访谈（one-on-one interview）。也就是一次只访谈一个客户，每次持续约 1 小时。

（2）小组访谈（focus groups）。每次访谈 8～12 个客户，每次约 2 小时。由于参与人数多，需付给参与者的酬金总额较多，成本较大。

在本书文献[1]中，据 Griffin 等（1993）的研究发现，一个两小时的小组访谈所揭示的客户需求项数与两个一小时的一对一访谈相等，如图 4-5 所示。但有学者对这一结论持反对意见，认为通过小组的互动交流能发现一对一访谈发现不了的深层次需求。

可见，一对一访谈通常比小组访谈成本低，且一对一访谈便于开发团队经历用户使用产品的环境，因而可作为首选。

（3）观察体验产品的使用过程。可以观察客户使用产品的过程，更好的做法是与客户一起并肩工作。

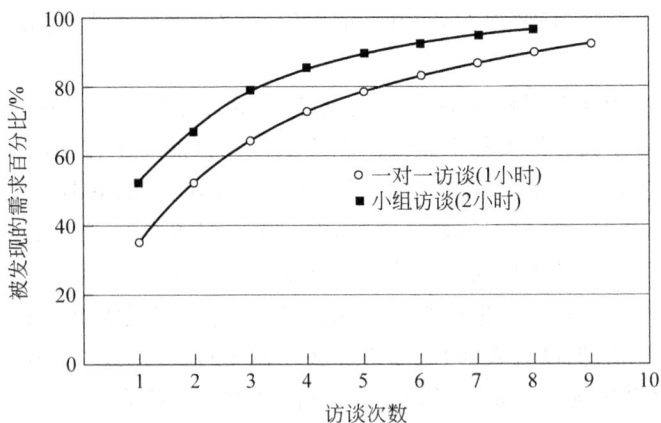

图 4-5　一对一访谈与小组访谈的效果对比

[例 4-6]　宝洁"走进家庭"。

宝洁走进家庭看看消费者是如何使用产品的。在中国每年走进 2 000 户家庭以上，观察如何分类衣服、如何使用洗衣机、产品可以帮上什么忙。拉里·休斯顿表示："你要花 12 个小时跟一位顾客相处，了解他对于产品的总体感受，而不是花一个月的时间让 50 个小组忙碌一通，却只跟每位顾客待上 8 分钟，一遍又一遍地重复。"宝洁公司在做市场调查的时候，会派调查人员与消费者同吃同住，观察其生活的每一个细节，以了解消费者对产品的整体看法。更甚者，他们还设计了专门的货架摆放样品，并在货架上安装针孔摄像机，然后通过研究消费者看到产品时候的瞳孔变化来分析消费者的真实需求。

（4）其他方式：邮件、电子邮件、基于 Web 的调查等。

邮件的方式目前已经基本被电子邮件取代。电子邮件（E-mail）的优点是成本低、接触到大量的目标受众、顾客反应快、能将广告和客户服务相结合；缺点是浏览率及回复率低，1/3 的人只阅读熟悉的寄信人的邮件，用户可屏蔽来自某个地方的邮件。

基于 Web 的调查具有速度快、花费少（比面对面访谈便宜 20％～80％）、鼓励更自由地表达意见的优点；但具有产品的目标客户与网民结构可能不一致（例如上网者多为青少年，无法对老年人用品进行评价）、限制受访者及主持人的感情表达与交流、顾客可能会拒绝回答、失去因技术问题（网速等）无法参与的顾客等问题。目前还未确定电子媒介会对受访者回答的正确性产生正面还是负面的影响。

[例 4-7]　加利福尼亚的里奇设计公司是一家小型的山地车设计和制造公司。1995 年建立了一个网站，浏览者可以了解到在哪里可以购买到公司的产品，以及里奇车队。2005 年年底，网站改版，集成了一种叫 web trader 的软件，将静态的网站变成了交互式的营销工具，既可以帮助在网上销售产品和服务，也可以收集顾客信息。公司可以方便地了解消费者对于公司每年开发的 15 种新产品的意见，而过去只有当产品在商店出售时才能了解消费者的反应，为公司在新产品开发上每年节约 10 万美元。到目前为止，网站不提供在线销售，因为公司想维持现有的销售系统。然而经销商可以通过网站下订单，还能迅速了解新产品的情况。

2. 访谈次数的确定

在本书文献[2]中，Karl T. Ulrich（2004）的研究表明，30 次的一对一访谈通常能发现 90％的客户需求；对于办公设备类的产品，25 个小时的访谈（小组访谈或一对一访谈同样）能发现 98％的客户需求；对于绝大部分产品，10 次的访谈是不足够的，而 50 次则太多。简单的做法是，直到增加访谈也不能发现新的需求时，结束整个访谈工作。

3．访谈对象的选择

访谈对象的选择有以下原则。

1）重视领先用户

如本书第 2 章所述，在市场普及之前数月或数年就经历需求，并能从产品创新中充分受益的顾客称为领先用户。访谈领先用户能更有效地获取客户需求，因为他们通常有两个特点：领先用户常常能清晰地阐述他们迫切的需求，因为他们已经饱受原有产品的缺陷之苦；他们通常有较高的文化知识与创新能力，可能已经发明了一些方案以满足自己的需求。

领先用户主要有两类：一是频繁使用该种产品的专业人员；二是产品的销售渠道中的人员。然而，要从销售渠道获取需求数据通常非常困难，其原因是，一方面可能不在厂商的监控之下；另一方面像大卖场、商超等终端本身具有强大的势力，这些需求数据成了与厂商谈判的砝码。

2）保证访谈客户的多样性

为避免受单个客户的误导，就要保证客户的多样性。例如，对于电动螺丝刀，访谈客户应包括推销员、销售服务中心工作人员、重度使用螺丝刀的职业人员、频繁使用螺丝刀的手工作业者、偶然使用螺丝刀的家庭用户等。

3）重视最终使用者

产品的客户有三种：产品的所有者、产品的购买者和产品的最终使用者。三种客户可能并不一致。例如，餐具的所有者是酒店股东，购买者是酒店的采购部人员，最终使用者是在酒店用餐的客人。当这三类人群不一致的时候，他们的价值观通常也不一样。例如，企业的采购人员肯定比产品的最终使用人员更关心成本，后者可能更关注产品是否好用。类似地，产品零售商（所有者）希望生产商能够及时补充存货，并且提供更好的融资方式。某个行业通常都集中于某一类购买群体。举例来说，医药行业主要将目光放在有影响力的群体，即医生身上；办公用品行业主要关注采购者或采购部门；而服装行业主要直接向最终消费者销售产品。有时候，这种专注有其经济学的道理，但是更多的时候它只不过是行业惯例使然，人们通常都不会质疑它。然而，如果此时我们将关注的重点由购买者转移到最终使用者，就会发现新的价值。

［例 4-8］ 谁是注射器产品的客户？

丹麦有一家胰岛素制造商 Novo Nordisk。过去，与其他医药行业一样，胰岛素生产行业主要关注医生。由于医生对糖尿病患者选择何种胰岛素的影响力很大，他们自然地就成为这个行业的目标顾客群。因此，在医生提高药物质量的要求下，这个行业将注意力放到提高胰岛素的纯度方面。到 20 世纪 90 年代末为止，提纯技术已经大为改善。只要胰岛素的纯度是产品主要的竞争力指标，那么企业就很难有所提高。但是，Novo Nordisk 将注意力从以往的医生及护士身上，转移到最终使用者本身，即患者身上。在关注患者的过程中，发现以往的胰岛素是装在瓶子里给患者的，患者在使用过程中非常不便。由于是瓶装的，处理注射器、针头、胰岛素和依据需要调整剂量等，这些操作都非常复杂，令非专业人士的患者感到非常不方便。在公共场所使用针头和注射器时还会引起一些人对患者产生不好的联想,例如被误认为在吸毒。

公司首先推出了 NovoPen。它是第一款使用起来非常方便的胰岛素解决方案,消除了使用胰岛素注射器过程中的不便和担心。它看起来就像一支钢笔,包含了一个胰岛素容器,非常方便携带,1 管的剂量差不多可以用一个星期。这支笔采用了自动的触动装置,即使是盲人也很容易控制剂量。这样,患者就可以方便地随身携带,而不需要担心针头和注射器带来的麻烦与尴尬。之后推出了 Innovo,这是一个整合的、带有电子记忆功能的注射管系统。通过内置的记忆来管理胰岛素的注射,并且可以显示本次剂量、上一次剂量和已经使用的时间,这些信息对于降低患者的风险、避免错过注射很有帮助。公司的产品后来占据了绝大部分的市场份额,这一转变来自企业将目标顾客从影响者转为最终使用者。

4. 记录方式

有四种记录的方式。

一是录音。这种方式非常方便,但需将录音转变为文字,以供反复翻阅,这种转变通常非常耗时。

二是文字记录。这是最常用的方法。在打字技能较为熟练的情况下,运用笔记本电脑直接记录为电子文档是推荐的做法。

三是录像。这种方式适用于观察产品的使用环境。

四是拍照图片。静止的图片便于张贴、展示。

5. 调研小组的构成

调研小组的成员应有一定的多样性,以利于设身处地站在用户的立场,使客户的每一个陈述或观察可以被理解为零个(有些不执行)或多个顾客需要。通常工程师与营销部一起调研,才能更好地理解客户需求。

[**例 4-9**] 惠普营销部在目标市场的商场找顾客进行调研,带回 24 项顾客建议的修改,工程师则拒绝其中 15 项修改。营销部重新进行调研,这次让工程师同行。当工程师明白顾客如何看待设计方案时,他们接受了其中 17 项修改意见。

4.4 步骤 2:把原始数据翻译成客户需求

把原始数据翻译成客户需求就是基于对原始数据的理解,将顾客需求以书面语言的形式表达出来。这一过程应遵循以下五个指引。

(1)以产品必须"做什么",而非"怎样做"的方式表达客户需求。与步骤 1 相同,在这一步骤中仍然坚持将需求描述为"做什么",否则所得的客户需求会被扭曲而不真实,也将失去创新的机会,因为客户提出的"怎样做"往往缺乏创新性。

[**例 4-10**] 医疗计算机的需求的获取与翻译。

某公司生产尖端医疗诊断计算机,为将台式设备小型化为袖珍设备而骄傲。医院的管理人员看了该设备说:你能让它大一点吗?这样小的装置很可能被人带出医院。医生和护士说:这样小的设备最合适,在急救室中计算机会经常搬来搬去。管理人员与医生、护士的需求看似矛盾,其实是不同领域的需求。需求分析人员将这两种表述翻译为并不冲突的两项需求：设备具有防盗功能和设备便于携带。

（2）像陈述原始数据那样详细地表达需要。转换过程不应使信息丢失，要以同等详细的程度来描述需求。

（3）使用肯定句而非否定句。如果以肯定形式来表达，随后向产品功能特征的转化较容易些。因为否定句往往是不明确的，某个领域之外的空间是无限的。例如，"电动螺丝刀不会在雨中失效"是否定句，它可指电动螺丝刀受无限多种环境的影响。因此应表达为肯定句："电动螺丝刀在雨中仍能正常工作"。当然，有些时候不得不使用否定句，因为这时用肯定句会显得笨拙。例如，"电动螺丝刀不伤螺钉头"。

（4）把需求表达成产品的一个属性。应尽量把需求表达成产品的一个属性，而非其他东西的属性，这样才便于在下一阶段进行产品设计。

（5）避免使用"必须"和"应该"等。因为"必须"和"应该"等习惯用语已经表明该需求的重要程度。而重要性的确定应是下一阶段的工作。在这一阶段确定重要程度是草率的。

[例 4-11] 电动螺丝刀的需求翻译。

表 4-1 列示了电动螺丝刀的需求翻译。

表 4-1　电动螺丝刀的需求翻译

指　　引	客户陈述原始资料	错误的需求翻译	正确的需求翻译
"做什么"，而非"怎样做"	你为什么不把电池盒用保护罩盖上呢？	电动螺丝刀的电池盒用塑料滑动门覆盖	电动螺丝刀的电池盒受到保护以防止偶然短路
详细	我经常让电动螺丝刀掉地	电动螺丝刀是耐摔的	电动螺丝刀反复掉地后仍能正常工作
肯定句而非否定句	下雨也没关系，我有时在户外工作	电动螺丝刀不会在雨中失效	电动螺丝刀在雨中仍能正常工作
产品的属性	我希望能用汽车点烟器给电动螺丝刀电池充电	汽车点烟器能给电动螺丝刀电池充电	电动螺丝刀电池能用汽车点烟器充电
避免使用"必须"和"应该"等	我很讨厌它，因为我不知道电动螺丝刀还剩多少电量	电动螺丝刀应该有剩余电量的指示	电动螺丝刀有剩余电量的指示

4.5　步骤3：把需求信息组织成等级列表

经上述步骤得到的客户需求通常有上百项。如此多的需求需要组织成一定的层次结构才方便处理。在这一步骤中，通常把客户需求组织成等级列表。第一级需求是最广义的需求，第一级需求下展开的第二级需求则表达得具体些，第三级需求最具体。对于较为简单的产品，可以没有三级需求。

这一步骤所用的主要方法是 KJ 法。KJ 是该方法的发明人川喜田二郎的姓名的英文缩写。KJ 法又称 A 型图解法和亲和图（affinity diagram），是新的质量控制（quality control，QC）的七大手法之一。KJ 法是将未知的问题、相关事实、意见或设想之类的语言文字资料收集起来，并利用其内在的相互关系归类合并成一张图，以便从复杂的现象中整理出分类与思路，抓住事物的关联与实质，找出解决问题的途径的一种方法。

该方法的应用步骤如下。

(1) 把所有收集到的客户需求资料都写成卡片,删除冗余的卡片。这些卡片称为"基础卡片"。

(2) 分成小组(第三级需求):与会者按自己的思路进行卡片分组,把内容在某点上相同的卡片归在一起,并加一个适当的标题来概括,用绿色笔写在一张卡片上,称为"小组标题卡"。不能归类的卡片,每张自成一组。

(3) 并成中组(第二级需求):将每个人所写的小组标题卡和自成一组的卡片都放在一起。经与会者共同讨论,将内容相似的小组卡片归在一起,再给一个适当标题,用黄色笔写在一张卡片上,称为"中组标题卡"。不能归类的卡片自成一组。

(4) 归成大组(第一级需求):经讨论再把中组标题卡和自成一组的卡片中内容相似的归纳成大组,加一个适当的标题,用红色笔写在一张卡片上,称为"大组标题卡"。

(5) 编排卡片:将所有分门别类的卡片,以其隶属关系,按适当的空间位置贴到事先准备好的大纸上,并用线条把彼此有联系的连接起来。如编排后发现不了有何联系,可以重新分组和排列,直到找到联系。

经过运用这一方法对客户需求数据进行整理,就可以得到一个具有树状层次结构的客户需求集合。

4.6　步骤4:建立各项需求的相对重要性

依据对各项需求的相对重要性的直觉与理解,在 $1\sim5$ 的范围内为每项需求赋予权重。如果不太确定某项需求的重要程度,就需要与客户再次进行交流,以确定该项需求的重要程度。

KANO模型定义了三个层次的顾客需求:基本型需求、期望型需求和兴奋型需求。其中兴奋型需求往往是代表顾客的潜在需求,潜在需求由于不易被识别而往往被赋予较低的权重。为避免兴奋型需求被忽略,兴奋型需求用惊叹号(!)标出。

以上依据直觉的做法较为粗略,如需要精确地确定每项需求的权重,层次分析法(analytic hierarchy process,AHP)是最适用的方法。它可依据客户需求两两之间的相对权重进行计算,最终确定每项需求的权重。由于两两之间的相对权重可以较为客观准确地给出,所以由此计算出的每项需求的权重的准确度优于直接赋予每项需求的权重。

以上客户需求的分析方法的主要缺点是:对于一些非常关键的需求,例如项目预算、产品开发时间、风险控制、生产约束等,无法基于以上步骤得到。需要团队基于经验与知识思考才能得到。

4.7　案例:水暖卫浴产品的感性需求分析

4.7.1　概述

本案例仅论述挖掘顾客潜在需求的一种方法,并不展示顾客需求确认的完整过程。

一些产品开发的机制,例如质量功能展开(quality function depolyment,QFD)关注产品的性能、可靠性、寿命等因素在后续开发过程中的贯彻,但与情感有关的潜在精神需求由于较难获取与描述,因而在质量功能展开过程中易于被忽略、丢失。与性能有关的期望在当前的研究中得到很高的重视,而与情感有关的期望的研究文献也在迅速增加中。

感性工学正是一种用于在产品设计过程中测量、辨识用户对产品的感觉与期望的方法。感性工学的目的是根据顾客对产品的主观评价,进行新产品设计开发。

感性的英文为 Kansei,含义是表明消费者对产品在心理上的感觉和意象,表现出来就是当消费者面对产品时,其会被产品的造型、颜色、线条、触感等打动,引起其心理和生理上的反应,从而导致其对产品喜欢或厌恶的态度。

具体来说,感性工学就是要将人的感受翻译成产品的工学设计。这个翻译过程需要借助多种工具才能完成。回答了为什么消费者会选择这个产品而不是另一个产品这样一个营销中的核心问题,就可以为新产品的开发提供方向性的指导。

4.7.2 应用

据行业调查,在水暖卫浴产品中,人机交互界面因素通常以 35% 以上的重要性排在首位,因此本项研究就以水暖卫浴用的水龙头作为研究对象。其产品属性及其设计参数水平如表 4-2 所示。需研究如下问题:不同的属性及其水平会产生哪些不同的用户心理影响? 这些属性水平应如何组合才能达到最佳效果?

表 4-2 产品属性及设计参数水平

产品属性	设计参数水平	产品属性	设计参数水平
1. 形体几何	圆柱、圆锥、方柱	4. 表面处理	镀铬、金色、古铜、磨砂
2. 管道类型	L 形角度、曲线、鹅颈	5. 把手放置位置	放置于顶部、放置于侧面
3. 把手类型	标准、中空、棍形、操纵杆		

1. 感性形容词的收集

风格是工业设计的核心对象,风格设计是工业设计的核心课题及主要内容。风格体现用户在精神方面对产品的期望。风格需求包括两方面:一是对产品外观的期望,如"淡雅、浪漫、古典"等可用来表达对外观的模糊需求;二是产品功能上的需求企图通过外观暗示,使用户得到慰藉而非真正实现,如"安全、可靠、愉快"等。

可见,风格往往只能用模糊的文字词汇来表达。计算机必须能够对这些风格词汇进行量化分析,准确理解它们之间的关系,以及它们与形态特征元素之间的关系,才能准确地获取用户精神需求并保证准确、充分实现。

可利用语义场理论来量化处理风格词汇。在风格词汇的语义场(简称风格场)中,有些风格具有较高的描述能力,它们是风格场中的聚类中心,可称基本风格。基本风格的集合构成了基本风格空间。不同的产品有不同的基本风格空间,使得任一种风格在基本风格空间中都可表示为一个矢量。就如色彩可通过基本色彩:红、绿、蓝(RGB)得到量化表示一样,基本风格空间可以作为风格的量化途径。

风格设计的目的在于,分析用户的精神需求并转换为多维风格空间中的向量,然后寻求适用的形态特征及其组合方式来实现。

在研究中,首先采用意象调查和奥斯古德(Osgood)的语义差异法(semantic differential method,SD)来提取测试者对产品的评价,首先从专业杂志、广告和网络收集了对水龙头外形的评价形容词约 60 个,然后将其中同义词进行剔除,并按意思的相对性进行组队,最终挑选出了自然-人工、棱角-圆润、稳固-动感、简洁-精致、古朴-清新、冷峻-温馨、平静-活力、统一-变化八组感性评价形容词。

2. 评价对象的选择

收集完感性形容词之后挑选了目前在国内市场销售的比较有代表性并且销量较好的 20 款产品。如图 4-6 右所示。

3. 测试者对对象的感性意象评价

上述两部分的内容结合在一起,在网页上设置测试内容。将八组形容词放在页面附近,然后以李克特七级刻度居于相对的两个词之间,再将每种产品选择一幅代表性图片,然后由客户在网页上对每个产品进行感性评价。测试页面如图 4-6 左所示。

图 4-6　感性意象评价页面图

上述的测评通过网络收集问卷共获得了 120 位年龄、性别(女性占 75%)、职业、收入均匀分布的客户的评价数据。

4. 对产品的感性意象定位分析

通过语义距离计算,动感、精致这两个形容词分别最接近这两个词汇聚类的中心位置。因此可将维数 1 定义为动感维度,而将维数 2 定义为精致维度,以达到对感性词整理、化简和归类的目的。

图 4-7 为 20 款水龙头的感性意象在此二维空间的分布图。

从图 4-7 可以看到以下两点。

(1) 各方案在二维空间上呈较均匀分布,说明这两个维度能较好地把各个方案区分开。

(2) 把手放置在顶部的产品的距离比较接近,表明把手放置在顶部会对消费者产生较大的心理影响。在这里可以看到,产品 1 与产品 18 在空间分布上的距离相当大,其原因在于它们在把手放置位置、表面处理、把手类型等方面都存在区别。证明这些产品的市场定位是不同的。

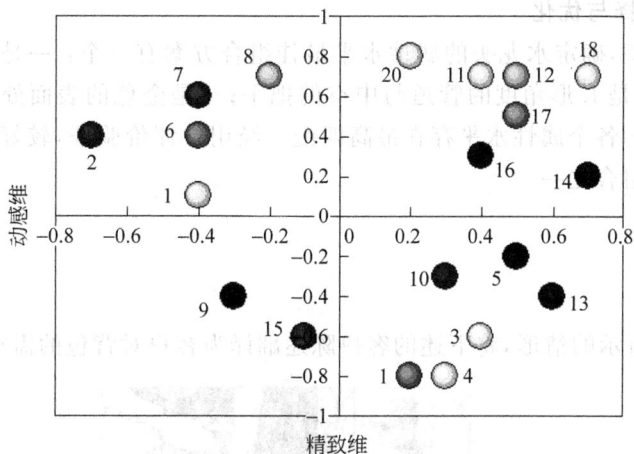

图 4-7　感性意象二维空间分布图

5. 属性水平之间关系的分析

从上一部分的测试中,获得了不同产品在测试者心中的感性意象定位,并且获得了两个维度的评价,在这个基础上在第二项研究中,拟以水龙头属性水平为对象,分析属性水平和感性意象之间的函数关系。

以上述 20 种产品为对象,从五个属性方面来评价这些属性和水平对客户及动感/精致评价的影响。

研究首先从五个产品属性及其各自四个水平(把手类型、表面处理的水平为 4,其余因子的水平若不足 4 个则补够 4),形成正交设计 $L_{16}(4^5)$。总共有 16 个实验。正交实验设计详见第 9 章。

对于这部分测评,只需要客户在每个页面中根据自己的偏好从候选对象中选择出最动感/精致的一个。每一个页面就是一个选择集,一共完成八个页面(选择集)。

这种评价方式对于在线方式比较适用,对于测试者来说简单易懂,也容易做出评价,因此这是获取客户感性偏好的好方法。

6. 数据分析

对第 5 部分设计的测试内容,共收到前后 50 位测试对象的测评。此部分测试包含了八个选择集,每个选择集有三个选项,从而有效数据为 1 200 行(50×8×3＝1 200 行)。列的安排如下:受访者编号、选择集编号、水龙头编号。本项研究选用了 SAS PROC PHREG 程序来进行分析,获得各属性水平的特征效用值。

数据分析结果拒绝了测试者选择产品的行为和水龙头属性水平无关的假设,证明测试者的选择行为是受到水龙头属性水平影响的。

从具体变量的分析及相关系数来看,形体几何、管道类型、把手放置位置、表面处理、把手类型的系数估计值都通过了检验,证明以上属性在某个维度上存在明确的影响;镀铬在动感维度上相对于金色(相关系数为 0.322 7)而言是有负向影响的;鹅颈形管道会增加测试者对水龙头的动感的评价程度。

另外,金色及磨砂的表面处理、鹅颈管道、中空的把手会增加精致度的评价。

7. 方案的选择与优化

根据分析结果,确定水龙头的属性水平最佳组合方案有三个:一是直立的圆锥形体与曲线的管道;二是 L 形角度的管道与中空的把手;三是金色的表面处理与鹅颈形的管道。这三种方案的各个属性水平存在最高匹配。经用户评价验证,较好的产品方案都含有以上属性水平组合之一。

习题

根据图 4-8 所示的情形,将下述的客户陈述翻译为客户对背包的需求。

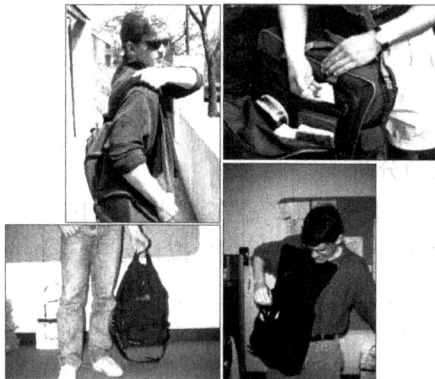

图 4-8　背包使用情形

1. "看看,这背包底部的皮革容易弄脏,也容易划花,这样很难看。"

2. "当我在队列中面对售货员交钱时,要找出钱包,这时我需要单脚站立,别一条腿用于支起背包,这样我看起来似一只鹤。"

3. "背包通常放重要物品,如果丢失我就会很麻烦。"

4. "没有比水果、面包在背包中被压扁更糟的事了。"

5. "我从不双肩背包,我只会单肩背,或单手提包。"

第 5 章

确定产品功能特征

5.1 篇首案例：质量功能配置在空调产品设计中的应用

奥克斯公司的研发团队对格力公司、海尔公司的各项技术需求的竞争性状况进行了评估。通过试验、查阅有关文献等方式评估本公司的质量特性指标，综合考虑质量特性重要度、技术竞争性评估结果、技术试验难度和成本、质量需求与技术需求的关系矩阵，以及当前产品的优势和弱点，设定了具体的质量特性的目标值。QFD 的第一个质量屋如图 5-1

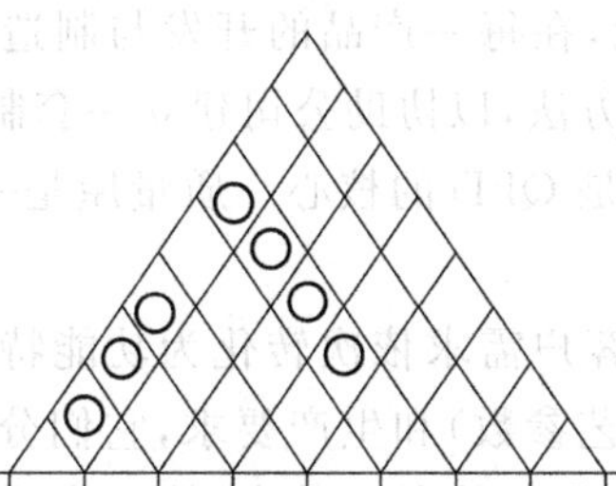

技术需求 / 顾客需求	能耗比>3	压缩机性能	蒸发器性能	冷凝器性能	温控器	线管性能	模块化	外形	重要度	本公司竞争性	格力竞争性	海尔竞争性	计划质量	绝对重要度	相对重要度
省电	◎								5	4	5	4	5	1.517	0.137
制冷/热快	△	◎	◎	○					5	4	4	5	5	2.359	0.214
噪声低		◎	◎						5	4	5	4	5	1.517	0.137
寿命长		◎	◎	◎	○	○			4	4	5	4	4	0.965	0.087
调温精确					◎				3	4	4	4	4	0.436	0.039
安全						◎			5	5	5	5	5	3.436	0.310
维修方便							◎		5	4	5	4	4	0.640	0.058
外形美观								◎	2	4	4	4	4	0.198	0.018
技术需求重要度	0.625	1.314	1.100	0.689	0.291	1.104	0.174	0.054							
本公司技术评估	4	4	4	4	5	5	5	5							
格力技术评估	4	4	5	5	5	5	4	5							
海尔技术评估	4	4	5	5	5	5	5	5							
质量设计目标值	不变	改良	改良	改良	不变	不变	不变	不变							

图 5-1 空调产品 QFD 的第一个质量屋

注：◎——表示强相关，数值为 5；　○——表示一般相关，数值为 3；　△——表示弱相关，数值为 1

所示。发现压缩机性能对于满足客户需求最为重要。再通过 QFD 的瀑布式分解,进行 2 级质量屋的展开之后,确定了影响产品质量的主要装置,以及工艺关键问题:外购压缩机的管道烧断等问题,这些问题对于压缩机性能影响最大。最后通过改进奥克斯的进货检验和供应商的生产过程提高了产品质量。

5.2　质量功能展开

5.2.1　基本原理

通过对近年来出现的各种技术和先进管理模式的研究表明,在评选最受企业关注和最能为企业赢得效益的十大系统方法中,质量功能展开(quality function deployment, QFD)均名列榜首。

QFD 是一种基于整体性的观念,在每一产品的开发与制造阶段,能将消费者的需求转换成合适的技术需求的结构化的方法,以协助公司建立一套制度,借此公司所有人员能一致了解消费者的需求。"质量屋"是 QFD 的核心。质量屋是一种确定顾客需求和相应产品或服务之间联系的图示方法。

QFD 就是依据四个质量屋,将客户需求依次转化为功能特征(或称关键技术参数)、零部件特征、工艺特征(或称关键工艺参数)和生产要求,它们分别用于产品规划阶段、零部件设计阶段、工艺设计阶段和生产规划阶段。其中,第一个质量屋(将客户需求转化为功能特征)意义最大,其结构如图 5-2 所示,其余三种质量屋的结构相同,但内容不同。QFD 的展开过程如图 5-3 所示。

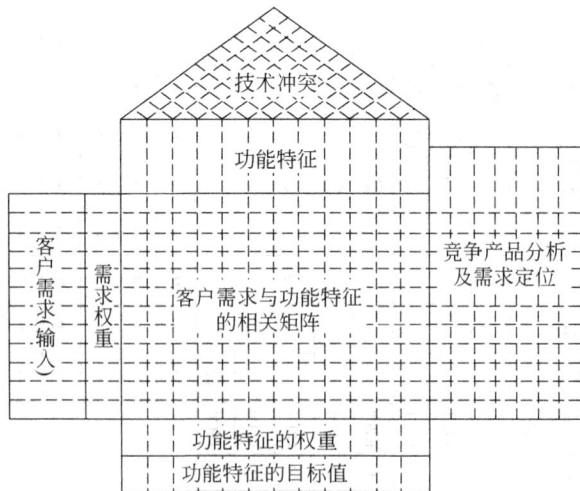

图 5-2　第一个质量屋的结构及内容

通过 QFD,将客户需求转化为产品整体的功能特征目标值及其权重,进而确定产品的零部件技术特征及权重,从而将产品用户需求逐层转化为一系列的生产规划和质量控制文件。

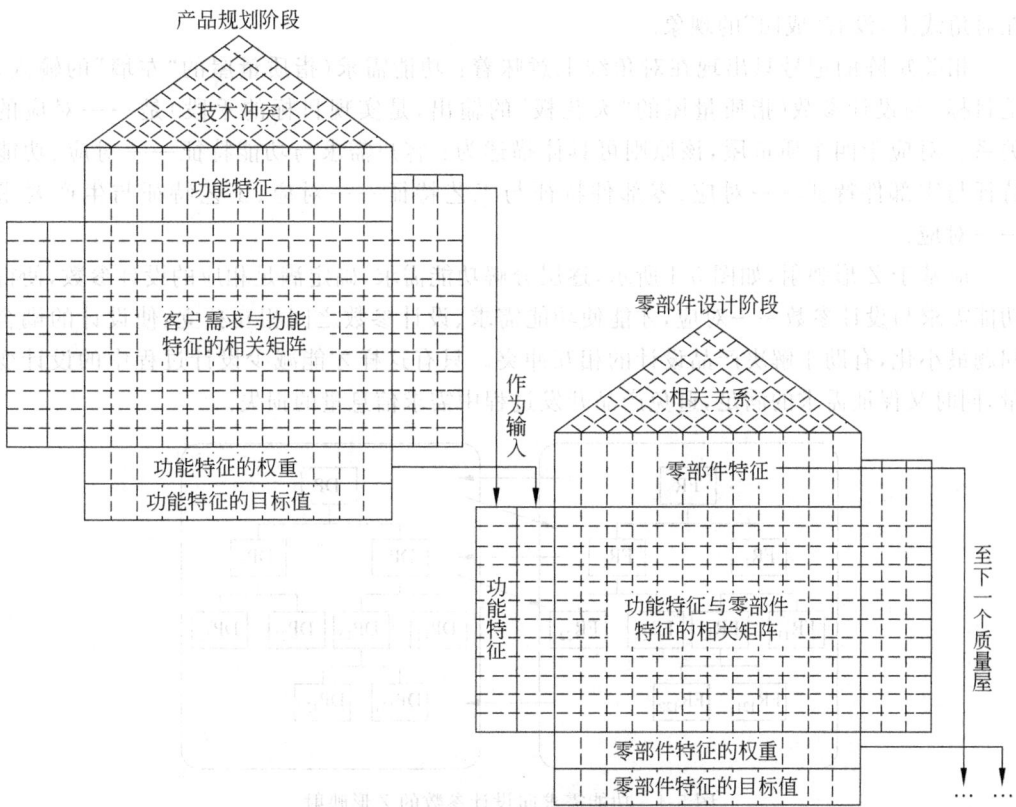

图 5-3　QFD 通过四个质量屋展开的过程(仅展示前两个质量屋)

采用独立配点法计算每一功能特征的权重,某一功能特征权重等于各客户需求的重要度乘以此功能特征和顾客需求相互关系得分,并加总。例如,如图 5-1 所示,能耗比的重要度=省电的相对重要度×5+制冷/热快的相对重要度×1。其中:5 表示能耗比与省电的相互关系得分◎;1 表示能耗比与制冷/热快的相互关系得分△。重要度最后经过归一化处理。

在质量屋的"屋顶",技术特征两两之间的关系有正相关和负相关两种。若一项技术特征的改进会导致另一项技术措施的改进发生负面效应,则称技术特征项之间的关系为负相关;反之,则称其为正相关。一般用符号或数值来表示它们之间的关系。符号的意义如下:○——正相关;×——负相关。

质量屋的绘制是一项很耗时的工作。一般将变量(矩阵的行为列)的数量限定为 20 个,理想情况是少于 10 个。

5.2.2　设计优劣的判定

QFD 的展开过程包含大量的重要的设计决策。如何判断某个设计方案是否合理?如何判定某个设计方案优于另一个?对于给定的客户需求列表,需要多少功能特征与之对应?该设计应该放弃吗?设计的质量能否评判?

对于以上问题,都可以根据这一重要原则进行判定:在相关矩阵中,记号尽量只出现在对角线上,没有"成团"的现象。

相关矩阵的记号只出现在对角线上意味着:功能需求(指质量屋的"左墙"的输入,是目标)与设计参数(指质量屋的"天花板"的输出,是实现目标的手段)是一一对应的关系。对应于四个质量屋,该原则可具体描述为:客户需求与功能特征一一对应、功能特征与零部件特征一一对应、零部件特征与工艺特征一一对应、工艺特征与生产要求一一对应。

应基于 Z 形映射,如图 5-4 所示,逐层分解功能需求,确定满足相应的设计参数,使得功能需求与设计参数一一对应,才能使功能需求、设计参数之间相互独立,使设计的耦合问题最小化,有助于解决产品设计的相互冲突。只有这样才能减少设计过程中的设计变量,同时又保证需求的满足,避免产品开发过程中需求信息量的损失。

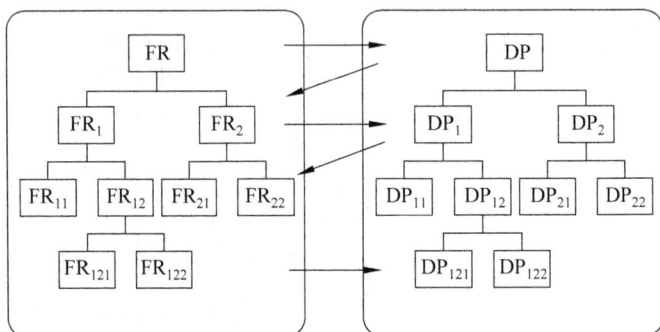

图 5-4　功能需求向设计参数的 Z 形映射

对角线将相关矩阵分为"上三角形"与"下三角形"。一一对应也意味着记号不出现在"上三角形"与"下三角形"中,更不应出现"成团"现象(指标记形成矩形框的四个顶点)。

[**例 5-1**]　冷暖水龙头的两个方案评判。

冷暖水龙头的客户需求有两项:水温、水流速率。方案 1 的功能特征(设计参数)有两项:热水开关、冷水开关,如图 5-5(a)所示。方案 2 的设计参数也有两项:水温控制开关、水流速率控制开关,如图 5-5(b)所示。现需判定哪一方案更好。

其中,DP 为设计参数的英文缩写,FR 为功能需求的英文缩写。

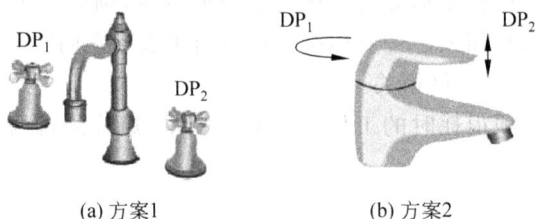

(a) 方案1　　　　　(b) 方案2

图 5-5　冷暖水龙头的两种方案

分析如下。

$$\begin{Bmatrix} FR_1 \\ FR_2 \end{Bmatrix} = \begin{Bmatrix} 水温 \\ 水流速率 \end{Bmatrix} \tag{5-1}$$

对于方案 1，设计参数如下：

$$\begin{Bmatrix} DP_1 \\ DP_2 \end{Bmatrix} = \begin{Bmatrix} 热水开关 \\ 冷水开关 \end{Bmatrix} \tag{5-2}$$

相关矩阵如下：

$$\begin{Bmatrix} FR_1 \\ FR_2 \end{Bmatrix} = \begin{Bmatrix} A_{11} & A_{12} \\ A_{21} & A_{22} \end{Bmatrix} \begin{Bmatrix} DP_1 \\ DP_2 \end{Bmatrix} \tag{5-3}$$

从相关矩阵可以看出，记号同时出现在"上三角形"与"下三角形"中，还存在"成团"现象。矩阵中的 A_{ij} 表示设计参数 j 与功能需求 i 的相关程度，当前都是不为 0 的数。因此该方案不合理。

对于方案 2，设计参数如下：

$$\begin{Bmatrix} DP_1 \\ DP_2 \end{Bmatrix} = \begin{Bmatrix} 水温控制开关 \\ 水流速率控制开关 \end{Bmatrix} \tag{5-4}$$

相关矩阵如下：

$$\begin{Bmatrix} FR_1 \\ FR_2 \end{Bmatrix} = \begin{Bmatrix} A_{11} & 0 \\ 0 & A_{22} \end{Bmatrix} \begin{Bmatrix} DP_1 \\ DP_2 \end{Bmatrix} \tag{5-5}$$

从相关矩阵可以看出，记号只出现在对角线上。该方案合理，优于方案 1。

这与对产品的实际操作感受是一致的。例如，对于方案 1 的产品，当发现水流速率适当但水温太低时，拧松热水开关以把温度提高到理想值，但此时水流速率将大于理想值，此时需调整冷水开关，如此反复。理论上需要调整无数次才能达到水温、水流速率两者都处于理想值的目标。而对于方案 2，只需两次调整，就能达到两方面的目标。

另外，在设计时，方案 1 需要多次迭代反馈才能找到最佳设计参数。方案 1 的以上种种不足的根源在于：功能需求与设计参数存在多对多的关系，表现为其相关矩阵存在"成团"现象。

可以在较为抽象的角度更为完整地探讨这一问题。

(1) 第一种设计称为非耦合设计(uncoupled design)。如图 5-6 所示，功能需求与设计参数是一一对应关系，其相关矩阵如图 5-6(b)所示，记号只出现在对角线中。

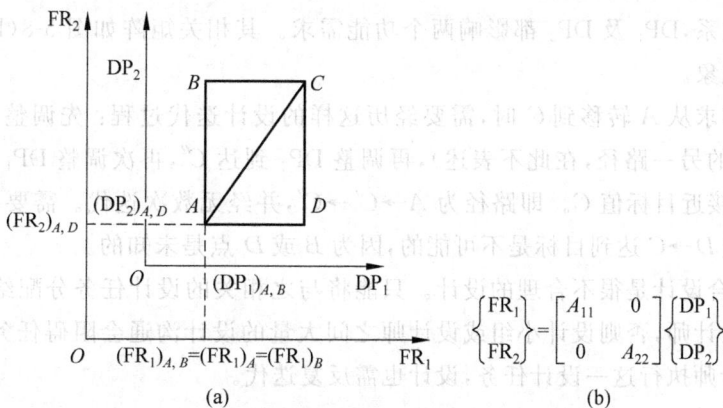

图 5-6　非耦合设计

当功能需求从 A 转移到 C 时,可以通过设计参数的调整实现,有两条路径,一是先调整 DP_1,再调整 DP_2,即路径为"$A{\to}D{\to}C$";二是先调整 DP_2,再调整 DP_1,即路径为"$A{\to}B{\to}C$"。

非耦合设计存在如下优越性:操作更简便;设计更简洁;设计变更容易;设计过程可有更多的并行,两个功能及对应的设计参数可分配到两个小组并行地设计,而不需要互相沟通。

(2) 第二种设计称为解耦设计(decoupled design)。如图 5-7 所示,有部分的设计参数支持不止一个功能需求,DP_2 变化时,不只使 FR_2 发生变化,还影响了 FR_1。其相关矩阵如图 5-7(b)所示,记号出现在"上三角形"中(如果设计参数顺序调换,记号可出现在"下三角形"中)。

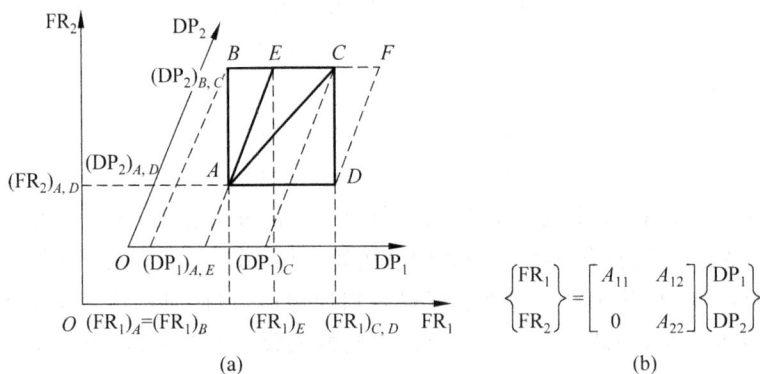

$$\begin{Bmatrix} FR_1 \\ FR_2 \end{Bmatrix} = \begin{bmatrix} A_{11} & A_{12} \\ 0 & A_{22} \end{bmatrix} \begin{Bmatrix} DP_1 \\ DP_2 \end{Bmatrix}$$

图 5-7　解耦设计

当功能需求从 A 转移到 C 时,只有一条路径实现这一调整:先调整 DP_2,再调整 DP_1,即路径为"$A{\to}E{\to}C$"。

可见,相对于非耦合设计,解耦设计稍有不足,需要经过规定的顺序调整才能达到目标。另外,并行性略为欠缺,DP_1 的设计者需要等待 DP_2 的设计者传递信息。

(3) 第三种设计称为耦合设计(coupled design)。如图 5-8 所示,功能需求与设计参数是多对多关系,DP_1 及 DP_2 都影响两个功能需求。其相关矩阵如图 5-8(b)所示,记号出现"成团"现象。

当功能需求从 A 转移到 C 时,需要经历这样的设计迭代过程:先调整 DP_1 到达 C'(或与其对称的另一路径,在此不述),再调整 DP_2 到达 C'',再次调整 DP_1,如此反复无数次,越来越接近目标值 C。即路径为 $A{\to}C'{\to}C''$,并经无数次迭代。需要指出的是,想通过 $A{\to}B$ 或 $D{\to}C$ 达到目标是不可能的,因为 B 或 D 点是未知的。

可见,耦合设计是很不合理的设计。只能将与之相关的设计任务分配给同一设计小组甚至同一设计师,否则设计小组或设计师之间大量的设计沟通会阻碍任务的进展。即使是一个设计师执行这一设计任务,设计也需反复迭代。

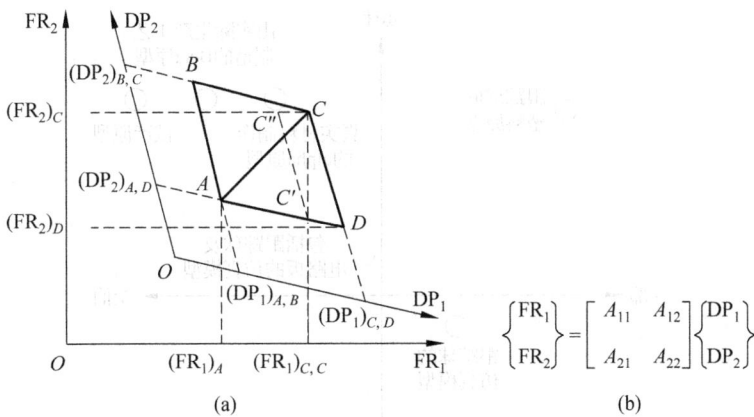

图 5-8　耦合设计

5.3　产品功能特征的修正

测试与修正工作是一项持续的工作,主要分布在两个阶段:在概念选择前的系统级设计阶段,开发小组在确定产品功能特征后,需要一定的验证分析;在概念选择后的测试与纠正阶段,这时已经产生了丰富的产品信息,可建立更详细具体的模型并进行更深入的分析测试,根据分析结果对关键技术参数进行调整。可基于以下四个步骤进行。

5.3.1　步骤 1:开发产品技术原型

原型就是对产品在某些感兴趣方面的近似。技术模型包括概念草图、数学模型、全功能的试制品等。它的分类有两个维度:一是实体化的程度。实体化程度越高,就越具有真实的外观和材料;实体化程度低的原型往往是数字化的,称为解析原型。二是全面性。原型越全面,就具有产品的越多的属性;越局部,就具有越少的产品信息,往往只是外观相似或只是原理相似。

这两个维度是相关的,它们构成了二维坐标。以鼠标为例,原型的类型如图 5-9 所示。要注意到,在右下角(第四象限)的原型种类很少,因为数学方程或仿真模型的信息量较少,往往只能针对局部进行分析;而实体模型往往是全息的,当团队用实体原型进行实验时,所有的物理学定律都将起作用,因此能发现意料之外的问题,检测不可预见的现象。

需要根据建立原型的目的选择适用的、最低成本的原型。一种产品往往只需要建立一个全面的实体原型用于最终的验证,因为这种原型的成本通常较高。如果产品的技术与市场风险很低,而全面的实体原型成本很高,也可以很少或不制作全面实体原型,例如建筑、船舶、飞机。

建立原型的常见目的包括分析、交流、集成和里程碑。

原型可以快速表达出设计概念,因此可作为帮助设计团队成员或相关人员之间交流与评估的工具。

例如,要研究跟踪球的半径多大合适,这属于分析目的,可能通过数学方程或仿真模

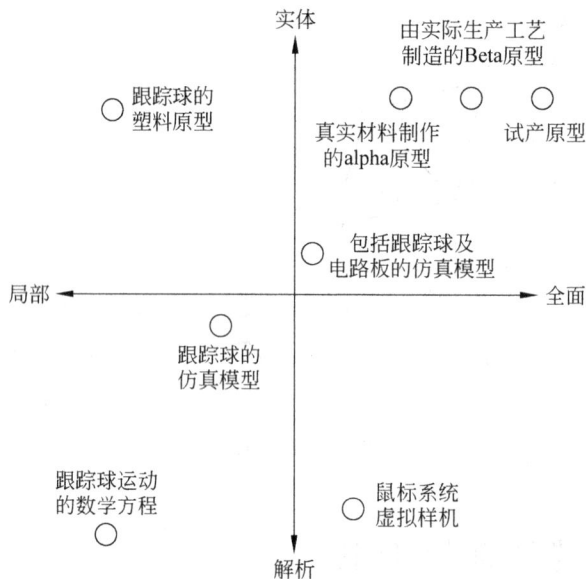

图 5-9　鼠标原型的分类

型即可达到目的,这些解析型的原型可以非常低成本地分析对比大量的方案,改变该参数并求解方程组,要比实际更换实体原型中的材料容易得多。因此,解析型原型适用于在前期方案还未收敛时,为缩小参数范围所做的广泛方案分析。使用解析原型探索不同设计参数的详细例子,见第 9 章"六西格玛设计"。

微软非常重视它的软件产品的集成性能,规定程序员每天下午 5 点提交所开发的程序模块,并将各模块集成编译建造一个原型,使集成问题可以当天发现。用于集成的原型需要具有较高的实体化程度。

里程碑原型提供可以触摸的目标。在允许项目进入下一阶段之前,通常要求一个能展示特定功能的原型。在许多采购中,原型必须先通过严格的测试才能签订生产合同。因此,里程碑原型往往具有最高的实体化程度及最全面的信息。这类原型适用于产品方案的微调或确定。

在过去的 20 年里,三维计算机模型是解析原型的代表,而自由形体制作(free-form fabrication)技术是实体原型技术的代表。

例如,在波音 777 的开发中,开发团队运用了三维建模软件 CATIA 建立了所有的原型,避免了建造飞机的全尺寸木制模型,而在以前必须用这样的木制模型来检查各结构件和各系统部件,例如液压管路等之间的干涉。

在各种自由形体制作技术中,快速成型(rapid prototyping,RP)技术或称 3D(三维)打印技术于 2012 年取得突破,可以用金属材料来成型。钛合金 3D 打印技术用于我国歼-15 战斗机的研制成为媒体瞩目的焦点。

5.3.2　步骤 2:开发产品成本模型

这一步骤的目标是确保产品能以目标成本生产出来。目标成本是公司及其销售商在将产品以具有竞争力的价格提供给顾客时依然有足够利润时的制造与装配成本。

统计结果表明,设计阶段只花费总成本的 5%,却决定了 70%～80% 的总成本,剩下的 20%～30% 取决于管理、劳务开支、材料等,如图 5-10 所示。由此可以清楚地看出,效益及竞争能力问题在产品设计阶段解决比在生产阶段解决更为必要。必须在设计阶段就预见到产品制造、装配等下游阶段的问题并及时纠正。

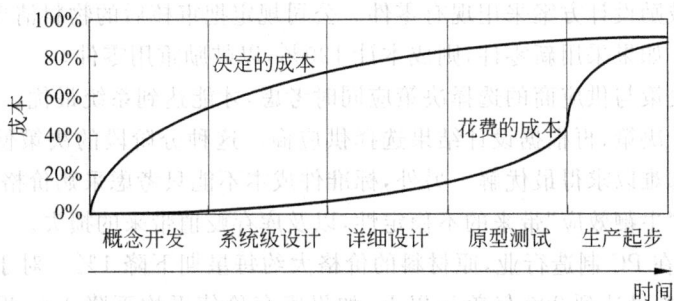

图 5-10　各阶段决定的产品成本

面向制造与装配的设计(design for manufacture and assemble,DFMA)是产品开发中涉及的最综合的活动之一。DFMA 需要开发团队中大多数成员以及外部专家都做出贡献,通常要综合利用来自制造工程师、成本会计、生产人员以及产品设计人员的专业知识。许多公司采用结构化的、以团队为基础的研习讨论会制度,以便进行 DFMA 所需的综合和思想交流。

在选择产品概念开发阶段,成本一般总是制定决策所依据的标准之一,虽然这时的成本估计是高度主观和粗略的。在最终确定产品指标时,团队要在各种期望的、存在矛盾冲突的性能特征之间进行权衡取舍。例如,增加零件表面光洁度会增加工序时间及成本。

图 5-11 为生产成本构成的一种分类方法。在这种方案下,产品开发需要考虑以下四个类别的成本。

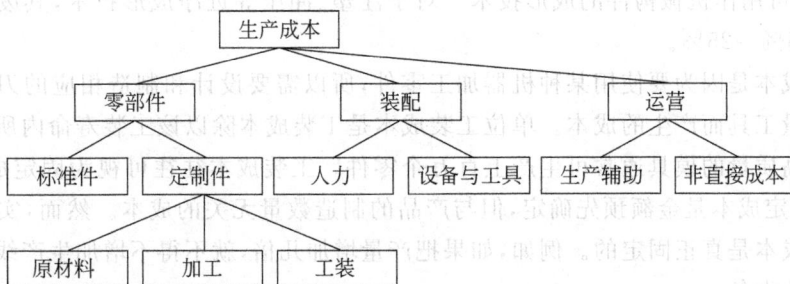

图 5-11　生产成本的构成

1. 供应商的选择与标准件成本

标准件的成本估算有两种方法:第一,把每个零件与公司正在以可比规模生产或购买的相似零部件比较;第二,要求供应商报价,这时预计生产批量极其重要。对于大批量的采购,供应商不只会提供优惠的价格,通常还愿意参与到零部件的开发中以确定零部件合适的指标,从而降低成本。

在这个时候,团队可以列出一张 BOM 表以及每个部件的购买价格列表。BOM 表本身也是一种模型,它并不是对某一技术性能指标进行预测,而是预测成本特性。设计应尽可能选择方便采购的标准件,不要选择昂贵的、市场上没有的物料。

〔**例 5-2**〕 通用公司的设计目录。

通用公司鼓励设计方案采用现有零件。公司规定把审核后的物料清单输入设计目录系统以供查询。如果采用新零件,则成本计 120%,以鼓励重用零件。

产品设计决策与供应商的选择决策应同时考虑,才能达到系统最优。传统的做法是:先完成产品设计决策,再根据设计结果选择供应商。这种分阶段的决策使产品设计与供应链网络设计都难以求得最优解。另外,标准件成本不能只考虑采购价格,还应考虑供应的及时性,减少"牛鞭效应"带来的不稳定性,以及库存贬值带来的损失。

〔**例 5-3**〕 在 PC 制造行业,原材料的价格大约每星期下降 1%。对于戴尔这样的巨型企业,每年采购量达到 200 亿美元以上,如果库存价值平均下降 1%,损失就有 2 亿美元。戴尔为了压缩制造时间,改为选择离工厂较近的供应商,优惠条件上的损失被部件供应时间缩短带来的利益所补偿。戴尔的前供应链副总裁亨特说:"如果我们的一个竞争对手的库存量相当于四个星期的出货量,那么,我们就比竞争对手拥有了 3% 的物料成本优势,反映到产品底价上,这就意味着我们拥有了 2% 或 3% 的空间。"戴尔的平均库存是 4 天,而它的竞争对手的平均库存都在 20～30 天之间,因此这也就解释了为什么在激烈的市场竞争中获胜的总是戴尔。

2. 非标准件成本

非标准件是指专门为某产品而设计的零部件。非标准件可由制造商自己生产,也可委托供应商生产。其成本包括原材料成本、工装成本和加工成本。

要估算原材料成本,应先计算零件的重量,并考虑一定的废料,然后乘以原材料单位重量价格。近净成形技术(near net shape technique)是指零件成形后,仅需少量加工或不再加工,就可用作机械构件的成形技术。对于注塑、冲压等近净成形技术,其废料重量约占总重的 5%～25%。

工装成本是因为要使用某种机器加工零件,所以需要设计和制造相应的刀具、夹具、模具或测量工具而产生的成本。单位工装成本是工装成本除以该工装寿命内所制造的零件总数。高质量的模具通常可生产上百万个零件。工装成本往往可视为固定成本(fixed costs)。固定成本是金额预先确定,但与产品的制造数量无关的成本。然而,实际上没有任何一项成本是真正固定的。例如,如果把产量增加几倍,就不得不增加生产线或购置新的更高效的设备。

加工成本包括设备操作者的工资以及使用设备本身的成本,其中包括折旧、维护、工具和人工成本。理解常用工艺的大致成本范围是很有用的。估计加工时间通常需要有对所使用设备的经验。

在产品详细设计之后,由于有了详细的信息,还可以通过工艺能力约束和成本动因的分析进行准确成本估算。某些零部件之所以昂贵,仅仅是因为设计师不了解制造工艺的能力约束和成本动因。例如,设计师可能会在轴零件上标注不同的键槽宽,如图 5-12(a)

所示,却没有认识到,要实现不同的键槽宽,需要在加工过程中更换不同类型的刀具,并要经过重新校准。正确的设计应如图 5-12(b)所示。设计师可能会对尺寸标注过高的公差要求,却没有认识到在生产中达到这种精度的困难。有时,这些高成本的零件特征对产品功能是不必要的,它们仅是由于缺乏知识造成的。要做到避免昂贵的不必要的加工步骤,设计工程师需要知道哪些类型的操作在生产中是困难的,成本动因是什么。

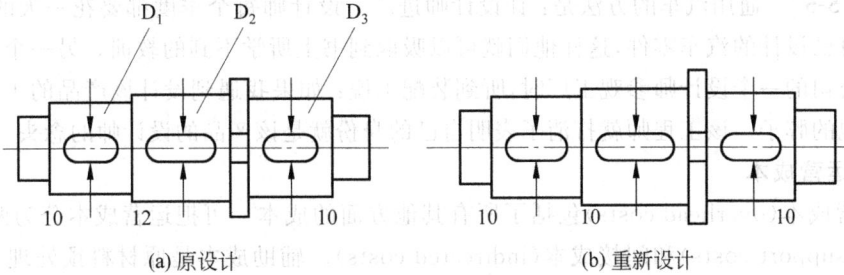

(a) 原设计　　　　　　　　　　(b) 重新设计

图 5-12　轴上键槽的设计

有些工艺约束可以用设计准则的形式,向设计师进行简明的传达。例如,一台线切割机可以用适用材料类型、材料厚度、最大工件尺寸、最小切槽宽度和切割精度等来做简明表示。零件设计师就能避免超过一种工艺的通常加工能力,从而防止成本过高。

对某些工艺来说,零件的生产成本是该零件某些属性的简单的数学函数,那么这些属性就是这种工艺的成本动因。例如,焊接工艺的成本与工件的两个属性成正比:焊缝数量和焊缝长度;精加工的成本与工件的两个属性成正比:精加工面积和光洁度等级。工艺步骤的数量也是一项常见的成本动因,减少零件制造中步骤的数量通常会降低成本。例如,产品内部的零件无须喷涂,尤其是用户不会看到它们的情况;零件某些位置的高度、倾斜度等尺寸应保持一致,以减少调整刀具高度、角度的工序。

对于加工能力不易表述的工艺,最好的策略是与深刻理解该工艺的人员密切协作。这些制造专家对如何重新设计零件以便降低生产成本有很多想法。

[**例 5-4**] Lockheed Skunk Work 以设计尖端飞机而著名,设计师花 30%的时间在工厂与按其设计方案制造的机械师一起工作,这样他们就能不断打破制造工艺的局限。方太厨具公司的总经理茅忠群在众目睽睽之下拿起大铁锤把公司各部门办公室的间隔围墙打破,使设计部门、制造部门、销售部门等多个部门的员工更紧密地围在一起办公,消除了跨部门的沟通障碍。一年之后,新产品带来的利润占到总利润的 2/3。

3. 装配成本

由一个以上零件构成的产品都需要装配。装配过程几乎总会导致劳动力成本和设备工具成本。除了电路板无论生产规模大小都需要自动化装配外,产量不超过 10 万件的产品,其装配通常都是手工进行的。

手工装配成本的估算方法是,累计各装配步骤的时间再乘以单位时间工资。根据零件的大小、操作的难度和产量,最简单的零件的装配操作每一次也需要 3～5s(准确的时间可根据模特排进法进行估算)。产量大时,工人可以专门从事一组特定的操作,并且专用工装夹具协助装配。从该估算方法可以得知:应尽量减少产品的零件数,把众多的简单零件组合成少量的复杂零件,以减少装配成本和管理成本,并能提高产品的精度。

本书文献[3]提出,如果能同时满足以下三个条件,则两个零件可以集成为一个零件:这两个零件为同种材料、它们不需要相对运动、不需要拆卸更换其中一个零件。在模具广泛应用的情况下,单一的复杂零件的制造成本往往比多个简单零件低得多。

为了提高产品的可装配性,设计师与装配工的协同非常重要。

[例5-5]　通用汽车的方法是:让设计师进厂。设计师每个季度都要花一天的时间组装他们自己设计的汽车零件,这样他们就可以吸取到书上所学不到的教训。另一个实例是:某汽车公司的一个设计师参观工厂时,听到装配工说:如果我遇到设计该产品的工程师,我将扭断他的脖子。该工程师就打消了表明自己的身份就是该产品的设计师的念头。

4. 运营成本

运营成本(overhead costs)包括了所有其他方面的成本。可把运营成本分为两类:辅助成本(support costs)和间接成本(indirected costs)。辅助成本是原材料预处理、质量检查、采购与运输、验收等必要的辅助措施的成本。这些成本通常被多个产品系列分摊,所以把它们拢在一起作为间接成本的一部分。间接成本是难以分摊到具体产品却又必不可少的开支。例如,安保成本和建筑环境的修缮费等。由于间接成本与产品设计基本没有关系,所以不是本书的研究对象。

准确估算一个新产品的运营成本是很困难的。生产辅助成本不易归集,也很难把它分摊给一个特定的产品系列。这个问题用"作业成本法"(activity-based costing,ABC)可得到部分解决。在ABC法中,公司使用多种不同的成本动因,并把所有的生产辅助成本分配给最匹配的成本动因。

[例5-6]　产品A与B分别需要生产10件、20件,A与B每件产品分别需要铣加工5分钟、10分钟,装夹时间都为1分钟。如该铣床无其他作业,且电费为300元,人工费为500元,试将以上费用分摊到两种产品中。

[解]　基于ABC法进行计算,分配成本库费用。

电费为300元,人工费为500元。铣加工时间是电费的成本动因,铣加工时间及装夹时间之和是人工费的成本动因。10件产品A的铣加工共需$10 \times 5 = 50$分钟,装夹共需$10 \times 1 = 10$分钟,总时间为60分钟;20件产品B的铣加工共需$20 \times 10 = 200$分钟,装夹共需$20 \times 1 = 20$分钟,总时间为220分钟。则:

$$产品A的电费 = 300 \times 50/(50+200) = 60.00(元)$$
$$产品B的电费 = 300 \times 200/(50+200) = 240.00(元)$$
$$产品A的人工费 = 500 \times 60/(60+220) = 107.14(元)$$
$$产品B的人工费 = 500 \times 220/(60+220) = 392.86(元)$$

在努力使零部件成本和装配成本最小化的同时,生产辅助成本往往也会随之降低。例如,零件数量的减少可以降低装配成本,也降低了库存管理的要求,同时也减少了生产所需工人的数量,从而降低了人力资源管理的辅助性成本。标准件将降低对物料控制和质量控制的要求。

降低产品系统与供应链网络的复杂性,是降低运营成本的一项重要途径。一种复杂的产品如汽车、机床,往往涉及几十个产品型号、上百种生产工艺、成千上万种不同的零件、几百个供应商、成千上万的工作人员。这些产品和工艺、零件、供应商、工作人员的每一因素个数的增加，都会使系统的复杂度升高。这些变量都需要企业花费相当的成本加以跟踪、监控、管理、检查、处理和储存。很多这种复杂性是由产品设计所驱动的，因此应尽量减少上述因素的数量。

5.3.3 步骤 3：进行权衡

竞争分布图是根据从产品功能特征集合中选择两个特征（由于成本的重要性，其中一个特征往往是成本），绘制竞争性产品散点分布，辅助产品定位决策的工具。如图 5-13 所示。

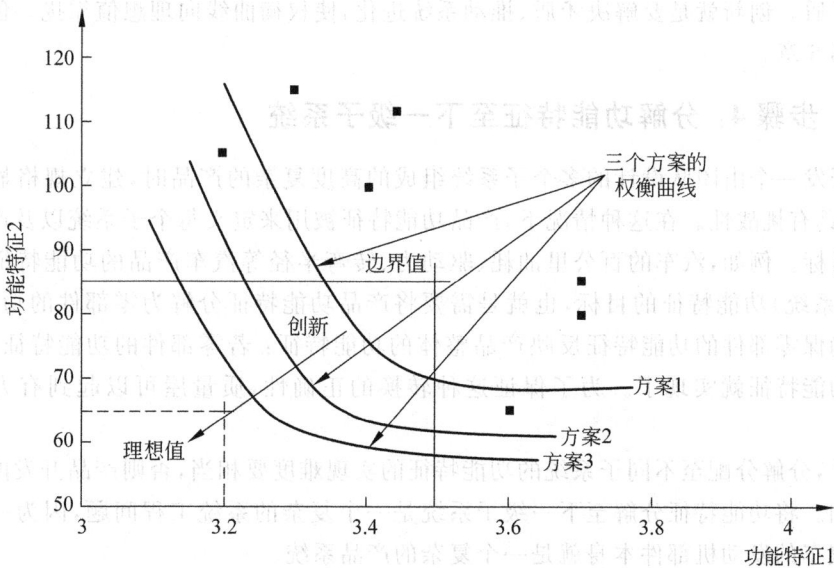

图 5-13　竞争分布图

在图 5-13 中，假设功能特征取值越小越好，理想值是两个特征取值较小的左下角区域。由于成本特征与其他特征往往存在矛盾冲突，功能特征的改善往往会引起成本的恶化。两者互相影响的过程形成了一条曲线，可称为权衡曲线，因为决策者需要在曲线上权衡利害并选择一个点作为解决方案。

权衡曲线直观地反映了一个因素的改变引起的另一因素的变化的规律。这与敏感性分析利用模型来回答"如果……会怎样"这样的问题本质上是相同的。

敏感性分析常常用于以下分析：若开发成本降低 15％，净现值（net present value，NPV）将怎样变化？若开发时间增加 25％，将对 NPV 有什么影响，是否相当于成本增加多少比例？产品开发延期两个月增加一个产品功能好吗？以及这个功能使销售量增加多少才能超过平衡点等。很多公司利用企业资源规划（enterprise resource planning，ERP）系统制作杜邦财务分析模型，以支持这一类型的敏感性分析。只需把这些改变输入财务分析模型就可以计算 NPV。

很多公司将权衡分析的结果简化为线性关系，例如开发成本增加 1％，使 NPV 减少百分之几,并制作成表格,再制定一些取舍标准以辅助设计师进行决策。而丰田汽车公司却善于使用权衡曲线。

[例 5-7] 丰田汽车公司的权衡曲线。

一位在丰田公司工作的美国工程师说:"丰田和美国公司之间的差别主要在于丰田积累的知识非常多,凭着这本笔记本(在他手上的笔记本上面画满了权衡曲线图表),我可以设计出一部相当好的汽车车身。"另一位美国公司的工程师说:"我们以前不明白产品成功与失败的差别根源在哪,后来我们雇用了一位掌握上千条权衡曲线的人,真令人难以置信,他懂得那么多!"

需要指出的是,进行权衡是一项缺乏创新的工作,它只是在一对矛盾中进行折中,而非解决矛盾。创新就是要解决矛盾、推动系统进化,使权衡曲线向理想值靠拢。创新的方法详见第 6 章。

5.3.4　步骤 4:分解功能特征至下一级子系统

当开发一个由团队设计的多个子系统组成的高度复杂的产品时,建立规格显得格外重要,并具有挑战性。在这种情况下,产品功能特征被用来定义每个子系统以及产品整体的开发目标。例如,汽车的百公里油耗、驱动力、转弯半径等汽车产品的功能特征作为零部件(子系统)功能特征的目标,也就是需要将产品功能特征分解为零部件的功能特征。这需要确保零部件的功能特征反映产品整体的功能特征:若零部件的功能特征被实现,则整体功能特征就实现了。为了保证这种转换的正确性,质量屋可以起到有力的辅助作用。

另外,分解分配至不同子系统的功能特征的实现难度要相当,否则产品开发的难度将大大增加。将功能特征分解至下一级子系统是一个复杂的系统工程问题,因为一些子系统例如汽车的发动机部件本身就是一个复杂的产品系统。

5.4　案例:QFD 在 HO 公司卫浴产品概念设计中的应用

本案例将基于 QFD 方法对水龙头产品概念设计方法进行应用研究,通过高端水龙头的顾客需求和功能特征分析,帮助设计者进行水龙头产品开发和产品概念,生成概念设计方案。

5.4.1　项目概述

HO 公司地处广州市番禺区,为生产卫浴产品的上市公司。近年来高档水龙头的销量一直很低,究其原因是新开发的高档水龙头未能很好地满足顾客需求,市场接受程度不高。企业计划在 2012 年推出一系列的高端产品,决定将 QFD 的概念设计方法应用于水龙头的开发过程中。

首先通过市场调查获取高端顾客对水龙头产品的需求,对需求进行整理和层次化分析后,计算顾客需求重要度,作为质量屋的左墙输入,并进行顾客需求的规划。然后定义、整理、分析产品的功能特征,绘制功能特征系统图,作为质量屋的屋顶,构建质量屋。通过

"客户需求-功能特征"的转换,得到高档水龙头的产品功能特征。然后进行客户需求竞争性评估、产品功能特征竞争性评估,最后设定产品功能特征的目标值。根据以上分析结果的汇总,可以明确水龙头产品的发展方向,以及产品的概念设计方案,可用来指导下一步的零部件结构设计、工艺设计等。

5.4.2 顾客需求分析

1. 获取客户需求

为了获取水龙头用户对水龙头的需求信息,分三个阶段对顾客需求进行获取。

首先,项目组查阅了相关书面资料和相关行业网站资料,以及水龙头行业标准等,搜索关于水龙头顾客的关注点。在网络论坛上,有用户对水龙头提出的直接需求,如希望提供某些功能、外观,也有大量的顾客意见和抱怨等。

然后,在水龙头专卖店一对一访谈了销售人员,以及三十几位水龙头潜在购买者,同时,由于已经在网络上了解到用户对水龙头的共性需求后,绘制了水龙头使用行为图,访谈时就有了沟通的依据。

最后,请 HO 卫浴市场评价人员、销售人员、公司内部的高端用户等相关人员、领先用户一起进行小组访谈,对已获取的初步水龙头需求项目进行补充、确认。通过这些工作,得到了比较完善的高端水龙头顾客需求。

2. 顾客需求的聚类

接下来,运用亲和图法(KJ 法),将水龙头的顾客需求进行聚类分析。

首先罗列所收集的顾客需求于卡片上,由 QFD 团队资深成员组成专家组,对已得到的需求进行亲和分类,水龙头产品顾客需求的第二层次需求和第三层次需求如下。

外观的需求:美观感、内涵感、自豪感等。

性能的需求:不漏水、防止蹿水、开关顺畅、自动恒温、智能监控、功能延续等。

可靠性的需求:故障率低、腐蚀性低、寿命长、安全防烫等。

价格的需求:节水、省电、价格低。

服务的需求:方便拆卸、维修方便、保修期。

使用的需求:使用安全、安装方便、调温方便、自动水量、流量调节。

以上顾客需求形成了质量屋左墙输入。

3. 顾客需求重要度

在确定了水龙头产品的顾客需求以后,针对第二层次需求和第三层次需求设计了 AHP(层次分析法)调查问卷,并请本公司资深的水龙头商品评价人员和销售人员填写问卷。

顾客需求权重分析采取 AHP 方法,并运用 MATLAB 进行计算,得出顾客需求权重。评价采用两两对比的评分方法,根据问卷填写人员对两个需求项之间重要度的主观感知进行评分。

4. 竞争性评估

针对每项顾客需求项目实施市场竞争性评估,用数字 1~5 来表示顾客对水龙头产品的某项顾客需求的满意度,其中 1 表示非常不满意,5 表示非常满意。然后,以空白为 1,

○为1.2,◎为1.5,对产品特点进行量化,并设定计划质量。最后,计算出顾客需求绝对重要度和相对重要度,绝对重要度＝顾客需求重要度×产品特点系数×质量水平提高率。水龙头质量规划如表5-1所示,这构成了质量屋的右墙。

　　这里选择与本公司产品同等价位,但市场占有率领先的某水龙头作为竞争对手,通过市场竞争性评估,最终得出水龙头的顾客需求相对重要度如下表5-1所示。其中,重要度最高的几项是产品的自豪感、自动恒温功能、美观感、内涵感和功能延续。

表 5-1　水龙头客户需求的竞争性评估(局部)

第三次层次 顾客需求		质量规划表							
		顾客需求 重要度	本公司	竞争 对手	目标 质量	水平提 高率	产品 特点	绝对重 要度	顾客需 求权重
1	自豪感	0.093	3	4	4	1.33	1.2	0.149	11.41%
2	自动恒温	0.043	1	2	2	2	1.5	0.129	9.91%
3	美观感	0.105	3	3	3	1	1	0.105	8.07%
4	内涵感	0.096	3	3	3	1	1	0.096	7.37%
5	功能延续	0.046	2	3	4	2	1	0.093	7.10%
6	识别性高	0.091	3	3	3	1	1	0.091	7.01%
7	环保材料	0.050	3	4	4	1.33	1.2	0.080	6.13%
8	噪声	0.041	2	3	3	1.50	1	0.062	4.72%
9	开关顺畅	0.027	2	4	4	2	1	0.055	4.20%
10	自动水量	0.039	3	3	3	1	1	0.039	2.96%
11	智能监控	0.038	2	2	2	1	1	0.038	2.93%

5.4.3　功能特征分析

　　分析现有产品的功能特征时,先对现有产品的设计类型进行展开,再对设计类型的特性进行定义。对HO卫浴水龙头的产品功能特征定义,首先区分为外观与内部结构两个方面。水龙头的功能特征结构如图5-14所示。

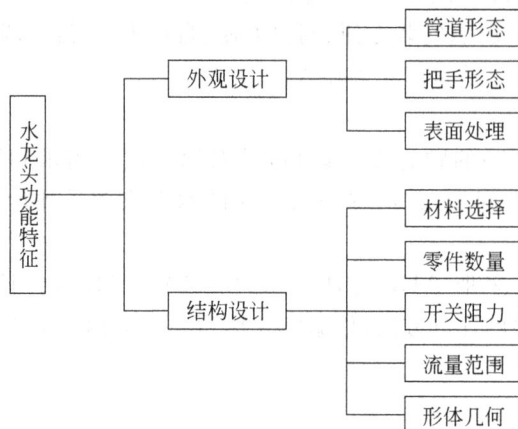

图 5-14　水龙头功能特征结构(局部)

5.4.4 概念设计方案生成

1. 构建"客户需求-功能特征"质量屋

将得到的顾客需求展开表和功能特征展开表分别作为质量屋的"左墙"和"屋顶",构建"顾客需求-功能特征"质量屋,用 1 分、3 分、5 分分别表示弱相关、中等相关和强相关,构建顾客需求和功能特征的相关关系。

分析"顾客需求-功能特征"相关关系矩阵,逐行检查是否每项需求(每行)都有至少一项功能特征(列)与其对应,且每一行是否都有至少一项"强相关"符号。经检查符合以上要求,不需要补充必要的功能特征,也没有需要消除的功能特征。建立的"顾客需求-功能特征"的相关关系如表 5-2 所示。

2. 计算功能特征的权重

功能特征的权重(重要度)根据顾客需求的权重,以及顾客需求与功能特征的关系强度计算得到。按照本章所介绍的计算方法计算得出各功能特征的权重,并归一化得到相对权重。水龙头质量屋的相关矩阵如表 5-2 所示,从功能特征相对重要度可以看出,流量范围、零件数量、管道形态、材料选择、把手形态、表面处理、形体几何等是比较重要的功能特征。

表 5-2 水龙头产品概念功能特征质量屋(局部)

设计特征 / 客户需求		外观设计			结构设计					……	客户需求重要度
		管道形态	把手形态	表面处理	材料选择	零件数量	开关阻力	流量范围	形体几何	……	
外观	美观感	5	3	4							0.107
	内涵感	2	4	2							0.102
	自豪感	2	3	4					3		0.098
性能	不漏水					5		1			0.032
	不蹿水					3		3			0.029
	环保材料				5			1			0.063
	安静						2	5			0.052
	开关顺畅						5				0.033
	智能监控					3					0.047
可靠性	故障率低				4	3					0.021
	寿命长			3	3				4		0.020
	腐蚀性低				2				3		0.013
……											
设计特征重要度		1.63	1.17	0.99	0.33	0.83	0.26	1.51	0.85		
设计特征相对重要度		0.10	0.07	0.06	0.03	0.05	0.02	0.10	0.05		1

续表

图表	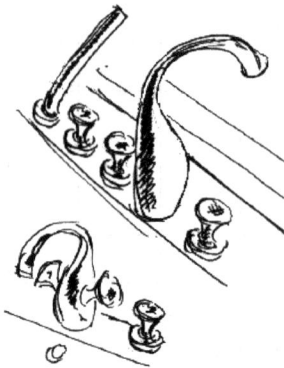

3. 功能特征竞争性评估

得到功能特征重要度后,要设定功能特征目标值即功能特征的量化水平,还必须进行功能特征竞争性评估。在此从设计的角度由设计人员评价。通过功能特征竞争性评估,依据功能特征的重要度,识别本公司产品的不足或过剩功能特征,对不足功能特征在功能特征量值上要有所提高,对过剩功能特征在功能特征量值上适当降低。功能特征竞争性评估与表 5-1 所示的客户需求竞争性评估相似,在此省略。

4. 制订概念设计方案

根据以上分析结果的汇总,可以明确产品的发展方向、产品的主要用途,以及产品的设计细节,如造型风格、所使用的材料、需要的技术、表面处理的方式等信息。将这些设计要点加以综合考虑,得到如图 5-15 所示的概念设计方案,被称为"森林 SPA"。

在功能上,使用低铅的铜材表现健康环保理念,增加电子控制系统实现智能控制;在美学上,拥有个性的外观,选择了水晶质感的表面处理方法,将蘑菇、巨大的含苞欲放的花朵等森林元素加入到管道形态、形体几何的设计中;在人机交互上,在不增加零件数量的情况下,实现自动关闭等功能,使用户能非常方便地使用;同时还全面考虑产品的形象、内部结构、加工工艺等,整体上给人一种安全性、力量、信心、独立性的情感归属,恰到好处地满足了目标市场的需求。

5.4.5 应用结果

将 QFD 模型应用于水龙头产品的概念设计中,设计出了能很好地满足顾客需求的水龙头,如图 5-16 所示。新产品第 1 年的利润率就超过了在售老产品的平均利润率,为 HO 公司在市场中赢得了竞争优势。

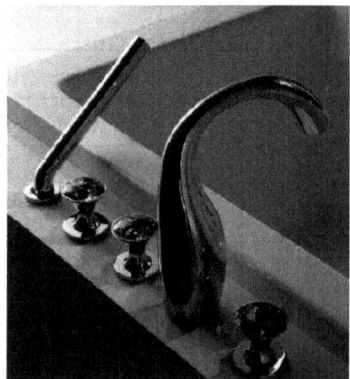

图 5-15 高档水龙头概念设计方案图

图 5-16 高档水龙头产品

习题

1. 目前有冰箱和冰柜两种产品方案,如图 5-17 所示,需要满足同样的两项功能:FR_1＝保温(防冷气外逸),FR_2＝存取物品。

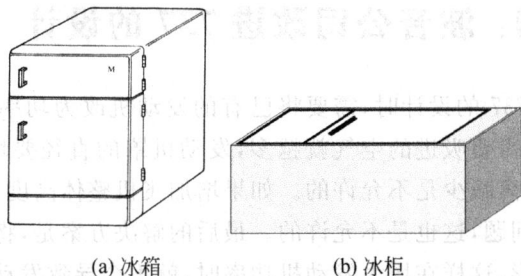

(a) 冰箱   (b) 冰柜

图 5-17 冰箱和冰柜两种产品方案

为实现以上功能,冰箱有两项设计参数:DP_{11}＝垂直门,DP_{12}＝箱体。冰柜有两项设计参数:DP_{21}＝水平门,DP_{22}＝箱体。

两种产品方案的必要功能相同,但设计参数不同。请问哪种产品设计方案更佳?请运用本章论述的设计优劣的准则来判定。

2. 钢笔的客户需求如下:易吸墨、书写流利、轻便、自豪感。为实现以上客户需求,设计师提出以下产品功能特征:吸墨时间<1 分钟,书写阻力<10N,总重<100g,新颖的外观。试进行如下工作。

(1) 根据以上信息完善第一个质量屋的构建。

(2) 尝试将产品的功能特征转换为零部件的功能特征,完成第二个质量屋的构建。

第 6 章

概 念 生 成

6.1 篇首案例：波音公司改进 737 的设计

波音公司在改进 737 的设计时，需要将已有的发动机改为功率更大的发动机。发动机功率越大，它工作时需要吸进的空气就越多，发动机罩的直径要增大，导致机罩底部离地面的距离减少，而距离减少是不允许的。如果增加飞机整体高度来增加这一距离，将使局部问题转变为全局问题，这也是不允许的。最后的解决方案是，将发动机罩由规则的圆形改为不规则的扁圆形，这样在增大发动机功率时，就不会导致发动机罩与地面的距离过小，从而消除了矛盾。见图 6-1。

图 6-1 使用不规则扁圆形解决矛盾

6.2 概述

这样的新概念方案并不只能靠富有创造力的设计师的直觉产生。本章讲述一种创新思维的工程化方法，该方法可增强人的创造力。

概念生成由以下四个步骤组成：①首先是问题阐述，包括将问题分解为子问题，并聚焦关键子问题。②然后进行外部信息检索，从外部获取信息情报。③可并行地进行内部研究，通过个人及小组内部的思考与讨论，为子问题提出解决方案。④最后进行形态分析，将各个子问题的解决方案进行组合，形成众多的整体解决方案并从中选择最优解。

通过以上步骤，使最终的概念方案能广泛利用内外部信息，依靠开发团队所有人员的智慧，搜索整个解决方案的空间，并综合各个解决方案的优点，达到最优。

6.3 问题阐述

6.3.1 问题阐述的步骤

问题阐述就是基于项目任务书、客户需求分析报告等信息的分析，对问题及产品功能特征形成总体性认识，将问题分解为子问题，以此为基础才能进一步思考产品功能如何实现。

例如，在打印机产品设计中，项目任务书提出了一些设想，包括打印机使用碳粉盒、使用成像硒鼓、激光打印、彩色打印、碳粉盒与现有的打印机兼容等。设计问题太多太复杂，以至于难以同时解决，这时可以将问题分解为多个子问题以降低复杂度。

功能是产品的本质，是实现产品创新的基础。功能分析是产品概念开发过程中的关键步骤，各种设计理论的大多数都把功能分析作为设计过程模型的重要组成部分。功能分解与描述、功能求解、功能结构的确定等，是功能分析的主要内容。一般可以将功能定义为一个物体（包括能量、物质或信息）作用于其他物体，并改变其技术参数的行为。功能的分解可以按产品操作顺序，也可以按客户需求。例如，打印机的产品功能可分解为网络传输与数据通道、图像处理、进纸器、成像、转印、加热固着。可以绘出功能图以表达产品功能结构，如图 6-2 所示。

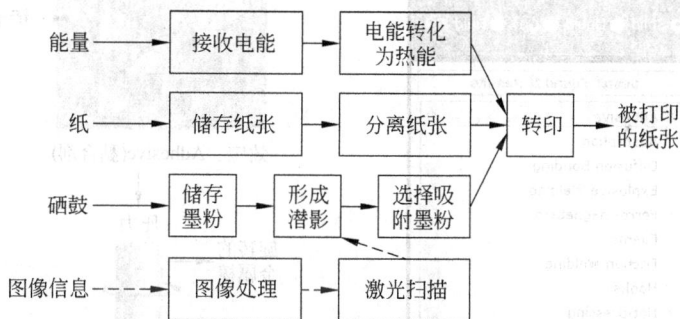

图 6-2　打印机的功能图

其中，实线表示能量流、粗实线表示物质流、虚线表示信息流。

首先要注意到，功能图的绘制依据绘制者对产品的主观理解及视角，因此没有唯一正确的功能图，一个产品的功能图可以是多种多样的。

通过功能图，可以直观清晰地展示产品的功能结构。这时可以开始重视关键功能。关键功能包括对产品成功影响最大的功能，或最有可能实现创新的功能。

例如，对上述的彩色激光打印机，激光扫描、形成潜影、选择吸附墨粉、转印功能都可以为关键功能，需要着重关注。

6.3.2 功能分析与效应库

在描述功能时，用标准功能动词＋流（名词）的方式来表达。其中，动词是实现功能的方式，词汇本身需简练、准确，并有高度概括性，这是一个功能抽象化的过程，功能描述越具概括性就越有助于产生新的方案解。目前已经有这些通用的功能和流的词库,词库作为功能分解到何种粒度的参考标准,增加了功能表达的规范性和可重复性,使不同的设计者可以对同种产品做出相同的描述,有利于知识的交流与共享,并有效地避免了设计人员在设计初期过分专注于太具体的功能和细节问题。

根据功能输入(规范为动词＋名词),在科学效应库中找到(或通过个人思考,或借助物理化学手册找到)能实现该功能的效应,就可以为概念生成提供有益的启发。

[**例 6-1**] 基于功能分析及效应库的管道连接。

现要寻找一种新型的管道连接方法,以解决目前通过法兰联系管道存在的重量增加、体积增大、操作不便等问题。可首先定义功能为:连接(joins)＋固体(solid),如图 6-3(a)所示,然后在效应库中搜索,得到的效应列表有:Adhesive(黏合剂)、Friction Welding(摩擦焊)等,这两种效应分别如图 6-3(b)的上、下所示。如果这些效应可行,设计师可进一步思考该效应的具体实现方案,实现产品功能特征向零部件功能特征的转换,以支持上一章所述的第二质量屋的工作。

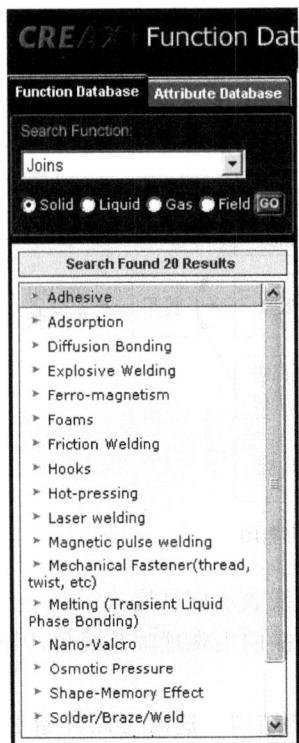

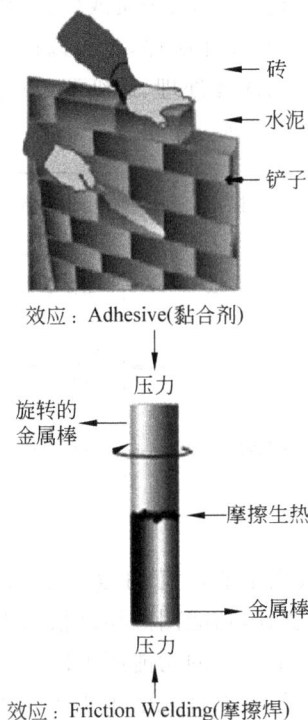

(a) 连接+固体　　(b) 黏合剂和摩擦焊等

图 6-3　功能分析及效应检索

(所用软件:CREAX Innovation Suite trial version)

建立功能模块并寻找功能对应的效应,是设计一个全新产品或系统的重要方法,这一方法不局限于现有产品或系统的问题,而是跳出现有系统,思考设计最终的目的是什么,是否有其他方法可以更好地达到此目的,采用全新的工作原理,可带来根本性的创新。

[**例 6-2**] 到目前为止,研究人员已经总结了大概 1 万种效应,但常用的只有 1 400 多种。爱迪生在他 1 023 项专利里只用了 23 种效应,图波列夫(Tupolev)的 1001 项专利只用了 35 种效应。一个优秀的工程师知道的效应大概有 100 种。对于普通的技术人员而言,认识并掌握各个工程领域的效应是相当耗时的。因此,很有必要将各种效应组织起来,并指导设计者有效地应用效应。

6.4 外部信息检索

据估计,科技人员 95%～99%的各种问题可通过检索外部的科技信息,借助于他人的经验或成果解决。外部研究包括以下几项。

1. 访谈领先用户

在客户需求分析阶段,开发团队已经访谈了领先用户(参见第 4 章)。在概念生成阶段,可再次访谈领先用户。

2. 咨询专家

专家包括该行业的制造技术专业人员、咨询公司的专业顾问、该专业的大学教员、该种产品的供应商的技术代表等。可以通过专业文献中文章作者信息查询、联系,或请求其推荐其他专家。

3. 查询专利

专利是内容丰富、容易利用的技术信息资源,它包含产品的详细绘图和工作原理。据估计,系统收集美、日、英、法、德五国的专利,就可了解整个发达国家 60%～90%的科技发展情况。充分利用专利文献可缩短科研周期约 60%,节约研究经费约 40%。据 20 世纪 60 年代的一次调查结果,美国和日本化学研究人员用于查阅文献资料的时间约占 50%。

使用没有注明全球范围的外国专利和过期的专利中包含的概念,不需要特许权(royalties),这将节省很多费用。在国内,可以在国家知识产权局的首页(http://www.sipo.gov.cn/)或百度专利(http://zhuanli.baidu.com/)查询专利。

4. 相关产品信息

相关产品信息包括同行新产品通告、其他行业的具有相似功能的产品的信息等。这种竞争性情报通常十分缺乏,它的分析要"见微知著"。例如,在新中国成立初期,日本公司的情报人员能够通过一张小小的照片和几段简单的新闻报道,就推断出大庆油田的具体位置和原油产量。这种"具有决定性意义"的情报具有很强的时效性,过期之后这些信息的作用就会大打折扣。这个例子也说明了在信息采集的过程中,无法准确地判断哪个信息的来源或途径更重要,或者说不存在一个可以供所有企业参考的"模板"。企业需要根据自身的具体情况来确定信息来源或途径。

5. 查询专业文献

能找到足够多的相关的专业文献来解决当前问题,是研发人员的重要技能。专业文献包括会议论文、学术期刊、行业杂志、行业新闻、政府报告或出版物等。目前,越来越多的文献可以在网上查询。

　　搜索引擎存在的主要问题是缺乏智能：不理解同义词、近义词，所得结果存在过多的不相关信息，同时又将大量以同义词、近义词表达的有用信息排除在搜索结果之外。因此，要想得到精练且全面的信息，需要选择、设计适当的搜索关键词，并有效管理查找范围及查询结果。这一项工作越来越多地得到软件系统的支持。

　　[例6-3]　海尔的情报系统与信息网点。

　　海尔以前的企业竞争情报工作的一般流程是：人工上网搜索、定期剪报，然后将情报素材进行人工分类、整理、分析，形成满足各部门需求的竞争情报报告。这种工作方法收集的情报不仅零散、缺乏系统性，而且不易统一存储管理，实时性也很差。情报人员80%的时间都用在情报的收集、分类等前期工作上，而最终由人来做判断分析，并得出结果的后期过程只用20%的时间，这不能满足海尔迈向国际化的需要。海尔最终决定基于搜索引擎二次开发企业竞争情报系统。系统功能包括：（采集子系统）互联网管理、员工交流管理、用户信息管理、信息分类与重要度管理；（生成子系统）根据定量程度由低到高排序有分类整理、SWOT分析、定标比超（benchmarking）、情景分析、技术路线图、生命周期曲线、专利分析；（服务子系统）统计报表、数据挖掘、分析报告。该系统一经投入使用就大大提高了海尔的竞争情报工作效率：系统中每日情报信息流量达到20多万条，有价值的供决策层参考辅助决策的情报有4 000多条，以前需要耗费一整天的信息收集和整理工作，现在只需三个小时就可完成，信息采集与整理分析效率提高了十几倍。

　　除了遍布全国以及五大洲的信息网点提供竞争情报外，海尔还非常重视内部企业员工之间的纵向、横向的信息沟通，以及企业与用户之间的信息沟通，在售后服务中就有一条是回访与信息反馈制度。该制度要求：服务工程师要将《服务任务监督卡》当天反馈至网点信息员处，网点信息员当天将用户服务结果反馈中心。这一方面保证了售后服务的质量，另一方面也从用户手中得到了关于产品性能的第一手资料。海尔"大地瓜洗衣机"的面世，就是海尔集团接到四川分中心信息反馈的结果。德阳市中江县农民家中洗衣机经常发生排水管道堵塞的故障，维修人员服务反馈回来的信息是：当地农民经常用洗衣机洗带泥的地瓜。海尔研发人员从这一反馈信息中捕捉到了新的需求商机，开发出能洗地瓜、土豆并且排水管道不会堵塞的洗衣机，产品投放后立即形成了自己独特的市场。

6.5　内部研究

　　内部研究是指利用个人和开发小组的知识和创造力来产生概念方案，所有概念都从个人或小组已有的知识中产生。它分为个人单独执行或者小组共同执行。

6.5.1　促进概念产生的准则

　　以下10条准则有助于提高个人或者小组进行内容研究的效率，产生更多、更高质量的概念。

1. 对别人提出的概念延迟评判

　　在生成概念的阶段的小组讨论时，不允许对已提出的概念进行评判，也不允许有表示否定的表情与语气。延缓评判是为了更多地产生想法，这在概念开发阶段是成功的关键。

一个更好的方法是，对于察觉到概念中弱点的人，将其任何评判的趋势演化为另一个改善的建议，或另一个可供选择的概念。通过增加概念，而不是修改概念来表达自己的看法。

2. 形成的概念越多越好

这一准则是准则 1 的结果，也是大脑风暴法（brain storm）的核心理念。形成越多的观念，越能开拓解决的空间。许多思想集中在一起可激发更多的思想产生。可以把已提出的概念黏在会议室的墙上，团队成员们穿梭走动，并查看每一个概念。也可以规定每个团队成员至少要提出多少个概念。

3. 欢迎看起来不可行的想法

这是准则 1 的延伸。一个想法越是不可能，就越能勾勒出解决问题的另一层次空间，突破思维约束，促进开发小组考虑可能性的范围。现在世界上大约有十几种头脑风暴的形式：个人的、双人的、多阶段的、三阶段的、想法研讨式的、受控会议式的等。这些方式大多都不如单纯的头脑风暴有效，因为试图控制自然力的作用过程，恰恰损害了头脑风暴中最有价值的机制——为非理性想法的出现创造条件。

4. 使用适当的原型

文字和口头表述概念的不足，可用泡沫、黏土、纸板及其他三维原型来弥补，有助于对问题造型和空间联系的理解。

5. 个人思考和小组讨论交替进行

McGrath（1984）的研究表明，一组人单独工作一段时间，比起相同的一组人一起工作相同的时间，会有更多、更好的概念产生。也有学者对此持反对意见，认为小组会议能更有效地促进共识的达成、信息的交流、概念的修正，以及通过思维的碰撞产生更优的构想。理想的安排是，小组中的每个人都单独工作几个小时，再聚在一起讨论和改善个人想出的概念，两种方法交替进行，缺一不可。

6. 进行类比

类比是指从相关领域或问题中找灵感，体现一种 NBIC 会聚技术的理念。NBIC 是 Nanotechnology（纳米技术）、Biotechnology（生物技术）、Information technology（信息技术）和 Cognitive technology（认知技术）的缩写。以上四个领域的技术当前都在迅速发展，每一个领域都有巨大潜力。而其中任何技术的两两融合、三种会聚或者四者集成，都将产生难以估量的效能。

例如，借鉴生物现象，或称仿生学，将生物 35 亿年进化出的精妙结构作为发明的参考，将能激发人们的创造灵感。人们参考"荷叶效应"原理（荷叶表面有拒水自洁作用，水珠在荷叶上呈球状，滚动时能清除荷叶上的污物），发明了建筑防污自洁涂料，使雨水能清洗建筑及玻璃墙；人们对蜣螂推粪球行为中的头部唇基进行研究，仿其非光滑表面设计的推土板和犁壁有良好的脱附作用。

7. 愿望和憧憬

"要是……那该多好啊！"、"我想可以这样……"之类的设想都有助于扩展个人或小组的思维空间。

［例 6-4］ 虾蟹宝公司的研发人员在研制虾的新型饲料时，团队的一个成员说："池

塘里的虾要是像大海里的虾一样,千万年来不用投饲施药,其繁衍仅凭硅藻维系,那该多好啊。"对这句评论的讨论导致了这样一种想法:开发定向增殖硅藻的制剂,施用后可减免饲料,恢复原生态养殖。

8. 运用相关刺激物

使用相关激励的一种方法是,在小组会议中让每个人独立写出一个想法列表,然后把这个列表递给旁边的人。在对其他人的思想进行反思时,大多数人都能产生新的想法。其他相关的刺激物包括客户需求陈述、产品使用情形及使用环境的照片等。

9. 运用非相关的刺激物

如果研发小组已经疲倦,也可用这种方法改变会议的节奏。运用非相关的刺激物,就是把若干个任意选定的事物的特征,转移到当前要设计的产品上,以克服心理惰性。例如,如果任意选定的事物是"老虎",而中心事物(要设计的产品)是"铅笔",那么就会得到"有条纹的铅笔"、"凶猛的铅笔"、"长獠牙的铅笔"等合成概念。分析这些概念,并继续发展它们,有时可得到异乎寻常的想法。

10. 思维的发散与收敛多次交替进行

发散思维是为收敛提供素材,而收敛能综合发散所得的多个方案的优点,产生创造更优的方案。但一次发散与收敛交替往往是不充分的。发散与收敛多次交替是创新思维的本质规律,如图 6-4 所示。

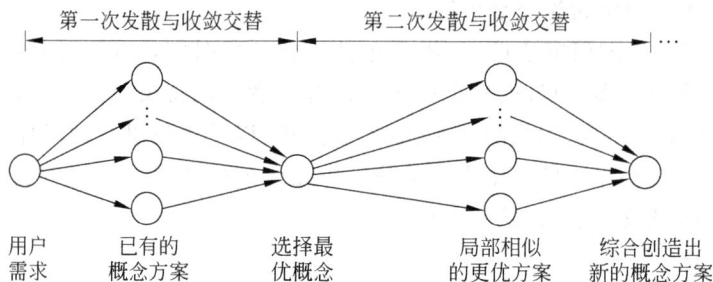

图 6-4　创新的思维应该是发散与收敛多次交替的过程

水平思考法鼓励人们不要过多地考虑事物的确定性,而要考虑它的多种选择的可能性;关心的不是完善旧观点,而是如何提出新观点;不是追求正确性,而是追求丰富性。这种方法的运用,主要是基于人的发散性思维,故这种方法被称为发散式思维法。

六帽法简单并形象地鼓励思考者在每个思考过程中采用相等的精力,而不是一直僵化地固定在一种模式下。但运用时往往倾向于发散思维(绿帽、黄帽),而容易忽略收敛思维(黑帽、蓝帽),或只完成发散与收敛的一次交替。

有很多研发团队因为陷于头脑风暴法的汪洋大海中而不能自拔,缺乏收敛思维的运用,错失新产品推出的良机。头脑风暴法、六项思维帽、水平思维等创新方法的不足在于,没有实现思维发散与收敛的多次交替,思维搜索过程缺乏方向的指引。

6.5.2　矛盾分析与发明原理

当前,创新方法大约有 300 多种。常用的方法有:头脑风暴法、试错法、缺点列举法、希望点列举发明法、假想构成法、设问法、综摄法、类比发明法、信息交合法、水平思考法、六帽法、五S思维法、卡片思维法、叠加法、原型启发法、合理移植法、联想扩充法、象征类比法等，也包括下文要介绍的 TRIZ。

TRIZ 是俄文"发明问题解决理论"的英语音标的缩写。英文翻译为：Theory of Inventive Problem Solving，缩写为 TIPS，其意义为发明问题的解决理论。

TRIZ 理论是苏联的阿奇舒勒及其领导的一批研究人员，自 1946 年开始，花费大量人力物力，在分析研究了世界各国 250 万件专利的基础上所提出的发明问题解决理论。阿奇舒勒坚信，发明问题的基本原理是客观存在的，从几百万件发明专利中可挖掘出人们进行发明创造时共同遵循的规律。

传统的头脑风暴法、试错法等大多数的创新方法属于随机的创新方法，如图 6-5(a)所示，这一类的方法缺乏方向的指引，能否成功主要取决于运用这种方法的人。而 TRIZ 理论具有鲜明的特点和优势，它的优势在于，可以有效地帮助设计人员在问题解决之初，首先确定"解"的方向，如图 6-5(b)所示，而不再是随机的行为。它成功地揭示了创造发明的内在规律和原理，认为矛盾(冲突)的解决是系统进化的根本动力，这符合马克思主义哲学的矛盾论与系统论；它的最终目标是完全地解决矛盾，获得最终的理想解，而不是如权衡曲线那样采取折中或者妥协的做法。

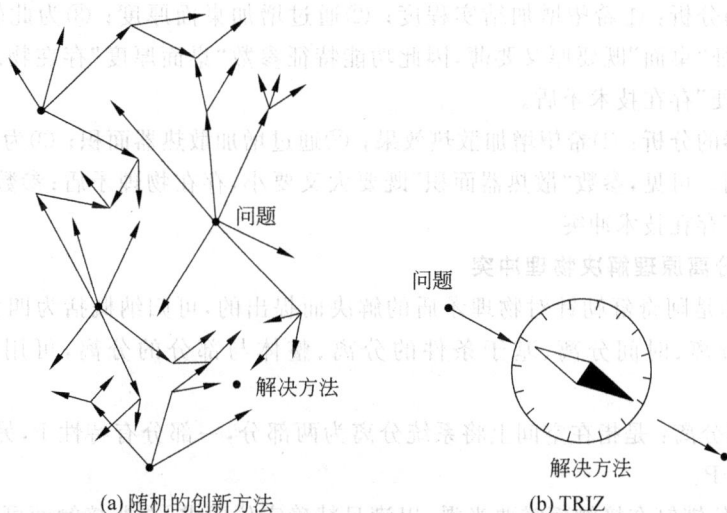

(a) 随机的创新方法　　　　(b) TRIZ

图 6-5　随机的方法与 TRIZ

TRIZ 方法在使用时，首先诱导分析存在的矛盾，采用分离原理解决物理矛盾，采用 39 个通用工程参数、冲突矩阵的查询和 40 条发明原理的应用解决技术矛盾。

物理矛盾是指一个系统应具有一种特性以满足一种要求，但同时又要具有相反的特性以满足另外一种要求，例如，要求系统的某个参数既要出现又不要出现、或既要高又要低、既大又小、既快又慢等。相对于技术矛盾，物理矛盾是一种更尖锐的矛盾，创新中需要首先加以解决。技术矛盾是指要改进一个功能特征的特性时，将导致另一功能特征的恶化。

下文分三个方面进行论述。

1. 矛盾分析的步骤

矛盾分析有三个步骤。

(1) 希望改善参数 A。

(2) 通过调整参数 C。

(3) 为此参数 B 恶化。

物理矛盾通常存在于参数 C 自身，而技术矛盾通常存在于 A 与 B 之间。

[**例 6-5**]　如图 6-6 所示，人们希望桌子结实且轻便，希望散热器散热效果好且节省空间。试分析存在的矛盾及矛盾类型。

(a) 桌子　　　　　　　(b) 散热器

图 6-6　桌子与散热器

对桌子的分析：①希望增加结实程度；②通过增加桌面厚度；③为此轻便性降低。可见，功能特征"桌面"既要厚又要薄，因此功能特征参数"桌面厚度"存在物理矛盾；参数"结实"与"轻便"存在技术矛盾。

对散热器的分析：①希望增加散热效果；②通过增加散热器面积；③为此体积增大，不能节省空间。可见，参数"散热器面积"既要大又要小，存在物理矛盾；参数"散热效果"与"节省空间"存在技术冲突。

2. 利用分离原理解决物理冲突

分离原理是阿奇舒勒针对物理矛盾的解决而提出的，可归纳概括为四大分离原理，分别是空间分离、时间分离、基于条件的分离、整体与部分的分离，可用来解决物理冲突。

(1) 空间分离：是指在空间上将系统分离为两部分，一部分有特性 P，另一部分具有相反的特性－P。

例如，定位销钉在接触面需要光滑，以满足精确定位要求，在非接触面可以粗糙，以降低成本；承重支柱外表面需要有高强度，以增强抗弯能力，内部可以为空心，以减少自身重量。

(2) 时间分离：在某一时间，系统具有特性 P，在另一时间，该系统具有相反特性－P，按时间先后次序分离 P 与－P。

[**例 6-6**]　飞机起飞时需要有较大的机翼面积，以得到较大的升力，在高速飞行时需要有较小的机翼面积，以减少阻力，为此机翼面积存在物理冲突。可利用时间分离原理解决该物理矛盾：将飞机的机翼做成活动部件。起飞和降落过程中使用平直翼，在低速飞行中可得到较大的升力，从而缩短跑道的长度，借此节约能量；而高速飞行过程中机翼折叠或后掠，以减少面积，可以减轻机翼的阻力，也降低了能量的消耗。见图 6-7。

（3）基于条件的分离：在某一条件，系统具有特性 P，在另一条件，该系统具有相反特性－P，按条件分离 P 与－P。

[例6-7] 灯要在看书时开着，不看书时关掉。条件就是看或不看书，可基于这一条件进行分离：基于这一条件自动进行灯的开关。图 6-8 所示的台灯没有开关按钮，关灯的方法就是直接将书放在灯上，灯就关闭，还能当书签用；拿起书时，灯就打开。

图 6-7　时间分离原理的应用：
　　　　 可折叠机翼的飞机

图 6-8　基于是否看书自动开关的灯

（4）整体与部分的分离：分离整体与部分，使系统整体具有特性 P，而其部分具有特性－P。

[例6-8] 常规的扳手只能适合某一个固定尺寸的螺母，要拧开生锈的、尺寸已经变小的螺母非常困难，还会经常损坏螺母，如图 6-9（a）所示。基于整体与部分分离的理念，使得整体是一维直线的，局部是二维曲线的；整体是对称的，局部是不对称的；整体是平整的，局部是凹凸的，如图 6-9（b）所示。这个方案使扳手工作面与螺母侧面能多点接触，而不只是在棱角处单点接触，问题就得到了解决。该设计于 1995 年在美国获得了专利。

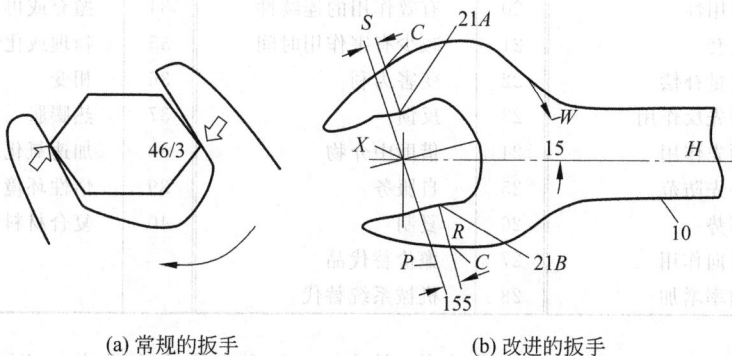

　　(a) 常规的扳手　　　　　　　　　(b) 改进的扳手

图 6-9　整体与部分分离的扳手

3. 利用发明原理解决技术矛盾

在对大量发明专利的研究中，阿奇舒勒发现，各种各样不同的专利发明无一不是在解决技术矛盾，而且这些不同的技术矛盾可以用 39 项工程参数来加以表达。在绝大多数情况下，技术矛盾总是表现为，一项参数的改善往往同时引起另一项参数的恶化。由此他总结出了解决矛盾的 40 个发明原理。之后,将这些技术矛盾与发明原理组成一个由 39 个改善参数与 39 个恶化参数构成的矩阵,矩阵的横轴表示希望得到改善的参数,纵轴表示某技术特性改善引起的恶化的参数,横纵轴各参数交叉处的数字表示解决该矛盾所使用原理的编号,如表 6-1 所示,这就是著名的技术矛盾矩阵。使用者应先根据矛盾分析的三步骤进行分析,找出技术矛盾双方,再寻找最匹配的两个工程参数,然后在矛盾矩阵中找出适用的发明原理。逐一研读每个发明原理的解释,按发明原理指出的方向思考具体的实现途径。

表 6-1　矛盾矩阵局部

恶化参数 改善的参数	1 运动物体的重量	2 静止物体的重量	3 运动物体的长度	4 静止物体的长度
1	运动物体的重量	＋	－	15,8 29,34	－
2	静止物体的重量	－	＋		10,1 29,35

39 项工程参数及其具体含义详见附录 A。40 个发明原理如表 6-2 所示,每项发明原理的具体含义详见附录 B。矛盾矩阵表见附录 C。

表 6-2　TRIZ 的 40 个发明原理

序号	原　　理	序号	原　　理	序号	原　　理
1	分割	15	动态特性	29	气压或液压结构
2	抽取	16	未达到或过度的作用	30	柔性壳体或薄膜
3	局部质量	17	一维变多维	31	多孔材料
4	增加不对称性	18	机械振动	32	改变颜色、拟态
5	融合、合并	19	周期性动作	33	同质性
6	多用性	20	有效作用的连续性	34	抛弃或再生
7	嵌套	21	减少有害作用时间	35	物理或化学参数变化
8	重量补偿	22	变害为利	36	相变
9	预先反作用	23	反馈	37	热膨胀
10	预先作用	24	借助中介物	38	加速氧化
11	事先防范	25	自服务	39	惰性环境
12	等势	26	复制	40	复合材料
13	反向作用	27	廉价替代品		
14	曲率增加	28	机械系统替代		

矩阵共组成了 1 521(39×39)个方格,其中 1 263 个方格内有数字。相同参数的交叉点(即对角线上的点,可填入"＋"号),表示系统矛盾由一个因素导致,这是物理矛盾,不在技术矛盾应用范围之内。没有数字的方格(可填入"－"号)表示目前还没有找到合适的发明原理来解决问题,当然这只是研究的局限,并不代表不能够应用发明原理。

[例 6-9]　传统上消除道路上的积雪可采用施加融雪剂的方法,但此法不适于飞机跑道,因为雪融化后的水分会对飞机在跑道上的行驶安全构成威胁。如图 6-10(a)所示,

用装在汽车上的强力鼓风机产生的空气流来吹走积雪。但积雪量大的时候效果并不明显，必须加大气体的流量和速度，需要大的动力。矛盾分析的三步骤如下：①希望改善速度，在附录 A 中找到该参数，编号为 9；②通过调整动力（编号为 10）；③为此导致功率（编号为 21）恶化（增大）。

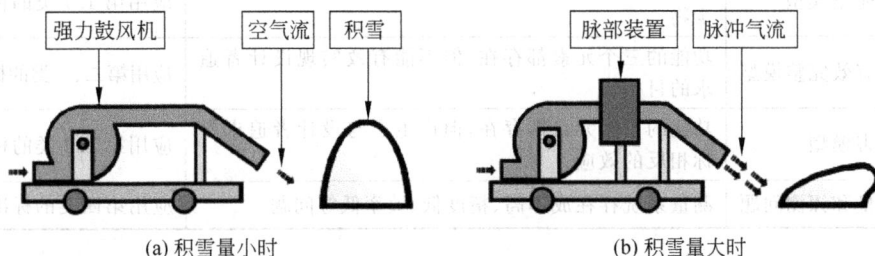

(a) 积雪量小时　　　　　　　　　　　　(b) 积雪量大时

图 6-10　消除飞机跑道上积雪的方法

在附录 C 的矛盾矩阵中，找到速度与功率的矛盾解决原理为：19,35,18,37。

根据附录 B，研读第 19 条发明原理"周期性作用"的说明，想出的创新方案为：只要在鼓风机上加装脉冲装置，使空气按脉冲方式喷出，就能有效地把积雪吹离跑道，至于优化选用最佳的脉冲频率、空气压力和流量则是下一步的研究，见图 6-10(b)。工程实践证明，脉冲气流除雪效率是连续气流除雪效率的两倍。

6.5.3　物场分析与标准解

解决技术矛盾需要通过矛盾矩阵来找到相符合的发明原理，再根据原理的指引进行发明创造。然而能迅速地确定技术矛盾类型，才能在矩阵中找到相对应的发明原理，这需要工作人员的经验和判断力，但是在许多未知领域却无法确定技术矛盾的类型，所以需要另一种工具引领我们找到技术矛盾的类型，于是 TRIZ 理论又引入了物-场（Substance-Field，S-F）模型。在解决问题的过程中，可以根据 S-F 模型分析，来查找相对应的问题的标准解法和一般解法。

如图 6-11 所示，在 S-F 模型中，多种物质用序号表示：S_1，S_2，S_3，…；多种场用序号表示：F_1，F_2，F_3，…。常见的场按可控性增强排序，有重力场（G）、热场（Th）、化学场（Ch）、机械场（Me）、电场（E）、磁场（M）。

TRIZ 理论中，功能有三条定律。

（1）所有的功能都可以最终分解为三个基本元素（S_1，S_2，F）；物质 S_1 一般表示功能的执行者，物质 S_2 一般表示功能执行的对象。

（2）一个存在的功能必定由三个基本元素构成。

（3）将三个相互作用的基本元素有机组合将形成一个功能。

其中，箭头表示作用方向。常规箭头表示有用的作用，曲线箭头表示有害的作用，虚线箭头表示不足的作用，加号构成的箭头表示过量的作用。

根据对众多发明实例的研究，TRIZ 理论将把 S-F 模型分为五类，如表 6-3 所示。

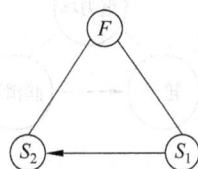

图 6-11　最简单但完整的 S-F 模型

表 6-3　S-F 模型分类

	分　类	含　义	较常使用的标准解
1	有效完整模型	功能的三个元素都存在,且有效,是设计者追求的目标	
2	不完整模型	功能的三个元素不同时存在,可能缺少场,也可能缺少物	应用第 1.1 类的标准解
3	非有效完整模型	功能的三个元素都存在,但不能有效实现设计者追求的目标	应用第二、三类的标准解
4	有害模型	功能的三个元素都存在,但产生了与设计者追求目标相反的效应	应用第 1.2 类的标准解
5	测量和探测问题	测量系统存在成本高、精度低、效率低等问题	应用第四类的标准解

　　第一种模型是我们追求的目标,重点需要关注剩下的四种非正常模型,针对这四种模型,TRIZ 理论提供了成模式的解法,称为标准解法,共 76 个。76 个标准解决方法可分为五类,见附录 D。发明者首先要根据 S-F 模型识别问题的类型,然后选择相应的标准方法解。

　　[例 6-10]　与火车车头的轮子的摩擦力能提供动力相反,车身轮子和钢轨之间的摩擦力阻碍了火车速度的进一步提升。试解决这一问题。

　　分析过程:轮子和钢轨构成了一个系统,它们存在于不可控的重力场中。这是一个非有效完整模型,也存在有害效应。可根据 76 个标准解中的 2.1.2 类标准解"(15)并联的物-场模型:一个可控性很差的系统已存在部分不能改变,则可并联第二个场",发明家引入了新的场:磁场,令轮子和钢轨之间产生排斥的力,使摩擦力减到最小值甚至为零,可以最大限度地使用能量提高速度。

　　如果使用标准解"(14)串联的物-场模型",得到的方案将是在钢轨和轮子之间增加起润滑作用的物质。两种改进模型如图 6-12 所示。

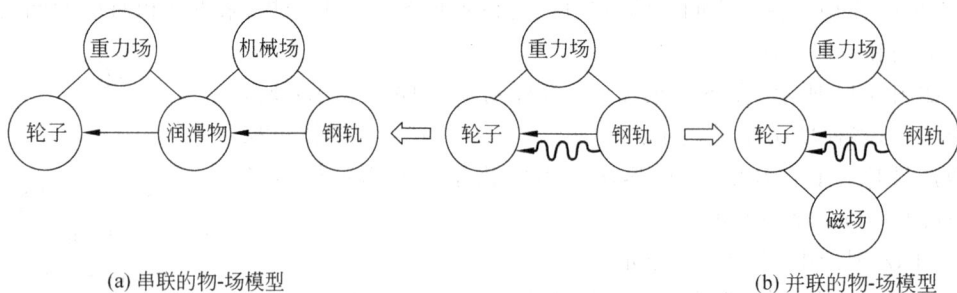

(a) 串联的物-场模型　　　　　　　　　　　　　　　　　　　　(b) 并联的物-场模型

图 6-12　轮子与钢轨的物-场模型

　　在例 6-10 中,根据问题模型的类型,有针对性地找到了某些标准解。每个标准解都有其潜在逻辑与应用条件。例如,"并联的物-场模型"这一标准解的潜在逻辑与应用条件是:初始条件为物-场模型可控性不足,约束条件为不能取代或替换已有的单元/元素,此时可在物场中加入第二个容易控制的场,形成双物-场模型,以提高系统的可控性。

　　另一个解决问题的思路是:面对某一问题,不局限于某几条标准解,而是广泛地阅读、思考 76 个标准解，从多个标准解中得到启发，产生多种方案，并进行综合、选择，产生最优方案。

[**例 6-11**]　由于受到机械推力的作用，金属粒子在管道中流动，由于管道弯角处受到粒子的冲击而容易磨损。如果加固此处或制成易更换的弯角，就会大大增加成本。问题描述及相应的物-场模型如图 6-13 所示。

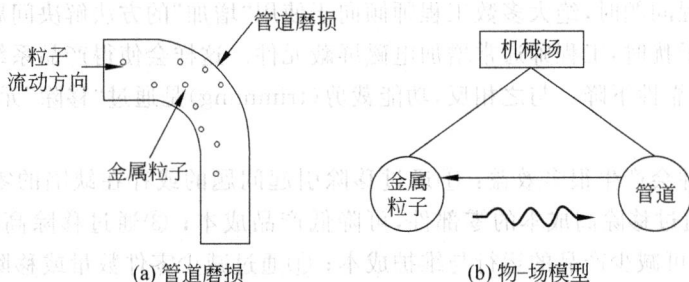

(a) 管道磨损　　　　　　　　(b) 物–场模型

图 6-13　管道磨损问题

研发人员阅读到以下标准解时受到启发。

（12）在一个系统中，有用、有害效应同时存在，但 S_1 及 S_2 必须处于接触状态，则增加场 F_2 使之抵消 F_1 的影响，或者得到一个附加的有用效应。

（16）对可控性差的场，用易控场来代替，或增加易控场。由重力场变为机械场或由机械场变为电磁场。其核心是由物理接触变到场的作用。

（25）在一个系统中增加铁磁材料和（或）磁场。

（35）用电流产生磁场并代替磁粒子。

（60）间接方法：①使用无成本资源，如：空气、真空、气泡、泡沫、缝隙等；②利用场代替物质；……

（62）附加物用完后自动消除。

（65）利用环境中已存在的场。

根据前四条标准解，研发人员想到了在变角处使用磁铁，增加一个电磁场来抵消金属粒子的冲击力，如图 6-14(a) 所示；当更仔细地思考第（60）、（62）、（65）个标准解时，得到了更简单的方案，如图 6-14(b) 所示，将弯角外侧改为直角，使金属粒子积聚于此，起到保护此处管道的作用。当停机时，此处的粒子掉落自动消除。

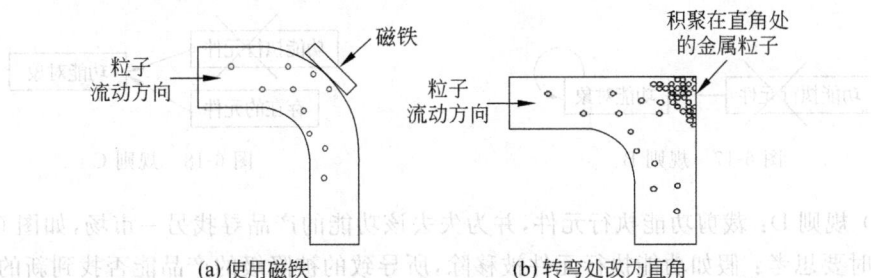

(a) 使用磁铁　　　　　　　　(b) 转弯处改为直角

图 6-14　管道设计的改进方案

从第一类解到第四类解的求解过程中,可能使系统变得更复杂,因为往往要引入新的物质或场;第五类解是简化系统的方法,以保证系统理想化。当从第一类到第三类有了解以后,或解决第四类检测测量问题后,再回到第五类去解,这才是正确的方法。

6.5.4 功能裁剪

当遇到工程问题时,绝大多数工程师倾向于使用"增加"的方法解决问题。例如,电子元件产生电磁干扰时,工程师通常增加电磁屏蔽元件。这样会使得产品系统变得复杂、成本增加、系统可靠性下降。与之相反,功能裁剪(trimming)是通过"移除"元件来增加系统理想度的方法。

移除零部件会产生很多效益:①通过移除引起问题的或存在缺陷的零部件,可减少产品缺陷;②通过移除高成本的零部件,可降低产品成本;③通过移除高能耗的或难以维护的零部件,可减少产品的运行与维护成本;④通过减少零件数量或移除复杂零件,可减少产品的生产及运行的复杂性;⑤通过减少零件数量或移除可靠性低的零件,可以增加产品的可靠性,因为零件数越少,出错的可能性越低;⑥通过移除受专利保护的零件,可以回避该专利;⑦可增加产品的差异性与原创性,满足不同的细分市场。

裁剪规则如下。

(1) 规则 A:裁剪功能对象,因此该功能不需存在,这时功能执行元件也可被移除,如图 6-15 所示。运用这一规则时要思考:怎样能够移除功能对象?

(2) 规则 A′:为规则 A 的延伸,是指裁剪功能执行元件,这时该功能也将不存在,如图 6-16 所示。此时要思考:怎样使该功能变得不必要?

图 6-15　规则 A

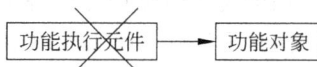

图 6-16　规则 A′

(3) 规则 B:裁剪功能执行元件,并使功能对象自己执行该功能,如图 6-17 所示。此时要思考:怎样使功能对象自己执行该功能?

(4) 规则 C:裁剪功能执行元件,并用系统中或系统外已存在的元件代替原有的功能执行元件,如图 6-18 所示。此时要思考:系统中或系统外有没有任何已有元件能执行这一功能?

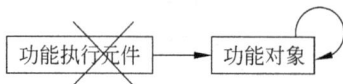

图 6-17　规则 B

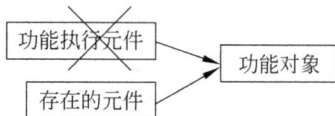

图 6-18　规则 C

(5) 规则 D:裁剪功能执行元件,并为失去该功能的产品寻找另一市场,如图 6-19 所示。此时要思考:假如功能执行元件被移除,所导致的被降级的产品能否找到新的市场?

(6) 规则 E:用一个新元件代替原有的功能执行元件,使产品性能增强,或减少成本与有害作用,如图 6-20 所示。此时要思考:是否存在这一能提升产品理想度的新元件?

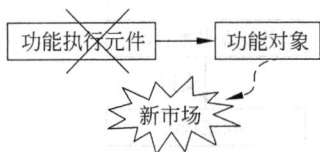

图 6-19 规则 D

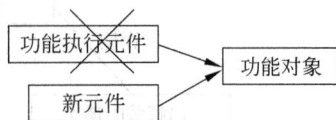

图 6-20 规则 E

"裁剪"的方法已经被广泛应用于复杂产品的优化中。

[**例 6-12**] 一种闸阀的功能裁剪。

一种闸阀(gate value),具体地说是一种缝隙阀(slit-value),如图 6-21 所示,功能是截断或接通两个空间之间的通道。其原理是依靠固定板①的固定,及连接条装配件②与角板滑块③的连接,汽缸装配体④推动活塞装配体⑤,沿着导轨装配件⑥推动 T 型条⑦移动,使功能执行元件盖板⑧切断或松开缝隙通道,完成截断或接通的功能。底盖板⑨起着密封的作用。

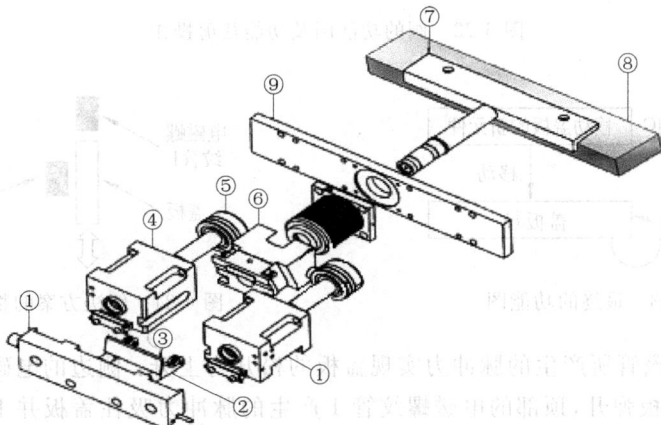

图 6-21 该闸阀的原理图

该种阀的缺点是:①通过机械传动完成功能,产生较大的机械应力,使导轨装配件⑥的耳状凸出受力点破裂失效,系统可靠性较低;②相对于电磁场,机械场是一种可控性较低的场,汽缸只能产生平缓的力,难以产生阀门的开启与关闭所需要的精确脉冲力。

其功能图及功能裁剪操作如图 6-22 所示。

最终的功能图如图 6-23 所示。解决方案的物理结构如图 6-24 所示。

通过功能裁剪产生的新方案具有以下优点。

(1)零件数量从原来的 9 个减少到现在的 3 个,大大降低了产品成本及提高了可靠性。

(2)盖板依靠自身重量下降,减少了能量消耗。

(3)依靠所连接(或切断)的两个空间的压力差(例如有一个空间为真空,能产生强大吸力),自动实现盖板的压紧,也减少了能量消耗。

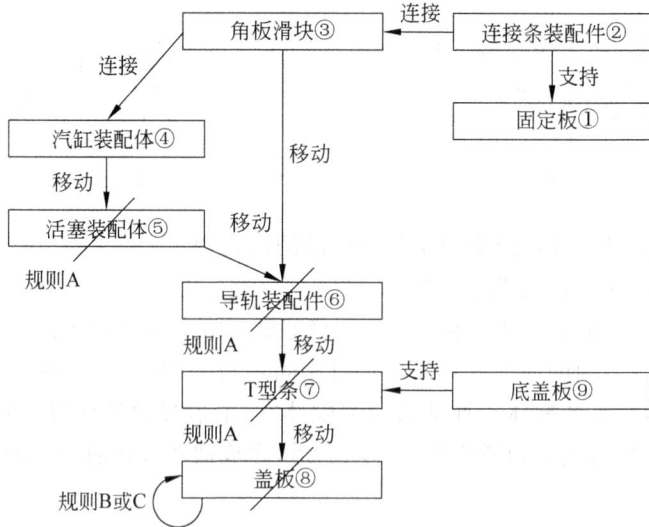

图 6-22　阀的功能图及功能裁剪操作

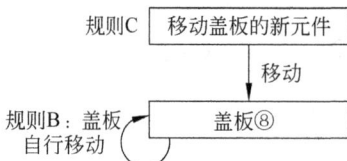

图 6-23　最终的功能图

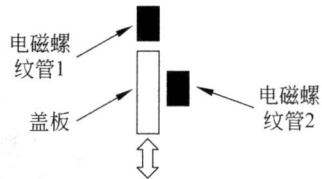

图 6-24　解决方案的物理结构

（4）依靠电磁管所产生的脉冲力实现盖板的松开与上升：侧边的电磁螺纹管 2 施加一个脉冲力使盖板弹开，顶部的电磁螺纹管 1 产生的脉冲力吸住盖板并上升。原来以机械方式开闭盖板需要 6kg 的力，而通过脉冲的方式仅在盖板弹开施加瞬时的 6kg 的力，而平均只需 0.6kg 力。

功能裁剪还可与 TRIZ 的其他方法结合使用，例如根据物理冲突及分离原理，盖板可做成中空结构，减少盖板的重量，进一步降低能耗，提高系统的可靠性与理想度。该方案已被应用于晶片制造设备中。

6.5.5　发明问题解决算法

发明问题解决算法（algorithm for inventive-problem solving，ARIZ）是 TRIZ 理论中的一个主要分析问题、解决问题的方法体系，是指导 TRIZ 理论中各种方法综合运用的方法论。该算法主要针对问题情境复杂、矛盾及其相关参数不明确的技术系统。它是一个对初始问题先进行一系列变形、再定义，实现对问题的逐步深入分析和转化，最终解决问题的过程。

TRIZ 认为，一个创新问题解决的困难程度取决于对该问题的描述和该问题的标准化程度，描述得越清楚，问题的标准化程度越高，该问题就越容易解决。ARIZ 中，创新问题求解的过程是对问题不断地描述、不断地标准化的过程。

目前 ARIZ 有多种版本,大多过于复杂而难以使用。不同版本的 ARIZ 是学者们对解决问题的流程存在不同视角的结果。作者认为,ARIZ 应基于以下原则。

(1) 应先进行宏观整体的分析,再解决微观局部的问题。也就是应先定义系统及"问题模型",然后定义系统的最终理想解,再分析系统中所包含的资源及系统的进化趋势,最后才分析、解决存在的物理与技术矛盾。这是一个从宏观到微观的过程。宏观的分析能为微观的问题解决界定范围并指明方向。

(2) 应先将问题最小化,当不能解决时才把问题最大化。在系统能够实现其必要功能的前提下,应尽可能不改变或少改变系统,把问题最小化,仅解决其局部存在的矛盾,减少解决问题的成本;如当前系统中的矛盾难以解决时,再把问题最大化,根据 S-F 模型寻找适用的标准解,或为系统功能寻找新的效应,应用新效应的产品系统将发生根本性的变化。如果仍未找到解决方案,可以跳出原系统边界,将视野扩展至它的子系统或超系统,以及它们的历史、现状及未来,新的视野有助于新的发现。

基于以上两项原则,作者提出的 ARIZ 算法流程如图 6-25 所示。

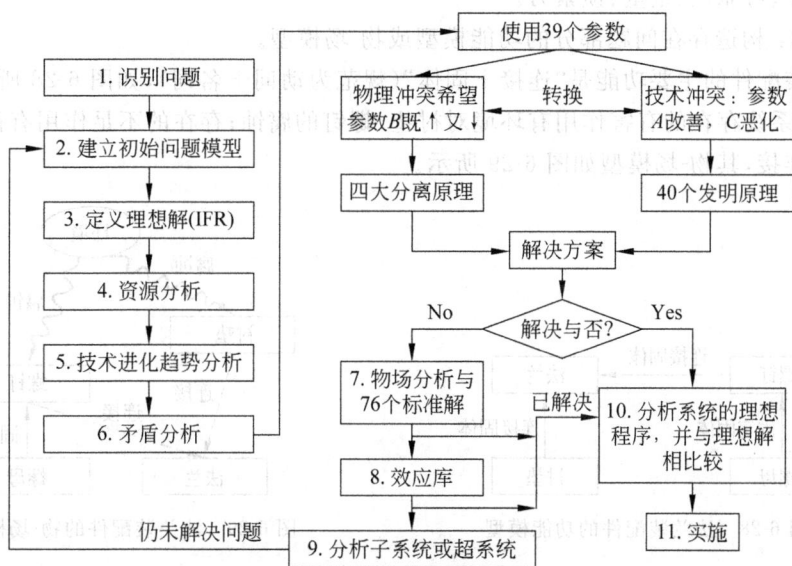

图 6-25　ARIZ 的算法流程

下面结合法兰结构优化的实例说明 ARIZ 的应用过程。

[**例 6-13**]　法兰装配件结构优化。

法兰(flange)又叫法兰盘或突缘,是连接两条管的零件。法兰使用螺栓、衬垫以实现坚固与密封,如图 6-26 所示。通常需要预加给螺钉较大的锁紧力,以克服管道内流体的膨胀力,以及补偿衬垫受腐蚀产生的收缩,所以法兰装配件往往需要有较多的或大直径的螺钉,以产生所需的力,这使得法兰装配件的重量增加。某些产品需要尽量减少法兰重量,并降低法兰装配工作量,例如航天器,如图 6-27 所示,其法兰重量的增加将使运输成本非线性地急剧增加。

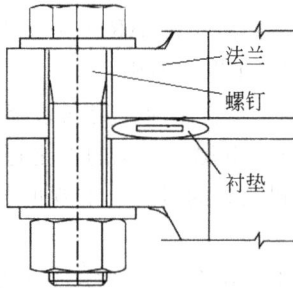

图 6-26   法兰装配件结构

图 6-27   航天器及其法兰结构

为此,应用 ARIZ 的 11 个步骤解决问题。

步骤 1:识别问题。

该步骤的主要内容是获取市场与客户需求,并将需求转化为产品功能特征。其主要工具是 QFD。详见第 4 章和第 5 章。法兰装配件的产品功能特征包括(装配及维护)操作的便利性、可靠性、重量、锁紧力。

步骤 2:构造存在问题部分的功能模型或物-场模型。

法兰装配件的主要功能是"连接+固体"(规范为动词+名词),如图 6-28 所示。根据上述分析,系统存在的有害作用有环境对衬垫、螺钉的腐蚀;存在的不足作用有衬垫、螺钉对法兰的连接,其物-场模型如图 6-29 所示。

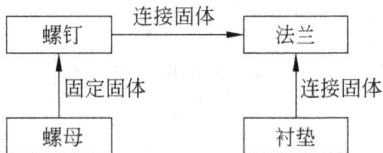

图 6-28   法兰装配件的功能模型

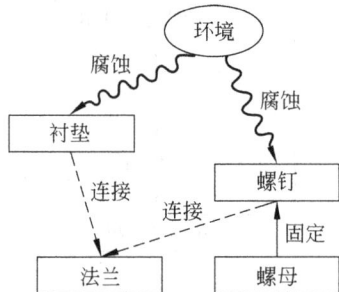

图 6-29   法兰装配件的物-场模型

步骤 3:定义理想解。

管道连接是一项不增加价值但目前必要的工作。其理想状态是理想化水平(=有用功能 / 成本与有害作用)达到极大值。最终理想解(ideal final result,IFR)有四个特点:①保持了原系统的优点;②消除了原系统的不足;③没有使系统变得复杂;④没有引入新的缺陷。

IFR 的确定是问题解决的关键所在,很多问题的 IFR 被正确理解并描述出来,就克服了思维惯性,问题就得到了解决。IFR 确定的步骤是:①设计的最终目标是什么?②理想解是什么? ③达到理想解的障碍是什么? ④出现这种障碍的结果是什么? ⑤不出现这种障碍的条件是什么? 创造这些条件的可用资源是什么?

例如,法兰的 IFR 是:所传输的流体更迅速地到达目的地;法兰重量减少,对流体的阻力减少,法兰成本降低,甚至管道自动或本已连接,不需要法兰,管道本身也不存在;液体的膨胀力及腐蚀使得法兰连接不可靠,这导致需要更多、更大、更重的螺钉,而增加了法兰的重量及操作复杂性;如果膨胀力消失,而锁紧力增加,将使法兰连接更可靠;液体的膨胀力、动能、重量是有害因素,同时也是潜在的可用资源,可考虑将液体的膨胀力转化为法兰的锁紧力,转弊为利,这需要一种转换力的方向的机构。

步骤 4:列出技术系统的可用资源。

考虑在当前存在状态下可被应用的资源,如物、场、能量、信息、时间、空间资源都是可被多数系统直接应用的资源。例如,管道中的流体的属性、管道及法兰等已有物质的各种属性、环境属性等,都是潜在的可用资源。

步骤 5:进行技术潜力与进化趋势分析。

根据八大进化模式进行分析,例如,有以下两种情况。

(1)增加动态性及可控性,由宏观系统向微观系统进化:法兰装配件从一个整体的刚体逐渐变成分离的刚体,进而变成液态、气态,最后变成一种场,甚至是虚无的场。管道中的流体在场的作用下移动。

(2)增加自动化程度,减少人的介入:管道连接装配的自动化程度越来越高,从手工装配,到利用工具,再到利用动力工具,然后到利用半自动化工具,继而到利用自动化工具,最后到全自动装配。

步骤 6:进行矛盾分析,根据发明原理或分离原理解决技术或物理矛盾。

通过以上分析指明了问题解决的方向,但通常还不能直接解决问题。这时需要进行矛盾分析。矛盾分析的三个步骤:①需要增加结构的稳定性(stability of composition)、可靠性(reliability);②增加螺钉数据,加大螺钉直径;③为此导致重量(weight)、操作方便性(ease of operation)恶化。然后根据附录 C 所示的矛盾矩阵表,找到多个适用的发明原理,包括融合、局部质量、另一维度、预先反作用。如下进行逐一分析。

(1)融合:根据"使同样或近似的物体靠近(或合并)"的指引,可以想到将螺钉或螺母与法兰等合并,以减少零件数量,并增加强度。

(2)局部质量:根据"将物体的结构从同类结构转变成异类结构"的指引,想到螺钉可以从均匀的圆柱体改为截面为十字的柱体或中空的柱体,在保证强度的情况下减少螺钉重量。

(3)另一维度:根据"将物体倾斜或重新定向"的指引,想到两个法兰盘平面从平行改为有一定角度,以实现一定的弹性。

(4)预先反作用:根据"用一个相反动作来控制有害影响"的指引,想到可以用装配体变形的弹性力补偿螺钉被腐蚀后锁紧力减少的影响。

根据以上原理(除"局部质量"原理),得到如图 6-30 所示的方案(该方案取得了美国专利:US patent 5230540)。

步骤 7:从物-场模型出发,应用 76 个标准解。

如果对上述步骤的结果还不满意,则继续进行下面的分析步骤。

鉴于系统存在不足的功能("连接"作用不充分),应重点考虑"改进具有非完整功能的系统"的措施:第 1~8 条标准解。

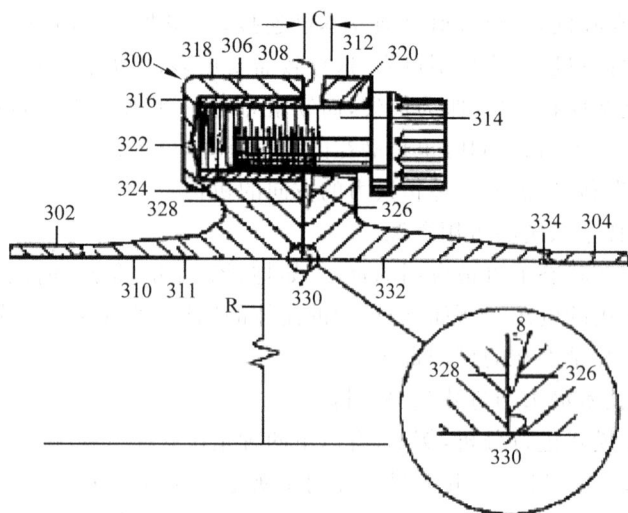

图 6-30　改进的法兰

另外,系统存在有害的功能("腐蚀"作用是有害的),应重点考虑"消除或抵消有害效应"的措施:第 9~13 条标准解。

应在第一类标准解还不能解决问题的情况下,再考虑第二类、第三类标准解,最后使用第五类标准解,以简化系统,消除第一至第四类标准解带来的系统的复杂化。如果测量问题,则使用第四类标准解。

步骤 8:从功能模型出发,向效应库寻求类似的解决方法。

法兰起着"连接＋固体"的功能,根据效应库,可以用 Adhesive(黏合剂)、Friction Welding(摩擦焊)等效应实现这一功能,见例 6-1。选择只采用系统可用资源的方法。

步骤 9:分析子系统及超系统。

当以上方法都不能解决问题时,考虑法兰装配体的子系统(螺钉等)及超系统(管道系统)。所用的方法被称为"九屏幕法"或"九宫图",其原理如图 6-31 所示。

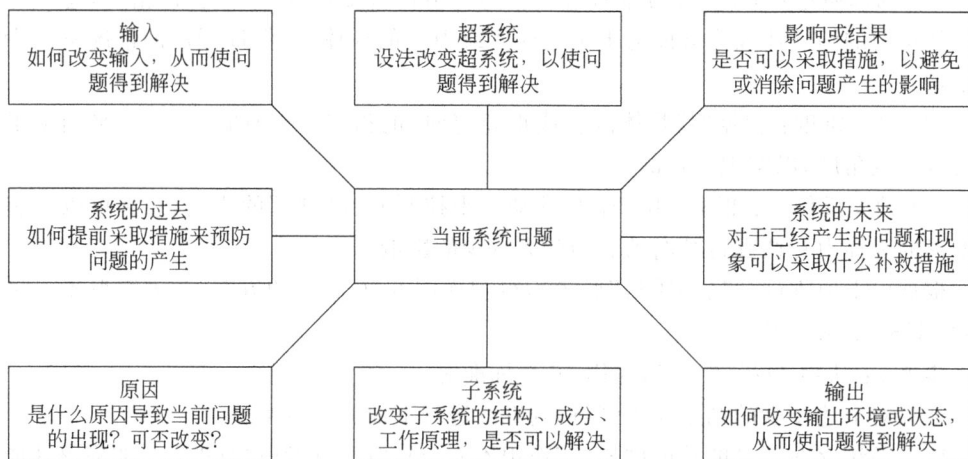

图 6-31　九屏幕法

应用九屏幕法对法兰装配体的分析如图 6-32 所示。

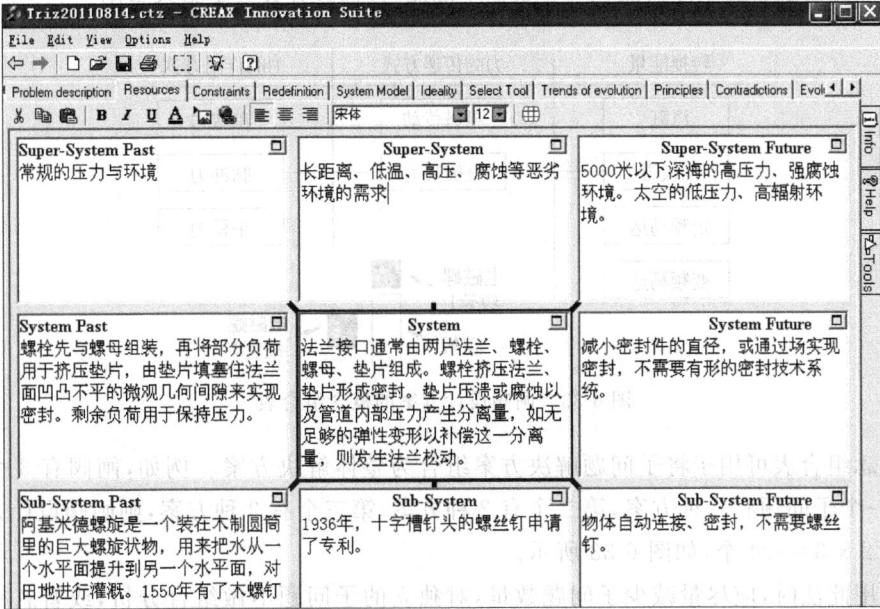

图 6-32　应用九屏幕法对法兰装配体的分析

（所用软件：CREAX Innovation Suite trial version）

如果通过以上途径都未解决问题，则可能是问题定义不合理、不明确，应重新定义问题，再次研究。

步骤 10：分析系统的理想程度，并与理想解相比较。

将所得的方案与原先设想的理想状态进行对比，找到差距。对修正完毕的系统进行分析，防止出现新的缺陷。

步骤 11：实施。

可付诸实施改进的方案，也可根据找到的差距进入下一次的改进循环。建议：决策应缓慢，实施要迅速。

6.6　形态分析

形态分析法，是一种以系统搜索观念为指导，在对问题进行系统分析和综合的基础上，组合各因素设想的方法。所用到的工具主要为概念分类树（concept classification tree）和概念组合表（concept combination table）。

概念分类树用于将整个可能的解决空间分成几个明确的概念类别。概念分类树的主要作用如下：①去掉没有前景的概念类别。如果删除了不可行的类别，那么开发小组需要考虑的组合数就大大减少了，例如，将图 6-33 所示的"变频马达"类别删除，可以将方案组合数从原来的 24 个减少到 18 个。②确定相应问题的独立解决途径。③找出被不小心忽略,或被过于强调的某些类别。④为某个特定类别修正问题分解过程,例如,发现图 6-33 所示的问题分解忽略了储存能量这一重要子问题,最后将其补充入组合表中。

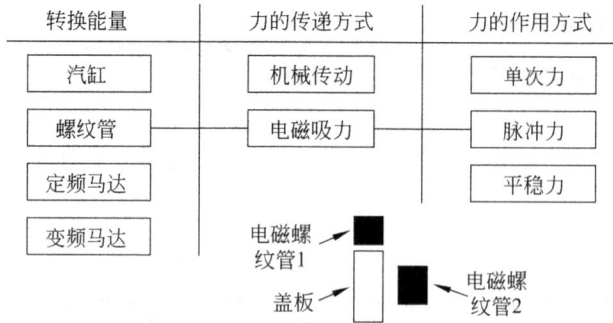

图 6-33　闸阀设计方案的概念组合表

概念组合表可用于将子问题解决方案组合为整体解决方案。例如,闸阀有 3 个子问题,第一个子问题有 4 种方案,第二个有 2 种方案,第三个有 3 种方案,则闸阀设计方案共有(4 x 2 x 3＝)24 个,如图 6-33 所示。

运用此法时,应尽量减少子问题数量,对独立的子问题不做组合分析,或暂忽视次要的辅助功能,使分析的子问题不超过 4 个,否则将产生数目庞大的组合,即"组合爆炸",而难以分析。

瑞典的茨维基把形态分析法分为五个步骤。

(1)明确地提出问题,并加以解释。

(2)把问题分解成若干个基本组成部分,每个部分都有明确的定义,并且有其特性。

(3)建立一个包含所有基本组成部分的多维矩阵(也称为形态学矩阵),在这个矩阵中应包含所有可能的总的解决方案。

(4)检查这个矩阵中所有的总方案是否可行,并加以分析和评价。

(5)将各个可行的总方案进行比较,从中选出一个最佳的总方案。

此法最大的优点是能直观清晰地探索整个解空间,可以估计出实现新技术的可能性;不足之处是当组合个数过多时,第四步的可行性研究就比较困难。

[例 6-14]　第二次世界大战期间,美国情报部门得知,德国正在研制一种新型巡航导弹,但费尽心机也难以获得有关技术情报。然而,火箭专家茨维基博士却在自己的研究室里轻而易举地搜索出法西斯德国正在考虑并严加保密的众多方案,并确定最有可能的方案,乃是带脉冲发动机的巡航导弹。这是因为运用了他称为"形态分析"的思考方法。运用此法时,先将导弹分解为若干相互独立的基本因素,这些基本因素的共同作用便构成任何一种导弹的效能,然后针对每种基本因素,找出实现其功能要求的、所有可能的技术形态。在此基础上进行排列组合,结果共得到 576 种不同的导弹方案。经过一一过筛分析,在排除了已有的、不可行的和不可靠的导弹方案后,他认为只有几种新方案值得人们开发研究,在这少数的几种方案中,就包含有德国正在研制的方案。

6.7 案例：仿生创新方法及其在止回阀设计中的应用

6.7.1 引言

节能是国家的战略研究领域。止回阀是流体传输最常用的设备种类之一，现有的止回阀存在着阻力大、能耗大的问题。降低流阻系数是流体传输节能的重要途径。常见的止回阀包括球形止回阀、对夹式止回阀等。这些止回阀的共同缺点是，在流体正向流动时，止回阀打开，止回阀的某些零部件如阀瓣或球体等处于流道的中央，存在一定的挡水面积，对流体的流动阻力较大，使出水压力有所降低，因此浪费能量。

6.7.2 仿生学与 TRIZ 理论相结合的探讨

通过对仿生学方法和 TRIZ 的比较，可以看出两者有相同的出发点，都是从现有的问题与现象出发，TRIZ 理论归纳总结了自然科学及工程中的效应原理，而仿生学则归纳总结自然界中的生物现象。这两种方法用于产品设计上有相同的目的，存在关联性，它们都尝试设计出具有创新性的、能够解决实际工程技术问题的装置。

但是两种方法存在很大的不同点，在解决创新问题的关注点方面是不同的，两种方法的主要区别如下。

（1）关注的阶段不同。TRIZ 理论关注的是前一阶段的问题：将实际的工程问题抽象为 TRIZ 的一般问题，并依据 TRIZ 方法体系找到 TRIZ 一般问题的标准解，而对于后一阶段的问题：如何将抽象的标准解转化为具体的实际解，TRIZ 理论还不能提供一个好的解决方案；相反，仿生学的知识库可以指出自然界中现实的、具体的解决方案。

（2）抽象程度不同。TRIZ 理论提出的发明原理与标准解，具有高度的抽象性和概括性，因此 TRIZ 理论是一种基于知识的、面向人的解决发明问题的系统方法学，需要设计者比较熟练地掌握所研究领域的知识，才能将 TRIZ 产生的标准解转化为实际解；而仿生学的方法相比较而言更具体和实在，因为经过几十亿年的进化，已经演化出非常复杂精妙的生物结构，这些生物结构直接告诉人们实际解，因而具有更高的可操作性。

通过分析，在解决实际工程技术问题时，完全可以将 TRIZ 理论与仿生学结合起来，应用 TRIZ 理论为仿生学设计提供思路与方向，利用生物界的一些原理补充、深化和完善 TRIZ 标准解，取长补短，相辅相成，将两种方法交叉、融合应用，充分发挥各自的长处，以得到实际问题的完美解决方案。

TRIZ 理论与仿生学结合的路径如图 6-34 所示。第一步，利用 TRIZ 理论方法，将工程技术参数转化为标准参数，将实际问题抽象描述、转化为 TRIZ 的标准问题；第二步，依据 TRIZ 矛盾矩阵等知识库，为 TRIZ 标准问题查找到标准解或发明原理；第三步，运用仿生-发明原理知识库找到对应的生物结构，可借鉴对应的生物结构或现象得到启发，并结合计算机辅助工程（computer-aided engineering，CAE）技术进行验证，得到实际解。表 6-4 为 TRIZ 发明原理与生物结构关联表。

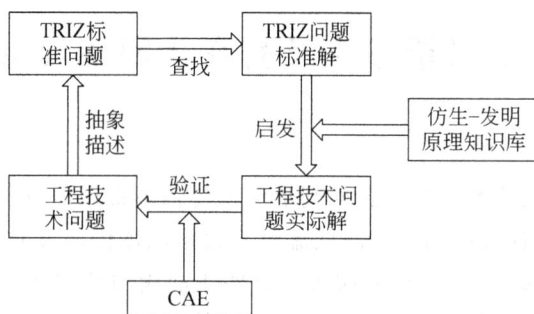

图 6-34　仿生学和 TRIZ 理论相结合的方法

表 6-4　TRIZ 发明原理与生物结构关联表

序号	发明原理	生物的结构功能
1	分割	生物细胞的分裂
2	抽取	蛇的蜕皮、植物从土壤中吸取养料
3	局部质量	深海鱼的骨骼变得非常薄且容易弯曲,肌肉组织变得特别柔韧,纤维组织变得出奇的细密,以适应巨大的水压;荷叶的自洁功能
4	增加不对称性	人体大脑不对称,产生的大脑优势;干细胞在不对称分裂,形成了两个不对称细胞,产生了不同的生物学特性;生物膜的不对称性,导致膜功能的不对称性和方向性,使物质、信号的接收传递有一定方向
5	组合、合并	生物基因的不同组合可以得到不同的个体
6	多用性	植物的光合作用既可以产生氧气,也可以吸收二氧化碳
7	嵌套	有核天然珍珠的形成
8	重量补偿	鸟类翅膀的形状使得上部压力减小,下部压力增加
9	预先反作用	生物体内的缓冲剂,实现酸碱平衡
10	预先作用	野鸭趾间有蹼,适应水中生活;仙人掌的叶退化为刺,适应干旱;花瓣预先处于互相支撑的倾斜状态,便于以很小角度就可以打开
11	事先防范	生物的免疫系统
12	等势	老鹰平稳地在天空滑翔
13	反向作用	垂柳的枝条向下生长
14	曲面化	鲨鱼皮、海豚表皮的沟槽型结构;鱼骨结构
15	动态化	生物膜的动态特性,鲨鱼牙齿的补充
16	未达到或过度作用	由于条件变化,限制了生物酶的催化作用
17	一维变多维	长颈鹿的动脉从心脏出发,在脖子处分成了几百条小动脉;花瓣的多层多片组合成的立体形态
18	周期性动作	生物钟的周期性
19	有效作用的连续性	人的记忆功能

序号	发明原理	生物的结构功能
20	减少有害作用时间	鱼、蛙、蛇等变温动物,随环境改变温度
21	变害为利	细菌、真菌等生物分解动、植物残体
22	反馈	蝙蝠的声波识别、海豚的回声定位功能
23	借助中介物	蜣螂等动物体表分泌液的减黏功能
24	自服务	松鼠在进食的同时也自动地磨了牙齿,保持牙齿锋利,花瓣互相支撑,能承受较大压力
25	复制	人类 DNA 复制,花瓣呈对称分布
26	柔性壳体或薄膜	蚯蚓的柔性表面具有减黏功能
27	多孔材料	企鹅的空心羽毛具有保暖作用
28	改变颜色	动物的保护色
29	抛弃或再生	壁虎的"断尾"

注:表 6-4 中带下横线表示该仿生结构在本例带来启发。

6.7.3　仿生创新设计方法的应用过程

对夹式(或球形)止回阀的一个重要部件就是阀瓣(或球体)。通过阀瓣(或球体)的开启,实现流体的正向流动。当出现回流时,阀瓣(或球体)由重力(或弹簧力)的作用而自动关闭,实现防止回流(止回)的作用。对于传统的球形或对夹式止回阀,改进的过程中产生了矛盾。这时,可利用 TRIZ 理论进行矛盾分析。改进与分析过程如下。

(1) 为了减少阀瓣对流体产生的阻力以减少能量损失(改善的参数:No.22 能量损失),可增大阀瓣安装位置管道的面积,或减少止回阀的挡水面积(改善的参数:No.12 形状),但这样会增加阀瓣的面积,因而使阀瓣承受的流体压力增大而易毁坏(恶化的参数:No.11 应力或压力),同时也增加了阀瓣的质量(恶化的参数:No.1 运动物体的质量)。

(2) 为了使阀瓣快速关闭,减小阀瓣闭合行程与闭合时间(改善的参数:No.15 运动物体作用时间)以减少阀瓣对流体产生的阻力,可增加阀瓣数(改善的参数:No.26 物质和事物的数量),但这样会增加止回阀的结构复杂性(恶化的参数:No.36 装置的复杂性),降低止回阀的稳定性(恶化的参数:No.13 结构的稳定性)。

根据以上矛盾分析,依据由技术参数转化成的矩阵标准参数,查询 TRIZ 的技术冲突矩阵,得到表 6-5 所示的发明原理序号。

基于以上发明原理,并从止回阀的开闭过程出发,寻求具有相近作用机理的生物结构与现象。例如类似于阀瓣的开关。很多动植物都存在开与闭的结构或功能,花朵多瓣绽放、河蚌外壳的开闭、鸟类翅膀的伸展张开与折叠闭合等。这些具体的生物结构为产品设计提供了非常具体的、可以借鉴的物理结构。

从表 6-5 中得到发明原理序号,并根据序号查询表 6-4 所示的 TRIZ 发明原理与生物结构关联知识库(在此以关联表展示),再根据所指的生物结构功能,进行逐一分析,对止回阀进一步思考拓展,根据以下四项原理得到启发。

表 6-5　能效优化装置创新设计发明原理

发送参数 / 发明原理 \ 恶化参数		1	11	13	36
		运动物体的质量	应力或压力	结构的稳定性	装置的复杂性
12	形状	8，10，29，40，26	34，15，10，14		
15	运动物体作用时间	—		13，3，35	10，4，29，15
22	能量损失	15，6，19，28，26	2，36，25	—	
26	物质和事物的数量	—		15，2，17，40	3，13，27，10

(1) No.10 预先作用:阀瓣预先处于金字塔般的倾斜状态,以便于迅速打开;止回阀关闭时,弹簧的作用力预先加载在阀瓣上,以便于下次迅速打开。

(2) No.17 一维变多维:阀瓣从传统的平面状态(如蝶阀)和一维状态(如球阀),转变为三维的金字塔形状。

(3) No.25 自服务:阀瓣的关闭依靠流体的回流作用力及流体重力;阀瓣互相支撑,能承受较大压力。

(4) No.26 复制:使四片阀瓣在阀体内呈对称分布。

通过以上分析,花瓣的开启机理对阀瓣的设计有很大的启发作用。花由多个花瓣组成,其含苞待放的时候,常呈金字塔状(特别是荷花),相当于阀瓣闭合的情形;绽放时,各个花瓣沿径向打开,以微小的力与运动距离就可以大幅度张开。阀瓣如果以这一方式开启,则可大大减少张开关闭时间与张开力,并增加流体空间。受此启发,设计出一种多瓣式金字塔形止回阀。

图 6-35 所示为止回阀体关闭状态的立体透视示意图。阀壳体为矩形箱体削去四角形成的棱柱形,一端截面为正方形,另一端截面为与圆相外切的八边形,阀体这一形状的目的是使液体空间更畅顺,图 6-36 为阀瓣工作状态的示意图。

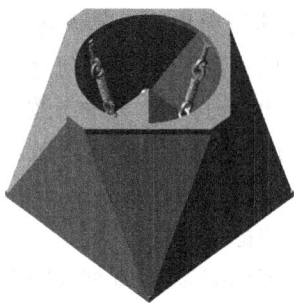

图 6-35　止回阀关闭状态的立体透视示意图

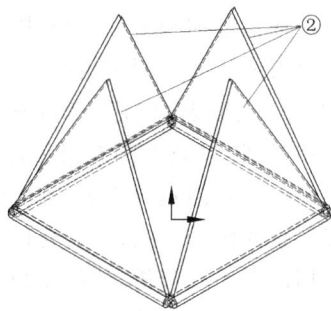

图 6-36　阀瓣工作状态的示意图

图 6-37 是新型止回阀结构示意图。它表示止回阀主要包括以下零部件:由矩形箱体削去四角形成的棱柱形壳体①,壳体①与圆轴⑤通过焊接固定,四片三角形阀瓣②与套筒⑥焊接固定。套筒⑥套在圆轴⑤上。连接件③与弹簧④共同为闭合时的阀瓣②提供拉力。壳体①的另一个方案是圆锥台形。阀瓣②的数量可不做限定。

通过对新型旋启式节能止回阀的 FLUENT 仿真实验,并进行物理实验,证明:当流

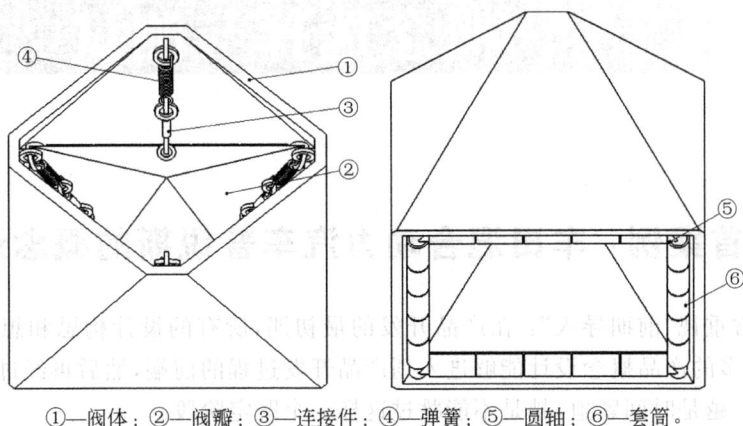

①—阀体；②—阀瓣；③—连接件；④—弹簧；⑤—圆轴；⑥—套筒。

图 6-37　新型止回阀结构示意图

(本图由佛山市众越节能环保技术开发有限公司授权使用)

体正向流动时，这一止回阀的阀瓣四侧打开，并位于流道侧面而非流道中央，此时流体空间中央无任何阻挡，因此流体通过该阀门所产生的压力降很小。阀门关闭时阀瓣互相贴合支撑，呈棱锥状。与传统的止回阀相比，呈棱锥状互相贴合支撑以及棱锥状本身使阀瓣可承受更大的回流水压。由实验结果可知，该止回阀的流阻系数非常小。当阀门打开时，对流体的阻力与传统止回阀相比小一个数量级；当出现回流时，阀瓣闭合情况良好。相对于传统止回阀，该止回阀具有节能作用。

经实验证明，为保证阀瓣的密封性，在阀瓣边缘闭合面应进行硫化处理，可减少液体渗漏及阀瓣之间的金属激烈碰撞摩擦；图 6-37 中的连接件③使用常见的圆环索链，可减少连接件卡死现象，保证阀瓣能正常闭合。

习题

1. 试对传统的产品(例如照明范围窄，且不易移动的台灯；振动噪声大，且离使用者头部近的电吹风等)进行三个步骤的矛盾分析，并运用 TRIZ 方法对其进行改进。

2. 请思考：如何根据 QFD 的相关矩阵分析结果，发现产品存在的矛盾？

3. 试通过资源分析解决如下问题：为了让笼中的兔子能吃到新鲜的草，饲养员需要频繁地搬动笼子，因而人力成本高；满载沙子的大卡车在行驶时排出大量黑烟。提示：动物的能量、所装载的货物是容易被忽略的资源。

4. 试通过理想解的思考及资源分析，解决如下问题：有一种圆形的药片，为了使缺角的该种药片不流入市场，目前需要派检查员站在传送带边仔细检查。请提出一种方案让缺角的药片自动落入回收箱，要求不使用昂贵的自动检测设备。提示：药片是一种物质资源，药片缺角是一种信息资源。

5. 从仓库卸下粮食至货车的钢板会受到粮食的摩擦而迅速磨损，请根据物-场分析模型及 76 个标准解找到解决办法。

第 7 章

概念选择与测试

7.1 篇首案例：丰田混合动力汽车普锐斯的概念选择

丰田非常重视"前期导入"：在产品开发的最初期，所有的设计构思和想法都得到足够的尊重，更多的产品概念设计能够进入到产品开发过程的前端，然后再经过比较筛选出最优的结果。越是时间紧迫，越是不能跳过这样一个既定阶段。

当时包括丰田公司在内的很多汽车公司，之前都没有制造过混合动力车型。丰田的总裁对首席工程师说，他将总共只有 4 个月的时间来完成这样一辆混合动力汽车的总体设计，以便能够赶在车展上把普锐斯的概念车型展出。接到任务的首席工程师通过走访客户等途径，找到了大约 80 种混合动力引擎，然后不断地从中精选，从 80 种精选到 10 种，然后又从 10 种选到 4 种，最后经过对这 4 种引擎进行计算机模拟，最终有一款引擎入选。丰田的工程师们就是从这些当时还相当抽象的概念中做出选择决策的。

7.2 概念选择

7.2.1 概述

概念选择是一个与概念产生、概念测试密切相关的过程。三个过程促成了概念方案的发散（divergence）与收敛（convergence）的多次交替。见图 7-1。

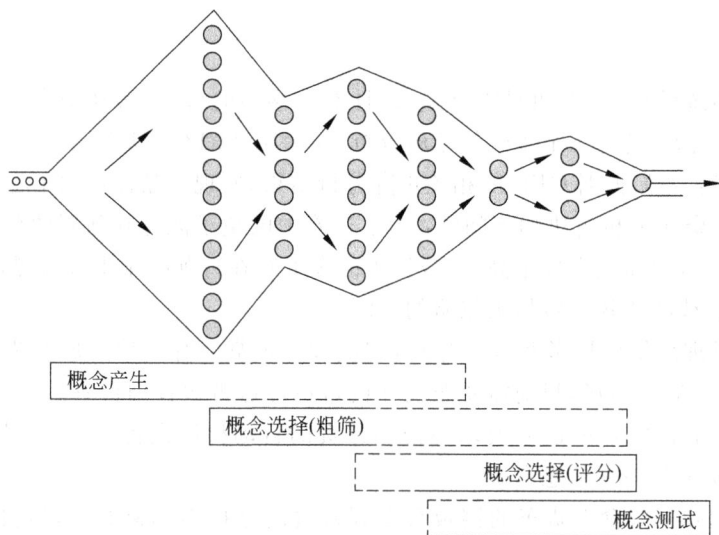

图 7-1　概念产生、概念选择、概念测试过程

产品开发所有的前端活动,对产品的最终成功都具有极大的影响。市场对一件产品的反应,取决于产品概念。同时,一个产品的概念极大地约束着产品的最终制造成本。本节将展示一种结构化的概念选择的方法。

7.2.2 具体步骤

概念选择包括概念粗筛和概念评分两个阶段,主要运用的工具是选择矩阵,也称普氏矩阵(Pugh Matrix),该方法由 Pugh 于 20 世纪 80 年代提出。

概念选择的基本步骤如下。

1. 准备选择矩阵

选择标准被列在矩阵的左边,如表 7-1 所示。这些标准的选定依据,是已经确认的客户需求,或本企业的要求,例如产品制造成本、易操作性等。这一阶段的标准通常相当抽象。标准选择的原则如下。

表 7-1　注射器的概念方案选择矩阵

选择标准	注射器的概念方案						
	A(数字设置)	B(橡皮闸)	C(棘齿)	D(活塞,参考)	E(冲击环)	F(杠杆设置)	G(刻度螺纹)
操作步骤数	0	－	＋	0	－	0	＋
零件数量	0	－	－	0	＋	＋	＋
使用精度	＋	－	－	0	－	－	＋
制造成本	0	－	－	0	－	－	＋
使用寿命	＋	－	＋	0	－	＋	－
便携性	＋	0	＋	0	－	－	－
"＋"总量	3	0	3	0	2	3	4
"－"总量	0	5	3	0	4	2	2
"0"总量	3	1	0	6	0	1	0
统计值	3	－5	0	0	－2	1	2
排序	1	7	4(并列)	4	6	3	2
是否继续?	是	否	组合	否	组合	修改	是

(1)有利于区分出不同概念的差异。

(2)用客观度量作为评价概念的基础。例如,"产品可装配性"换成"零件数量","易操作性"换成"产品操作步骤数",这是因为后者可以更客观地评价。

(3)一般只包括 5～10 项标准。这是因为,在粗筛时,评价标准还没有权重的概念,因此不要将过多不重要的标准列在粗筛矩阵中,以免重要的标准与不重要的标准相互混淆。

2. 找出"标杆"并放置在中列,各个概念填入矩阵中

经过仔细考虑后,团队选择一个概念作为"标杆"或称"参照",其他概念的评价都以它为参照。它通常是团队成员非常熟悉的一种工业标准或产品方案。例如,活塞结构的注射器是团队最熟悉的,因此,放置在表的中央以利于和其他方案进行比较。

接下来,各种概念和标准被填入矩阵中。虽然概念可能由不同的人生成,但应当用同

样的细节程度描述它们,描述概念最好是既有文字说明又有图形显示。

3. 对概念进行粗略的、相对的评价

在矩阵的每个单元格中填入"优于"(＋)、"等于"(0)、"劣于"(－)的判断,以表示在特定标准上每个概念与参照概念相比较的评价。在设计过程的这一阶段,每个概念都非常抽象,详细的、精确的评价往往并不准确,因此只运用这三个相对等级。

4. 对概念进行排序

在评价了所有概念之后,统计每个概念的"＋"、"0"、"－"的数量,填入最后一行。完成统计之后,团队就可以排列这些概念的次序。具有较多加号、较少减号的概念,排序在较高位置。

5. 对概念进行组合和改进

对于"＋"、"－"都大量存在的方案,不应简单抛弃,而应思考:是否一个不大的修改就能改善劣质属性并保持它的独持性,大幅提高概念的质量? 是否存在两个概念,它们的组合保持了"＋"属性又消除了"－"属性?

组合和改进后的概念被添加到矩阵中,由团队进行评价,并与原先的概念一起排序。例如,在表 7-1 中,F 方案只要能提高精度并增加便携性,就会变成优秀方案,因此应修改而非放弃;将 C 方案与 F 方案的优秀属性组合后有可能得到 5 个"＋"成为优秀方案,因此应组合成新方案。

6. 选择一个或多个概念

基于前面的步骤,团队应该对那些最有前景的概念形成了清楚的认识。被选出来进一步修正的概念的数目受团队资源的影响。同时,团队还必须决定是否执行另一次概念粗筛,或是进入下一步骤。例如,在表 7-1 中,A 方案、G 方案、修改后的 F 方案、C 方案与 E 方案组合所得的新方案,被选择进入概念评分阶段。

7. 准备评分矩阵

与概念粗筛所用的普氏矩阵不同的是,概念评分阶段使用带有相对权重的标准,并且这些概念能被更详细地描述出来,选择标准可以更详细,所用评分等级也更精确。

例如,对于注射器,"操作步骤数"评价标准可以被分解为"注射步骤数"、"清洗步骤数"和"装药步骤数";"便携性"评价标准可以被分解为"体积"和"重量"。评价标准如果已经足够详细,则可以不展开。如果团队已经建立了客户需要的等级列表,那么二级需求和三级需求是更详细的评价标准的首选。标准细化之后,基于客户需求分析结果,为每个标准赋以相对权重,相对权重之和为 100%,如表 7-2 所示。

表 7-2　注射器的概念方案评分矩阵

选择标准	相对权重	A(数字设置)		CF(棘齿＋冲击环)		F＋(杠杆设置)		G(刻度螺纹)	
		评分	加权分	评分	加权分	评分	加权分	评分	加权分
操作步骤数	15%	5	0.75	2	0.30	1	0.15	**3**	0.45
零件数量	15%	2	0.30	4	0.60	**3**	0.45	5	0.75
使用精度	15%	5	0.75	4	0.60	2	0.30	**3**	0.45

续表

		注射器的概念方案							
		A(数字设置)		CF(棘齿＋冲击环)		F＋(杠杆设置)		G(刻度螺纹)	
选择标准	相对权重	评分	加权分	评分	加权分	评分	加权分	评分	加权分
制造成本	20％	1	0.20	**3**	0.60	2	0.40	5	1.00
使用寿命	15％	**3**	0.45	4	0.60	5	0.75	1	0.15
体积	10％	5	0.50	**3**	0.30	1	0.10	2	0.20
重量	10％	5	0.50	4	0.40	**3**	0.30	2	0.20
总分		3.45		3.40		2.45		3.20	
排序		1		2		4		3	
是否继续?		是		否		否		否	

8. 精确评分

为了提高区分各竞争概念的分辨率，在这一阶段用更细致的评分刻度，例如1～5的刻度(如表7-2实例所使用的刻度)，甚至是1～7或1～9的刻度。但太细的刻度要求更多的时间和精力。

在第2步骤中，参照的所有属性如果都作为基准(体现在参照方案这一列的评价都为“0”，如表7-1所示)，则在精确的概念评分阶段会产生问题，因为参照概念所有属性巧合地都恰好具有中等性能，否则会导致对评价标准的“刻度压扁”问题。例如，如果参照概念恰巧是最便携的概念，那么其余的所有概念都将在便携性标准上得到劣于或等于3的值(因为作为基准，参照概念在便携性标准上已赋值为3)，而没有4或5的值。因此，参照属性应可以来自不同的概念，或者来自产品指标的目标值。在表7-2中，加粗体评分值“3”意指该处为该评分标准的基准。例如，在“操作步骤数”这一选择标准上，G方案为参照概念，而在“零件数量”上，F＋方案是参照概念。

9. 概念排序

在填入了所有概念的评分之后，加权分可以用原始评分乘以权重计算出来。每个概念的总分是各加权评分的和：

$$S_j = \sum_{i=1}^{n} r_{ij} w_i \tag{7-1}$$

其中，r_{ij}为该概念j在选择标准i上的原始评分；w_i为选择标准i的权重；n为选择标准数量；S_j为概念j的总得分。

10. 组合和改进概念

与概念粗筛阶段一样，在概念评分阶段也寻求可以改进或组合概念的机会。在这一阶段，产品概念的特性逐渐清晰，所以也很可能会发现改进的机会。

11. 选择一个或多个概念

基于评分矩阵，小组一般选择排序靠前的概念。所选的概念将被进一步地开发、制作原型和测试，以便得到客户反馈。团队还可能用不同的权重来创建两个或更多的评分矩阵，以便得出具有不同客户需求的各细分市场对概念的评分。对注射器的案例，团队选择了A概念方案。

7.3 概念测试

概念测试与概念选择密切相关,它们的目标均为缩小所考虑概念的范围。在概念选择之后通常需要建立原型,针对目标客户收集数据,依赖客户进行测试。

新产品概念测试是决定新产品是否真正满足顾客需求的关键环节。产品概念是否反映了真实的顾客需求、是否符合企业的产品策划目标,这对新产品开发非常重要,需要经过验证和测试。

新产品概念测试结果的可靠性,在很大程度上取决于测试与评价方法的科学性。总体来看,传统的新产品概念测试方法很多,如通过对专家或客户主观评价的问卷调查,或小组座谈会的方式,以及系统分析法、价值工程法、物理规划法、层次分析法与模糊综合评价法等,一般采用定性与定量结合的评价技术,尽量将定性指标进行定量表示,力求使评价结果具有科学性和可信性。

目前在各种测试方法中,主观性和随意性因素仍占很大比例,评价方法的可靠性还有待提高。对运用眼动仪的交互性测试与可用性测试的研究表明,通过眼动行为的观察可以发现用户的习惯、特征及兴趣点等,可以弥补现有概念测试工具的不足。

概念测试包括下文论述的六个步骤。

7.3.1 步骤1:定义测试的目的

概念测试之前必须明确测试的目的,才能选择适当的测试方法。概念测试常常用于辅助以下决策。

(1) 应进入哪一个细分市场?

(2) 应继续开发哪个概念? 概念选择决策是否合理?

(3) 是否还有改进意见? 如何改进?

(4) 销量会如何?

(5) 可以上市了吗? 与竞争产品相比,可用性足够高吗?

前两项是以定性为主的决策,目的是决定是否抛弃该方案;后两项是以定量为主的决策,目的是优化方案;第三项往往是定性与定量相结合的决策。

越是定量的决策,就越需要选择定量的分析手段与客观行为数据,选择更大的调查人群进行测试;反之,定性的决策,更多地利用定性的分析手段与主观态度数据,可选择较小的调查人群进行测试。

7.3.2 步骤2:评估方法的选择

在产品开发前期阶段,产品信息不完整,只能通过原型来测试产品概念、发现问题并进行改进。在这种情况下,采用适用的评估方法尤为重要。

评估方法包括收集哪些数据以及处理手段两个方面。在过去的几十年中,很多概念测试被开发出来。方法可以分为两类:分析性方法(analytic methods)和经验性方法(empirical methods)。分析性方法是指通过模型对用户界面设计进行系统的检查,例如诉求分析(claims analysis)、可用性审查(usability inspections)和运用一些心理数学模型，如 GOMS 模型，G 代表 Goals(目标)、O 代表 Operations(操作)、M 代表 Methods(方法)、S 代表 Selection rules(选择规则)。而经验性方法是指通过观察或其他手段从用户那里获得数据进行分析，典型的方法包括实验室可用性测试(laboratory usability testing)、出声思考(think aloud)、统计技术(问卷和访谈)等。

根据这些方法的数据来源、研究手段以及对被测产品的使用情况，将各类常用的概念测试方法归纳总结，如图 7-2 所示。

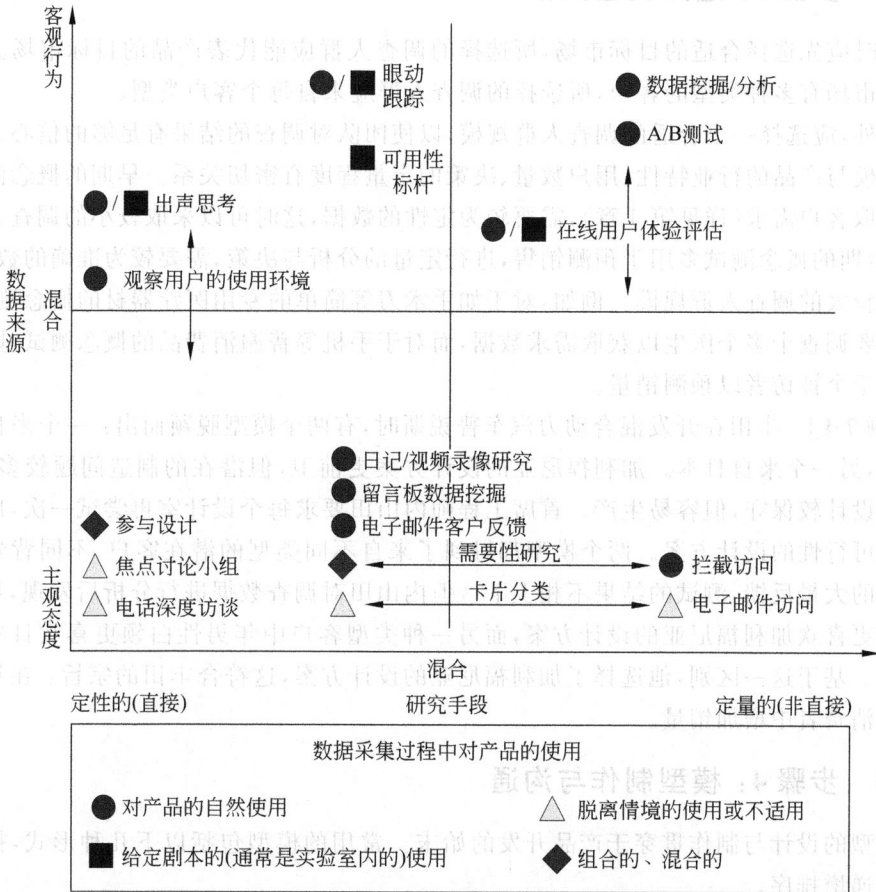

图 7-2 各类常用的概念测试方法的归纳总结

这些方法当中有些是定量的测量，有些是定性的评估；有些是研究人的客观行为，有些是研究人的主观态度；有些是针对最终的使用者，有些则需要不同领域的专家作为评估者。

在一个产品的开发周期的不同阶段要进行不同的决策，不同类型的方法各有其优势和劣势。方法的选用还要考虑被测试系统的特点、产品的使用情境、各种资源限制(成本、生产周期、人力资源等)、后期数据分析等诸多因素。

定性的研究方法(如深度访谈、观察用户的使用环境等)的优势在于它能描述具体问题的产生原因,并发现解决问题的途径,支持"做还是不做"(go/not go)之类的定性决策;而定量的研究方法(如问卷调查、网络日志分析等)的优势在于它能发现一个系统存在哪些问题,以及这些问题都属于哪些类别,方便研究者对系统整体概念做出判断,较为定量地对方案进行优化。

很多成熟的开发团队已经从实际经验中总结出自己的一套体系,通过整合各种概念测试方法来满足他们不同时期、不同类型的产品概念测试目标。

7.3.3　步骤3:选择调查人群

此时应先选择合适的目标市场,所选择的调查人群应能代表产品的目标市场。如果该目标市场有多种类型的客户,所选择的调查人群应来自每个客户类型。

另外,应选择一个合适的调查人群规模,以使团队对调查的结果有足够的信心。调查人群规模与产品的行业特性、用户数量、决策的定量程度有密切关系。早期的概念测试多用于获取客户需求(详见第4章),需要较为定性的数据,这时可以采取较小的调查人群规模;而后期的概念测试多用于预测销售,进行定量的分析与决策,需要较为准确的数据,通常采取较大的调查人群规模。例如,对于如手术刀等简单的专用医疗器材的概念测试,可能只需要调查十多个医生以获取需求数据,而对于手机等普遍消费品的概念测试,则可能需要近千个被访者以预测销量。

[例7-1]　丰田在开发混合动力汽车普锐斯时,有两个模型脱颖而出:一个来自加利福尼亚,另一个来自日本。加利福尼亚的设计方案更前卫,但潜在的制造问题较多;来自日本的设计较保守,但容易生产。首席工程师内山田要求每个设计室再尝试一次,以便提出兼顾可行性的设计方案。两个模型都得到了来自不同类型的潜在客户、不同背景的部门员工的大量反馈,测试的结果不相上下。但内山田对调查数据进行分析后发现,年轻人与女性更喜欢加利福尼亚的设计方案,而另一种类型客户中年男性白领更喜欢日本的设计方案。基于这一区别,他选择了加利福尼亚的设计方案,这符合丰田的宗旨:在年轻人和女性消费者中增加销量。

7.3.4　步骤4:模型制作与沟通

模型的设计与制作贯穿于产品开发的始末。常用的模型包括以下几种形式,按内容丰富度递增排序。

(1) 文字表达(verbal description)。通常是简述几个要点的一段文字。

(2) 草绘(sketch)。透视方式的线图,可包括对关键特征的注解。

(3) 三维模型及渲染(rendering)。不管是从2D(2 Dimension,二维)的草绘开始,还是直接在3D环境下开始,在3D建模系统中进行概念设计都有许多好处。使用3D模型可以更逼真地呈现概念,可以创建快速原型以快速评估外观和质感,或者产生照片般逼真的渲染效果。但直接进行3D建模也有其缺点。运用传统的3D建模工具需要花费大量功夫才能产生3D模型。这些障碍出现在本应随心所欲和不受限制地进行表达设计意图的时候。可以通过草绘与3D模型的集成来消除这一障碍,例如,使用草绘驱动3D模型的生成;使草绘与3D模型的参数关联,一方的参数调整会使另一方的参数发生自动的改变与重构等,如图 7-3 所示。

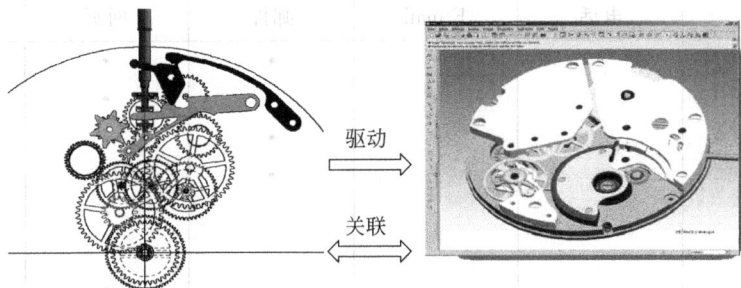

图 7-3　草绘与 3D 模型的动态交互集成
(所用软件：PTC Pro/E Wildfire 5.0)

(4) 故事板(storyboard)。包含时间序列的一系列图像情景展示。

(5) 视频(video)。操作模型的视频记录或三维模型运动的动画。

(6) 仿真(simulation)。利用模型复现产品特征,并通过对模型的实验来研究存在的或设计中的产品,又称模拟。如图 7-4 所示,通过对自行车车架建立可运行计算的模型,并记录、分析动态数据以探讨该车架的运动特性。

(7) 交互多媒体(interactive multimedia)。这一形式的模型具有视觉的丰富性和仿真的交互性,适用于大型开发项目。也可引入虚拟人体,实现更深入、更直观的交互过程,如图 7-5 所示。

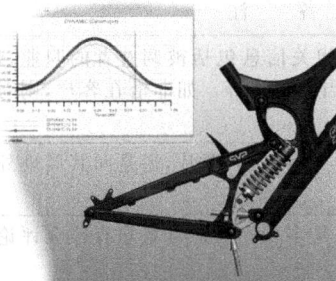

图 7-4　自行车车架的仿真
(所用软件：PTC Pro/E Wildfire 5.0)

图 7-5　引入虚拟人体的交互
(所用软件：PTC Pro/E Wildfire 5.0)

(8) 实物外观模型(physical appearance model)。使用不是最终材料制作成的、其外观与真实产品一致的模型。例如,使用上油漆的木头或泡沫制作的外观模型。

(9) 工作原型(working prototype)。具有与真实产品同样工作原理的模型。

可以同时使用实物外观模型和工作原型,使被调查人群同时得到外观、工作原理两方面的全面信息,避免被信息不全的模型误导。

模型的信息量越大,对概念的阐述就会越具体、形象,从而增加概念测试的可信度。

不同的模型适用于不同的沟通渠道。模型的信息量越大,就越需要具有大容量信息通道的沟通,或面对面的沟通。模型的类型与常用沟通渠道的匹配关系如表 7-3 所示。

表 7-3　模型的类型与常用沟通渠道的匹配关系

	电话	E-mail	邮件	网页	面对面
文字表达	•	•	•	•	•
草绘		•	•	•	•
三维模型及渲染		•	•	•	•
故事板		•	•	•	•
视频				•	•
仿真				•	•
交互多媒体				•	•
实物外观模型					•
工作原型					•

7.3.5　步骤 5：实施调查与测量

下文将调查区分为两类：主观态度调查和客观行为测试。它们的数据类型、数据处理方法都有差异。

1. 主观态度调查

在知道产品概念之后，消费者将会对调查问卷的问题做出回答，来看他们对产品概念做何反应。调查问题的结构如表 7-4 所示。

表 7-4　调查问题的结构

序号	内　容	备　注
第 1 部分	被调查者的相关信息	例如，在电动车概念测试中，相关信息包括被调查者的职业、性别、年龄、住宿条件、上下班路程及当前方式等。如非潜在客户，则对该被调查者的调查结束
第 2 部分	产品描述	选择适当的模型类型，例如是文字描述、图片，还是向其展现外观模型或工作原型
第 3 部分	意见	常用的问句有：您希望的价格是多少？对该方案您有什么评论或改进意见？
第 4 部分	购买意图	让被调查者在五个选项中打钩：①绝对不买；②可能不买；③不知道；④可能买；⑤绝对买

一个调查问卷的例子如图 7-6 所示。该问卷包含不止一个概念方案。

3. 您觉得这款尖嘴钳把握起来舒适吗？

(不同意)　□1　□2　□3　□4　□5　(同意)

4. 您会购买吗？

　　　　□1　　　□2　　　□3　　　□4　　　□5

　　　绝对不买　可能不买　不明确　可能买　绝对买

图 7-6　钳的概念方案的调查问卷(部分)

消费者的回答将帮助企业判定哪个概念有最强的吸引力。例如,最后一个问题是问消费者的购买意图的,假设有 10% 的消费者说"绝对买",而 5% 的消费者说"可能买",则企业会把这些数据换算到目标消费群的总人口上,从而估计出销售量。然而,这项估计是有不确定性的,因为人们并不总是实践他们的意图,或者人们并不总能准确把握自己的意图。

2. 客观行为测试

俗语有"眼睛是心灵的窗户"、"行动胜于语言"。相对于主观态度调查,客观行为测试能更准确地反映被试者的真实、潜在的意图。客观行为测试包括视觉评价、可用性标杆、行为观察等。视觉评价需要运用眼动仪,进行瞳孔轨迹跟踪。评价与概念对比可依据本书文献[4]所述的视觉评价指标国际标准,关键指标如下。

（1）总注视次数和时间。根据试验方案的不同,可以选择兴趣区域数据或有效视点数据,并计算某一区域受试者总注视次数和注视时间。大量试验研究表明,总注视次数和时间与受试者的关注度成正比。

（2）平均注视时间和次数。在分析总注视次数和总注视时间的基础上,可进一步通过平均注视时间和平均注视次数对受试者的眼动行为进行深入分析。视觉心理学研究表明:在人的视觉关注时间大致相同的情况下,按照平均注视时间和平均注视次数,可将视觉行为分为多次短暂关注、少次较长时间关注、平均关注和混乱关注四种模式,不同的关注模式反映了不同的心理变化。在灯具、家电的相关研究中发现,受试者通常对复杂而又美观的造型呈现第 2 种关注模式,而对简单的造型则呈现第 1 种模式。在视觉舒适性方面,当受试者感到厌恶而不耐烦时,会出现总注视时间短,或平均注视时间和次数不统一的混乱模式,反之则数据有较高的一致性。因此,利用这一指标结合视觉心理学,可对产品概念方案进行比较客观的评价。

（3）浏览路径。也称视点轨迹,主要反映受众的观察顺序。根据视觉心理学和造型美学的相关理论可知,观察顺序不仅受人的视觉次序定式（Z 字形的浏览路径）的影响,造型也会对其产生不同程度的引导作用。如造型的运动感、韵律感等不同,人的浏览路径也不同。可以通过浏览路径的分析,来探究不同造型因素对受试者的影响,再结合相关主观评价指标,对产品造型的韵律感、比例、和谐程度等做出客观的评价。

（4）首视点个数。是对受试者开始一段时间内视点分布状况的反映。主要用于确定不同的表现形式或位置吸引人关注的优先级别。通过该指标可找到产品外观的首要因素及其部位。

（5）合并热点图。主要是将各个样本的热点图（hot spot plot）原始数据合而得到,即综合热点图。从图中可以很直观地看出产品概念不同部位受关注的程度。

7.3.6　步骤 6：结果解释与估计市场容量

如果团队需要对概念进行比较,则结果是直接的:简单地选择最受欢迎的概念即可。

如果团队需要估算某概念产品上市后的市场需求量,则需要通过基于模型的计算。通常,对于能使用多年的耐用品,忽略重复购买率。

计算公式如式（7-2）所示。

$$Q = N \times A \times P \qquad\qquad (7\text{-}2)$$

其中,Q 为某个时段(通常为一年。时段长度不同,N 也不同)内本产品的销售量;N 是一段时期内该类产品的潜在顾客数量,即市场容量;A 是潜在顾客中了解本产品并能购买到本产品的比例,是认知率与可获得率的乘积;P 是了解本产品的顾客中会购买的比例,由式(7-3)计算。

$$P = C_{肯定} \times F_{肯定} + C_{可能} \times F_{可能} \qquad\qquad (7\text{-}3)$$

其中,$F_{肯定}$ 是调查中表示肯定会买的比例;$F_{可能}$ 是调查中表示可能会买的比例;$C_{肯定}$ 和 $C_{可能}$ 为校正系数,常取 $C_{可能} = 0.20$,$C_{肯定} = 0.40$。

认知率常用非提示知名度表示,可获得率用铺货率表示。非提示知名度是指在不提示被访者的情况下,被访者也能说出本品牌产品的比例;铺货率是指在新产品所应陈列的店铺中,实际陈列本公司新产品的比率,缺货或是在仓库中的存货都不算在铺货率里,消费者"买得到"才是铺货率的计算标准。

校正系数小于1,这反映了被调查者通常高估自己实际购买产品的可能性。校正系数的给定是基于下列经验指标:假设产品定位正确、营销策略积极进行,在回答"我一定会使用"的消费者中,50%的人会购买,而在回答"我可能会使用"的消费者中,25%的人会购买。读者也可根据行业及产品特点对系数进行修正。

购买意图与购买行为之间的关系受到以下因素的影响:①影响受访者准确表达当前意图的因素,例如由于受访者缺乏购买经验,当时不了解购买决策的依据;②影响受访者准确预测意图如何随时间变化的因素,例如受访者未能预见到收入、主观标准的变化,导致没有实践受访谈时的购买意图。

一项关于个人计算机购买的实验结果表明,有购买经验的人之中有48%会实践他陈述的购买意图,而没有购买经验的人之中只有29%会实践他的购买意图。因此,应问被访者一些购买意图的问题,如品牌态度、购买预算,以让被访者思考他的决策依据,使他后面的是否购买的回答更可靠。

[例7-2]　洗发水新产品的销售预测。

一种洗发水新产品通过广告宣传,它的非提示知名度可达50%,铺货率在上市第一年可达60%,20%的被访者表示绝对会买,40%表示可能会买。洗发精市场一年的总销售量为20亿元。请预测本产品第一年的销售量。

[解]　洗发水为快速消费品,会重复购买,所以基于市场容量而非客户数量来计算。

$$P = C_{肯定} \times F_{肯定} + C_{可能} \times F_{可能} = 20\% \times 40\% + 40\% \times 20\% = 16\%$$

$$Q = N \times A \times P = 20 \times (50\% \times 60\%) \times 16\% = 0.96(亿元)$$

答:本产品第一年的销售量为 0.96 亿元。

这一线性预测模型存在一些不足,包括没有考虑销售量随时间的变化、竞争者的反应等因素,但它直接测量真实的潜在客户的反馈,能给予团队定性与定量的信息,它的三个参数蕴含着三个提示。

(1)市场容量 N:市场细分与定位要谨慎,要选择最有前景的市场。

(2)认知率×可获得率 A:要做好广告计划与销售渠道的建设。

(3)客户可能购买的比率 P:要根据客户需求改进产品设计以增加产品吸引力。

7.4 案例：手机产品的概念测试

7.4.1 概述

首先，针对手机产品来说，受市场竞争的影响，产品开发周期越来越短，这就要求概念测试手段必须是高效率的。其次，要从一开始就让用户参与到产品设计的活动中来，不仅要询问他们的意见态度、观察他们的行为，更要让他们能够实际体验到与产品的交互。因此，在产品开发前期就进行用户测试是必要的。

HW 公司目前筛选出一部手机产品概念方案，需要通过测试明确以下问题：①相对于其他竞争标杆产品，本方案的可用性水平如何？②客户最关心哪些方面，以及应在哪些方面进行改进？

7.4.2 测试实施与分析

1. 评估方法的选择

运用用户测试与访问问卷相结合的方法，对产品开发前期的手机模型进行评估。

2. 选择调查人群与模型制作

本实验邀请了 60 名手机终端目标客户，包括 35 名女性和 25 名男性，年龄分布在 22～37 岁，平均年龄是 25.3 岁(标准差＝4.69 年)。他们在实物外观模型中完成一系列任务，然后请他们填写李克特量表(Likertscale)，对手机的使用做出主观评价，该评价结果经过量化后就成为每台手机的可用性得分。

李克特量表由一组陈述组成，每一陈述有"非常同意"、"同意"、"不一定"、"不同意"、"非常不同意"五种回答，分别记为 5、4、3、2、1，每个被调查者的态度总分就是他(她)对各道题的回答所得分数的总分，这一总分可说明他(她)的态度强弱或他(她)在这一量表上的不同状态。

3. 可用性标杆分析

可用性标杆分析是测试产品概念可用性(usability)的主要方法。可用性是交互式产品的重要质量指标，指的是产品对用户来说有效、易学、高效、好记、少差错和让人满意的程度，即用户能否用产品舒适高效地完成他(她)的任务，实质是从用户角度所看到的产品质量，是产品竞争力的核心。

此时为产品开发早期，模型是简单的、低保真的。本产品的实物外观模型是用塑料通过 3D 打印技术制作，竞争标杆的实物外观模型是在选定手机的同时，从厂家购买的、用于橱窗展示的塑料外壳，之后请专门的服务商为手机统一表面处理，以消除研究范围之外的细节差异。屏幕显示区域展示的是准备好的纸片，显示内容预先写在纸卡片上。

不是所有的可用性维度都适合于在产品开发前期进行评估。HW 公司采用"操作复杂度"来代表客户在手机上完成给定任务时体验到的复杂度水平。

参与者在实验过程中通过操作模型或者口述的方式，告诉研究员他们想按下哪个按键。随后，研究员将当前的卡片取下，将下一张卡片放到塑料模型上，等待参与者的下一步操作,用切换卡片来模拟真实产品与用户之间的交互,通过这种方式完成对原型的交互过程。

针对每个任务,操作复杂度可从以下三方面综合评价:①在完成该任务过程中,客户需要识别和理解的界面图形元素的数量;②完成该任务所需要的按键次数(或点击触摸屏的次数);③完成该任务所需要使用的产生式规则("如果……就……"形式的规则)的个数。三者之和就是该手机在给定任务下的使用复杂度得分,综合七个任务的得分就是该设备的使用复杂度总分,总分越高,表明该产品操作越复杂、可用性越低。三款手机的使用复杂度得分如表 7-5 所示。

表 7-5 三款手机的测试结果及操作复杂度得分

任　务	操作复杂度评分		
	手机 A	本手机	手机 B
1. 添加联系人	112	63	115
2. 发送短信(填 1 字)	179	92	156
3. 设置静音	81	42	101
4. 设置闹钟	76	48	112
5. 填写备忘(填 1 字)	142	79	189
6. 打开已收藏网页	65	66	70
7. 拍摄照片	117	63	159
总分(对本手机比例)	772(170%)	453(100%)	902(199%)

"拨打号码"是重要功能,但对于每款手机来说都有一样的 13 次按键,且不需要考虑产生式规则,可以认为它不会对各款手机的操作复杂度造成影响,所以没有进行测试。

通过以上的可用性标杆分析,证明本产品方案的可用性最高,"打开网页"功能是其薄弱环节。

4. 视觉评价

该测试要求观察者无色盲或色弱症状,裸眼或矫正视力大于 1.0,试验前 6h 未看电视、电脑或书籍,无眼部不适症状,女生避免眼部化浓妆,以免瞳孔跟踪不准确。

测试用遥测式眼动仪。观察者距离显示屏约 600mm,眼动仪采集频率为 250Hz。用图片显示本产品及四个标杆产品。为了减小视觉习惯(左上角优先、顺时针浏览、Z 字形顺序浏览等)对视觉对象排列顺序的影响,将五种产品排列为环形,并且使每种产品在各个区域的次数相等,得到 25 张图片,环形如图 7-7 所示。实验时,25 张图片随机呈现,并记录受试观察者的瞳孔轨迹。最后观察者对各款手机进行主观评价,主观评价包括自然-人工、棱角-圆润、稳固-动感、简洁-华丽、古朴-清新、冷峻-温馨、平静-活力、统一-变化八个维度。

通过对客户关注焦点定位,划分兴趣区,对测试数据进行处理,综合各方案的眼动测试热点图,获取每个测试方案在各关注焦点上的眼动分析指标均值。根据凝视时长进行对比分析,从中可以看出以下几点。

首先,被试对所有方案的关注焦点基本一致,都聚焦于正面的听筒与按键、背面的摄像头与标识、顶部和角部的边框,说明这些部位是产品优化的重点。

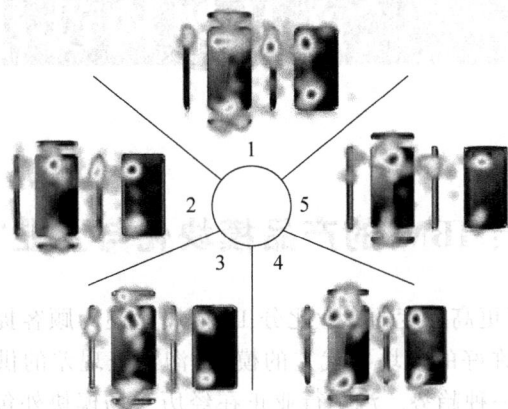

图 7-7　方案摆布及眼动测试热点图分析

其次,根据对复杂而又美观的造型呈现"少次长时间关注"模式的规律,对各关注焦点凝视时长进行对比分析,发现通过直线顶部加小圆角过渡的处理方式、简洁直角的顶部和角部边框、大气的摄像头造型是比较受欢迎的设计。

与产品概念设计的初始目标"人工、圆润、动感、简洁、清新、冷峻、平静、统一"进行综合对比,本产品及其他四款方案虽然与需求有一定的吻合度,但都未完全达到需求的目标。因此,需要进一步进行概念设计完善。在优化策略上,可综合各个方案的优势特征,例如,将直线顶部加小圆角过渡、简洁直角的顶部和角部边框、大气的摄像头造型综合到本产品方案中,从而改进该产品的概念方案。

习题

1. 许多产品开发团队会把"实物外观原型"和"工作原型"分开,这样做是因为在开发早期整合功能和外观是高成本的。这种做法会带来哪些危险?

2. 据报道,一些公司已抛弃了让客户测试产品的早期原型的做法,转而直接迅速地进入市场以观察顾客的真实反应。这一做法对什么类型的产品及市场可能是高效的?请参考第 2 章的产品分类。

3. 为什么被试者通常会高估而非低估自己的购买意图?如何克服这一问题?请考虑影响精确表达购买意图的因素,以及使购买意图改变的因素。

4. 什么时候不应向被试者展示原型?向被测试者说明产品价格会有什么不利影响?

5. 根据式(7-1)思考:如何增加销售量?

6. 早期的、较为定性的概念测试与后期的、较为定量的概念测试有何区别?

产品架构设计

8.1　篇首案例：IBM 的产品模块化与企业"空心化"

产品模块化推动了更高程度的专业化分工，模块化还为顾客提供了集成化产品所无法提供的"选择"，即允许好的模块替代差的模块，淘汰表现差的供应商提供的模块。现今，模块化越来越成为一种趋势。汽车行业正在经历一场模块外包的革命。典型的汽车需要 200 个一级供应商，而 Smart 模块化汽车仅需要 25 个一级模块供应商。未来的世界级供应商将提供汽车动力、底盘、车身、内饰以及电子五类完整的汽车系统总成。

尽管外包在短期实现了成本降低，但长期看却存在"挖空"企业知识的风险。面对 Apple 的竞争，为应对增加产品多样性和降低制造成本的双重压力，IBM 公司建立了模块化、灵活的产品结构。模块化的电子产品构造引起了操作系统、微处理器、外围设备等的激烈竞争和快速创新。

在 IBM 所创造的 PC 模块化产品结构中，PC 的每项功能恰被一个或者几个部件实现，部件之间相互独立却又完美配合，成为一个整体而有效运转。IBM 依靠微软和英特尔生产关键的部件，并允许它们出售给别的计算机公司。这种模块化的变化促使行业从封闭式走向开放，推动了硅谷模式的产生。

然而，IBM 的设计外包、硬件外包将核心的部件拱手相让给微软和英特尔，制造外包又培养了如宏碁（Acer）等的直接竞争对手。IBM 一手扶持起的 IT 巨人开始赶上甚至超越 IBM。而且，当外包的范围越来越大时，供应链的"长鞭效应"会带来大量的库存成本和过剩成本，迫使企业寻求垂直整合。这样，垂直整合与模块化两种力量就相互作用，共同左右着 PC 企业的发展。

8.2　产品架构的概念

1. 概念定义

产品架构（product architecture）就是把产品分解成物理组件，并使之通过接口而连接的方案。产品的分解使得不同组件的详细设计和测试工作可分配给不同的团队、个人和（或）供应商来完成，从而使产品不同部分的开发能同时进行。怎样把产品拆分成若干组件，以及实行多高的模块化程度的决策，是和整个企业的许多重要问题紧密联系的，如产品变化、产品多样性、零部件标准化、产品性能、可制造性以及产品开发管理等，影响到产品设计、工艺过程设计和供应链设计三个层次中的各种因素。

2. 何时定义产品架构

在概念开发阶段，产品的架构就开始出现了。它非正式地出现在草图、功能图和概念开发阶段的早期原型中。通常,产品所用技术的成熟度决定了产品架构的确定是在概念开发阶段,还是在系统级设计阶段。如果新产品是渐进的革新,产品架构应在产品概念开发时定义。这有两个原因:①由于是渐进的革新,产品的基本技术和工作原理与上一代的产品相同,因此概念设计工作就应集中在实现工作原理的产品架构上。②对于一种渐进革新的产品,其生产成本、产品多样性是应着重考虑的问题,而产品架构是影响生产成本、产品多样化最显著的因素之一。相反,当新产品属于突破性创新时,概念开发通常集中于产品所依据的基本工作原理和技术上。在这种情况下,产品架构设计会被延后,作为系统级设计阶段的最初任务。

3. 两种类型的产品架构

产品架构的最重要特性是模块性(modularity)。模块(module)是指能够独立地完成一定功能的零部件的集合,是一个可重用的标准单元,具有与外部环境联系的接口(即其他模块调用该模块的方式),如图 8-1 所示。

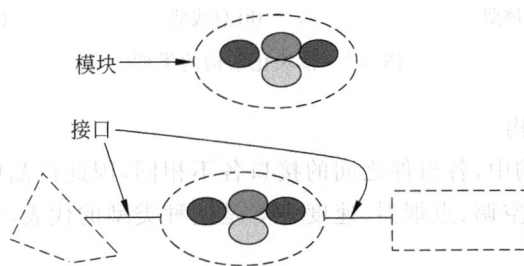

图 8-1　模块及其接口示意图

模块化架构(modular architecture)具有以下特性:①各组件执行一定的功能;②组件之间的接口(相互关系)明确。当组件与功能是一对一的关系时,产品架构最清晰,表现在质量屋(详见第 5 章)中,就是相关矩阵标记呈对角线的形态,这时该设计方案为"非耦合设计"。

集成化架构(integral architecture)是模块化架构的相反形态。在集成化架构中,一个功能元素可由多个组件实现,而一个组件可实现多个功能元素,组件间的接口通常非常复杂且难以清晰定义,这时该设计方案为"耦合设计"。

模块化是一种相对性质,大多数产品处于纯粹的模块化架构与集成化架构之间。

4. 模块划分的原则

模块划分的原则是实现"模块之间低耦合、模块内部高内聚"。

耦合就是对某模块与其他模块之间的连接、感知和依赖的量度。假如产品功能的实现是通过一个模块 A 直接与模块 B 交互,而非通过主控模块的控制与调用实现,那么就说模块 A 与 B 耦合。耦合带来的问题是,当 B 发生变更或不存在时,就可能影响 A 的正常工作,影响系统的可维护性和可变性。同时 A 只能工作于 B 存在的环境中,这也降低了模块 A 的可复用性。模块间的交互接口越复杂,带来的问题就越严重。正因为耦合的种种弊端,在架构设计的时候努力追求"低耦合"。低耦合就是要求在产品系统中,某模块不要过度依赖于其他模块。但同时,过低的耦合度也不适应模块集成和共享资源的需要。

内聚是指模块内零部件之间的联系,这种联系越紧,即其内聚度越大,模块之间独立性就越强,系统越易理解和维护。具有良好内聚的模块能较好地满足信息局部化的原则,其功能完整而单一。因此,模块的高内聚度必然导致模块之间的低耦合度。这与软件工程中的模块理论是相通的。

5. 模块化架构的类型

模块化架构有三种类型:槽型、总线型和组合型。每种类型都体现了从功能到组件的一对一映射,以及定义良好的接口。这三种类型的不同之处在于组件间交互作用的形式。图 8-2 表示了这些架构类型之间的概念区别。

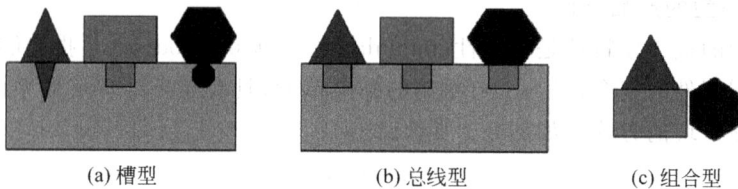

(a) 槽型　　　　　　　　(b) 总线型　　　　　　(c) 组合型

图 8-2　模块化架构的类型

1) 槽型模块化架构

在槽型模块化架构中,各组件之间的接口各不相同,因此产品中的不同组件不能互换。汽车上的收音机、空调、点烟器、速度表等是这种类型的代表,它们的功能与接口都不同。

槽型模块架构是最常见的模块架构,因为对大多数产品来说,每个组件都有不同功能,需要不同的接口,以支持独特的交互作用,才能实现较强的功能与广泛的应用范围。

2) 总线型模块化架构

在总线型模块化架构中有一根通用的总线,其他组件用相同的接口与总线连接。个人计算机的扩展槽是这种类型的代表,在相同的槽上可以插入内存卡、显卡等不同功能的组件。

3) 组合型模块化架构

在组合型模块化架构中,所有的接口都相同,但没有一个所有组件都与之相连的公共基础,而槽型及总线型的架构都存在一个公共基础。组合型模块化架构中组件直接通过接口互相连接而成。管道系统、组合式沙发、组合式办公桌是这种类型的代表。

总线型和组合型模块化架构适用于产品配置变化多、接口实现标准化的情况。当所有组件都使用相同接口,例如相同范围的数据信号、相同物理结构的接头时,就可使用这两种类型的架构。

8.3　产品架构的影响

产品架构对以下因素会产生深远的影响。

1. 产品可变性(product change)

组件是产品的实体构建单元,而产品架构则决定了这些单元与产品功能的对应关系。

因此,产品架构也决定了改变产品功能的难易程度。模块化架构使得改变产品的功能元素将不影响其他组件的设计;而改变集成化架构中的组件,有可能影响许多功能元素,相关的组件也要改变。

模块化架构能提高产品的可变性,可获得如下利益。

(1) 产品易于升级:用更高效的组件替换原有组件实现升级,而不需其他的改变。

(2) 易于增加产品多样性:许多制造商出售的产品只是基本组件,再根据客户需要添加(或减少)组件,不需要增加巨大的复杂性就可满足其个性化的及多种多样的需求,例如个人计算机配件的个性化配置。

产品架构、制造工艺柔性与产品多样性的关系如图 8-3 所示,模块化架构有利于低成本地实现产品多样性。

模块化架构	由少量组件组合产生产品多样性;储存通用组件,基于订单装配;订单响应时间由装配工艺决定。	可按单生产, 或按单装配, 可实现极大的产品多样性;可执行一定的零部件库存策略来缩短订单响应时间。
集成化架构	在这一区域:很难实现较高的产品多样性;产品多样性需要很高成本。	可按单生产, 也能达到一定的产品多样性;订单响应时间由零件制造工艺及装配工艺决定。
	零部件制造柔性低	零部件制造柔性高

图 8-3　产品架构、制造工艺柔性与产品多样性的关系

(3) 产品易于改装:更换组件后,使产品能应用于多种不同的使用环境,例如电器更换电源组件后,可从使用 220V 电压改为使用 110V 电压。

(4) 易耗件更换:容易替换易耗件,以延长产品的使用寿命,例如更换剃须刀的刀片,更换汽车轮胎,更换打印机使用的墨盒、照相机里的电池。

(5) 易于延展:延展性是指模块可以通过扩充子模块的办法来完善甚至改变模块的功能,例如利用计算机的标准接口,可配备手写板,增加了手写功能。

2. 大规模定制(mass customization)

模块化架构是实现大规模定制的基础,这是因为:模块化架构有利于零部件标准化,而零部件标准化是指在多种产品中使用同样的零部件或组件。零部件标准化使得企业可以大批量生产组件,使制造商用最小的实体改变获得功能改变,在实现产品多样性的同时,可最大限度地实现组件的重用,实现大规模定制。

3. 产品性能(performance)

集成化架构有助于优化整体性能特征,这是因为以下几点。

(1) 在集成化架构的产品中,一个部件往往实现多个功能,因此减少了产品尺寸。

(2) 由于减少了模块设计的约束,产品整体性能可以得到优化,例如尺寸、形状、重量的优化,以及它们所决定的加速度、能耗、振动、外观等因素的优化。

(3) 模块之间必须用接口连接,或增加主控模块,而产生额外的零件或结构,如外壳、连线等,并且这些接口往往是产品系统的薄弱环节。集成化架构的产品则没有这类薄弱环节,并可通过集成使零部件数目减至最小,减少了装配成本,也使产品更可靠。

4. 供应链设计（supply chain design）

产品架构类型的选择，对产品设计、制造过程，特别是供应链网络都会产生显著的影响。因此，在产品开发的早期阶段，产品架构决策与供应链决策应同时进行，实现一体化的决策，这就是面向供应链的设计（design for supply chain，DFSC）。

在集成化架构中，一个主机厂通常直接面对众多的供应商，因此有利于形成扁平化的供应链网络，缩短供应链的长度，减少供应链的节点，密切上下级关系，加快信息纵向流动。其管理缺点是管理幅度较宽，增加了组装难度及管理费用，不易实现严格控制。

模块化架构则有利于加速供应链的"优胜劣汰"过程。模块化环境下的竞争比传统环境下要激烈，主机厂要求它的供应商能够对自己承担的模块进行设计和创新，企业必须不断地进步，否则主机厂会在市场上找到更好的模块提供商，从而淘汰现有的模块供应商。

［例 8-1］　众所周知，思科是一个技术力量雄厚的企业，但是这种超凡的技术不仅仅源自思科自己的研发，也源自它利用从外部购买的最尖端的技术来组成自己的模块。人们把这种研发方式称为"A&D"（并购与开发），这与"R&D"（研究与开发）相对应。从这一点来讲，模块化的供应链结构更适应知识经济时代。

5. 延迟分化

产品分化可推迟到供应链末端，这称为延迟分化（delayed differentiation）。

因为产品基本组件需求的随机性比个性化组件的需求随机性要小得多。延迟分化就是先进行基本组件的装配，将个性化组件作为分化组件，留待最后环节进行二次装配，可以显著降低基本组件的库存量及库存成本。可见，延迟分化的前提是采用模块化架构。

［例 8-2］　HP 公司的三个不同版本的打印机要适应在三个不同地区的不同电力标准。供应链包括三个基本活动：装配、运输和包装。HP 公司将产品和生产工艺设计成在靠近供应链末端才安装电源模块（延迟装配的组件），如图 8-4 所示。这样，装配活动分为两个阶段，产品主体组装后运输到分销中心，接着装配（第二次装配）合适的电源模块，再包装销售。因此产品是直到接近供应链的末端时才被"分化"的，这大大减少了产品主体的安全库存。

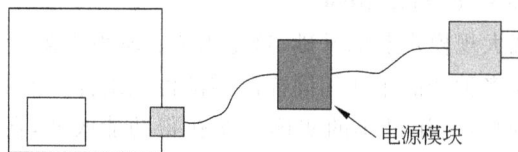

图 8-4　延迟装配的组件：电源装置

延迟分化的另一个含义是：在时间上延迟分化的决策。

［例 8-3］　开发个人计算机 TRS-80 时，IBM 的产品规划人员不清楚软盘还是盒式磁带作为存储设备会成为主流。他们决定由市场选择，两种类型的产品同时推出。发现顾客对软盘的偏好占上风，后续产品 IBM PC XT 才删除了磁带端口。由于模块化架构结构，延迟分化没有对设计制造带来冲击。

6. 产品开发管理（product development management）

模块化架构的产品在系统设计阶段需要花时间与成本进行模块划分，但之后由于可以进行并行开发，总的开发时间往往更少。另外，模块化架构的产品易于改进、易于重用，因此模块化是缩短开发时间的有效工具。例如，Tektronix 公司采用模块化方法设计的示波器，通过改进输入模块就可以接受更多类型的信号输入，形成新一代的产品，而不需要完全重新设计，因而大大缩短了产品开发周期。

集成化架构的产品在详细设计阶段需要更多的综合、矛盾解决和协调，因为组件之间存在大量的耦合。

7. 风险控制（risk control）

模块化有利于产品开发的风险控制，可将高风险的新技术集中于某一个或少量模块上，再将该模块的设计任务分配给更高水平的开发小组及技术人员，并加强管理与控制，使风险得到规避。

8.4 架构设计的步骤

产品的架构设计就是确定产品的粗略的几何布局、主要组件的定义和组件间的接口，可通过以下六个步骤完成。

1. 创建产品示意图

团队可绘制产品示意图，以表达对产品架构的理解，示意图的绘制可参考在概念产生阶段制作的功能图（详见第 6 章），或根据新的产品信息对功能图进行扩展。示意图的图形元素大部分是物理元素，例如"显示器"，也可以是功能元素，例如"显示状态"功能。

示意图所针对的元素应少于 30 个，以便于理解。如果产品是一个涉及上百个功能元素的复杂系统，那么最好省略一些较次要的元素，或把元素概括为更高一层次，然后再进行功能分解。

示意图是主观的，并不是唯一的。团队应产生几个备选方案再从中进行选择。

2. 将元素聚类成组件

该步骤的任务是把示意图中的每个元素归类到不同的组件中。归类并没有预先确定的依据，而是根据各个元素的属性情况，动态地将属性相近的元素聚合在一起，形成不同的组件，这实质上就是统计学的"聚类分析"过程：从每个元素都形成一个独立组件的假定开始，然后逐一地将元素归入到与之关系最密切的组件中。

如果把所有元素都归到一个组件中，使得产品只有一个主要的组件，则形成集成化架构；如果把实现同一功能的元素归到一个组件中，使得一个组件只实现一个功能，则形成模块化架构。

应基于以下几个方面的考虑做出元素聚集的决策。

1）几何集成和几何精度

把多个元素分配给一个组件，可以使一个设计人员或小组控制这些元素之间的实体关系。需要精确定位相互位置的元素，如果它们被置于一个组件中，一般都能得到更精确的定位。

2）相关功能

当一个单独的实体部件能实现几个功能元素时，这些功能元素应聚集在一起。例如，对机床的控制面板来说,团队认为触摸屏能实现状态显示和用户控制两种功能,则这两种功能应被聚集在一起。

3）负荷分担

当相同或相近的功能聚集在一起会引起资源冲突,增加系统复杂度及实现难度时,应将这些功能分配到不同组件中。

[例8-4] 以前通常绘图机的笔在 X 轴和 Y 轴两个方向可同时移动。惠普公司认识到移动的功能不必集中在绘图笔上。新的方案是纸张移动在一个坐标轴上,而绘图笔移动在另一个坐标轴上。笔只需要左右移动,而纸则上下移动。由于功能分开在两个模块中,降低了复杂性,现只需要小马达就可以迅速移动。结果表明该方案速度快、系统稳定且费用不高。

要注意的是:设计过程中要尽量减少功能在不同模块中反复挪动,因为它会带来接口更改问题,导致使用该接口的模块的原有设计作废。

4）供应商的能力

为了最好地利用供应商的能力,团队可尽量把供应商最擅长制作的元素聚集到同一个组件中,或者把同一供应商提供的元素聚集到同一组件中。

5）设计、制造、装配的相似性

当两个或更多的功能元素有可能有相似的物理结构或制造技术实现时,或这些元素将同时装配于其他产品中时,将这些元素集中到一个组件中会使设计或制造装配更经济。例如,将所有的电子元件都组合到一个组件中。这就有可能用一块电路板实现所有这些功能。

6）产品可变性

参考第 8.3 节,模块的划分应考虑增加产品可变性。当团队预计对某些元素可能进行大量改动时,应把这些元素隔离出来,形成一个单独的模块,以便在对这些元素进行改动时,不会干扰任何其他组件。例如,打印机开发团队预期将对其外观进行改动,产生多种版本以满足不同的市场细分需求,所以选择把外壳元素隔离成一个单独的组件;由于不同地区的电力标准不一样,团队将提供电能的元素封装到一个组件中。

3. 建立粗略的几何布局

在这一步骤中,功能元素所对应的物理元素及其几何信息已基本明确。几何布局可以利用图纸、计算机建模或实体模型等,在二维平面或三维空间中进行设计。从几何空间的角度,团队考虑组件之间的接口是否可行,并确定各组件间的基本尺度关系,选出一个最佳方案,或对上一步骤建立的示意图进行修改,把一些元素重新分配给其他组件。

4. 确定基本的和偶发的交互关系

为了使即将开展的各组件的并行开发工作顺利进行,需要预先评估一下各组件之间有哪些信息交流,以及负责不同模块的开发小组之间需要有哪些协调,为此需要绘制组件交互关系图,以辨识产品中潜在的交互关系。对于复杂的产品,设计结构矩阵(详见第10章)能更清晰地表达大量的交互关系。

交互关系包括基本交互关系与偶发交互关系。基本交互关系是在示意图中连接各组件的线条相对应的关系，是设计的结果；偶发交互关系并非设计结果，往往是产品的副作用。

由于基本交互关系已在前期绘制的示意图中得到清晰表达，所以模块交互关系图可以只标识偶发交互关系，如图 8-5 所示。

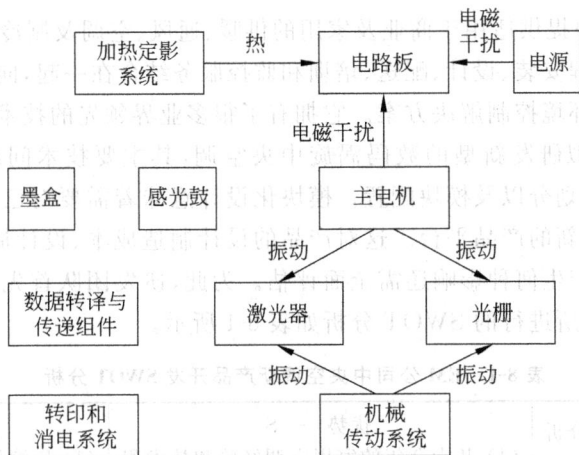

图 8-5 激光打印机组件的偶发交互关系图（局部）

如图 8-5 所示，主电机、机械传动系统中的制动器引起的振动可能干扰激光器、光栅的工作；主电机及电源对电路板产生电磁干扰；加热定影系统对电路板产生热影响等。这些交互作用（包括基本交互作用、偶发交互作用）需要团队进行集中协调处理。具有重要交互作用的组件，应该交由那些具有很强的协调能力及技术能力的小组或个人进行设计。

5. 定义组件的接口

随着系统级设计的进行，示意图中的基本交互关系将被指定为更加具体的信号、材料流动和能量交换。在进行这一提炼细化过程时，组件之间的接口也应该明确下来。例如，在某品牌打印机中，激光器与感光鼓的接口是：波长在 $700 \sim 900 \mu m$（纳米）范围内的光波。这些接口代表了组件之间的"合同"，应在技术文件中加以详细描述。

接口的定义应基于以下原则。

（1）接口应保持稳定：接口的改变将导致与之相关的组件需要被重新审视或设计，这将打击产品研发人员的士气。

（2）保留足够的余地：也就是使接口的范围足够宽，使得组件功能的增加或修改不会影响接口，例如设计适应宽频带的主线、波长范围更大的光波。

（3）尽可能采用标准的接口：使各方都了解这一接口，接口的问题也众所周知。

6. 将架构设计延展至子系统

一个复杂产品的某些组件（子系统）本身就是一个复杂系统。例如，激光打印机中的加热定影系统就包含几十个零件。每个这样的组件都可以有它自己的架构，把它划分成更小组件的方案。复杂组件的架构设计与整个产品的架构设计在工作量上是接近的，也同等重要。

8.5 案例：模块化设计在中央空调产品开发中的应用

8.5.1 概述

EM 公司为用户提供适用于商业及家用的供暖、通风、空调及制冷解决方案。它将先进的制冷技术和工程安装、设计、配送、培训和监控服务结合在一起,向世界范围内的客户提供个性化的整合环境控制解决方案。它拥有了很多业界领先的技术如谷轮涡旋。

目前 EM 公司拟研发新型的数码涡旋中央空调,其主要技术问题是模块化架构设计,包括产品的模块划分以及模块配置。模块化设计意味着需要对已有的产品进行全新的架构改变,建立全新的产品平台。这对产品的设计制造成本、设计周期与生产效率、供应链中的地位将会产生何种影响还需全面评估。为此,研发团队首先从企业发展战略的角度思考产品战略,所进行的 SWOT 分析如表 8-1 所示。

表 8-1　EM 公司中央空调新产品开发 SWOT 分析

组合战略分析　内部环境分析　外部环境分析	优势——S	劣势——W
	(1) 几十余年的家用空调经验和技术积累,拥有全球客户。 (2) 为国际知名品牌。每年持续加入的精英人才使得其人才资源丰富。 (3) 销售渠道全面,售后服务好。 ……	(1) 压缩机关键部件供应商数量少。 (2) 材料成本上升,内地人力成本上升,利润空间逐渐变窄。 ……
机会——O (1) 中国市场潜力巨大。 (2) 国家、省市的节能政策扶持促进产业快速发展。 (3) 国外供应商纷纷进华,可以和其他高质量的厂商合作。 (4) 市场进入门槛较高。 ……	SO 战略 (1) 在原有空调客户的基础上开发更多的中央空调客户。 (2) 及时了解客户需求提高服务质量,加强与客户之间的沟通。 (3) 利用国家和地方政府的重视性,大力开展公司的人力资源,增加技术人才,降低人力压力。 ……	WO 战略 (1) 利用地方政策扶持,选择在有地理和人力优势的地方建立工厂,降低人工成本。 (2) 和供应商共同开发,提高研发能力,减少使用国外供应商,降低材料成本。 (3) 集中采购,降低采购成本。 (4) 建立供应商联盟。 ……
威胁——T (1) 美日同行进入中国,竞争对手增加。 (2) 国内同行实力强大。 ……	ST 战略 (1) 发挥技术与服务优势,巩固原有客户。 (2) 公司开发模块化产品,扩大客户群,提供客户定制设计。与客户共同开发新市场。 ……	WT 战略 (1) 进行关键技术研发。 (2) 降低模块化度,减少零件数量,降低包括采购、生产、物流库存的总成本,提高供应链的竞争力。 ……

由于模块化的影响因素及层次众多,存在正负两方面影响路径复杂交织,SWOT 分析可得到多种甚至相反的决策方案,问题已经超出了决策者们的脑力所及范围。决策者们陷入沉思中。

8.5.2 模块化设计的应用现状

模块化设计是中央空调设计的发展方向之一。20 世纪 90 年代,中央空调进入国内市场初期,空调机组型号比较单一、系列性差,制冷效率也低。随着越来越多国际品牌的介入以及国内品牌的崛起,当前市场上可供选择的中央空调不仅型号品种丰富、在制冷量及制冷效率上更加细分,而且可以为客户提供定制化的机组。

但是由于目标市场幅员辽阔、气候类型多样,中央空调必须适应地域的多样性。良好的模块化设计对于产品多样性是极为重要的。

近五年来,模块化设计在空调行业中比较特殊的一种应用是专门针对别墅、小型建筑出现的"模块机"。其原理是将每一台空调机组作为一个模块,根据客户制冷量的要求,并联多台机组以满足客户对制冷量的要求,是一种初级的模块化架构。从"模块机"在市场上的成功表现来看,模块化设计是企业在市场上提供有竞争力产品的有效方法。因此,如何在中央空调产品上加大模块化设计的应用,是空调企业产品管理人员及设计人员的研究方向。

按照传统的划分方法,风冷中央空调可以由以下部件构成:压缩部分、换热器、辅助结构、膨胀部件以及电气部分。具体的分解如图 8-6 所示。

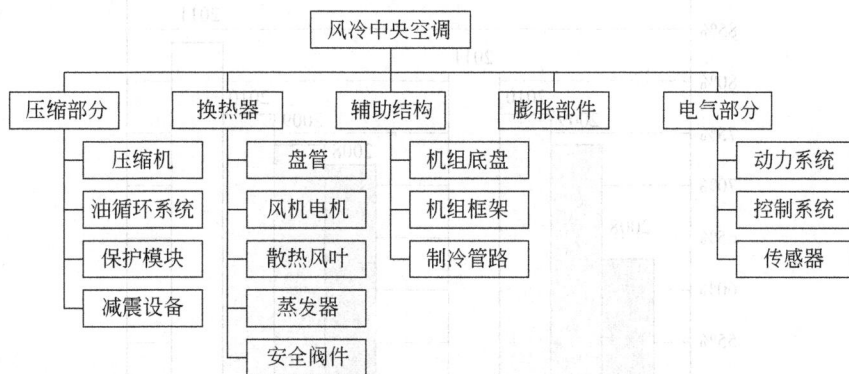

图 8-6 风冷中央空调的传统划分结构

从图 8-6 中可以看出,传统设计中已经包含了模块化设计的思想,但是没有将其作为指导思想,因此在传统的风冷中央空调设计中仍存在以下问题。

(1) 设计的目标为产品级的输出。各个部件的设计均以实现产品的最终功能为目标,设计时较为独立,导致部件之间的结合能力不强,不易实现标准化及系列化。一旦遇到客户需求更改,必须重新设计部件,而不能重复利用以前的设计资源。

(2) 设计时兼顾了部分的工艺制造问题,但是对采购、售后维修等环节的关注不够。

传统的设计方法已经不能适应市场经济的需要,无法快速响应市场的快速需求变化。为了满足降低成本、提高质量、缩短交货期的根本需求,在新产品的设计上需要采用模块化设计方法。

研发团队首先进行功能单元划分并分析其相关度,然后生成聚类图,可以得到不同的模块划分方案。然后设定模块化方案评价的各个目标,对不同方案进行有效价值的评判,得到最优的模块化设计方案。根据估算，当模块数为八种时，设计方案最优。模块划分如下。

顶部支撑功能、底部支撑功能、减震功能组合为一个支撑模块。

冷凝换热功能、强制对流驱动、强制对流风叶组合为一个冷凝换热器模块。

安全保护功能、环境保护功能组合为一个安全模块。

温度/压力传感功能、控制功能、保护功能组合为一个控制模块。

动力系统功能、压缩功能、蒸发换热功能、膨胀功能分别作为独立的模块。

冷凝换热器模块的叠加可以匹配不同制冷量的各个型号。

8.5.3　模块化架构的优势

如图 8-7 所示，通过对 EM 公司 2008 年至今已经完成的 12 个产品项目，以及 50 个正在进行的新产品项目的统计表明，当前公司在新产品开发项目中仍存在问题：产品的设计开发周期超出计划周期，导致产品延期上市；而设计周期延长意味着更多的资金投入，以维持项目团队的运作；同时，市场的变化可能使当初预定的关键技术指标在上市时又不具备最强的竞争力。

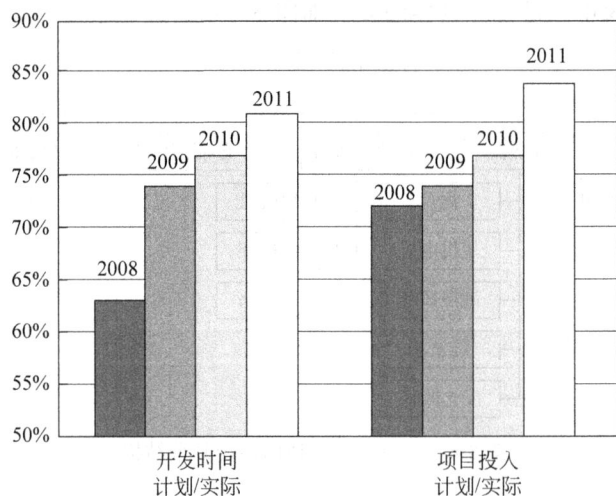

图 8-7　EM 公司新产品项目开发统计

中央空调新产品开发的周期在 18 个月左右时才比较符合当前的市场需求。模块化设计的应用在中央空调新产品开发中将能起到重要的作用。通过模块化设计，产品开发人员可以建立通用的模块库（产品平台），各个新产品开发项目组都可以调用模块库中的内容，避免新产品开发时设计人员每次都重新设计全新的产品。而当某个模块在结构上或技术上落后时，只需对旧模块进行重新设计即可。该方法不仅可以大大节约设计人员在时间、费用上的投入，实现可持续设计，而且也使得新产品在采购、物流、制造、售后维修方面的日常运营大大简化。

B 系列是基于 A 系列（已有的非模块化设计）的升级平台，同属于风冷涡旋中央空调。B 系列拟基于模块化设计的思想进行全新设计。在实现机组冷凝换热功能上，B 平台采用了模块化架构的设计方案后,有如下优势。

1. 缩短产品开发周期

1) 快速扩展产品功能

针对新增或变化的市场需求,产品往往需要进行功能上的拓展。对于沿海的新兴的出口市场如印度、泰国,要求 A/B 产品系列必须配备耐腐蚀能力更强的风冷换热器,以保证中央空调在当地高温、高湿、高盐的气候条件下的使用寿命。

由于人力资源有限、产品要求交付时间也很紧张,项目组分别对 A/B 升级耐腐蚀换热器的可行性进行了评估。由于 B 系列产品采用了模块化设计,重新设计后仅需要对修改过的模块进行热力学性能测试和防腐蚀可靠性测试。相比于 A 产品重新设计,在项目时间、成本及质量方面都有明显的优势。

由于铝材的换热效率较高,在优化设计后,可以达到与铜管铝翅片换热器相同的换热能力。在抗腐蚀性能上,一方面,铝氧化后在其表面形成的氧化铝可以提供极好的耐腐蚀性;另一方面,由于传热翅片和传热微管均为铝材,避免了在铜管铝翅片上容易出现的电化学反应情况。经过测试,全铝换热器的耐腐蚀能力是传统铜管铝翅片换热器的 3.5 倍,能在交付期内满足市场的需求。

2) 在其他产品上重用该模块

C 产品为风冷螺杆冷水机组,由于同样属于风冷类型的中央空调机组,从产品的功能分解上同样要使用到"冷凝换热"功能,与 B 产品不同的是,其压缩方式为螺杆压缩。因此,在 C 产品开发时,通过计算机辅助模拟的换热计算以及样机实测,验证了换热器模块与螺杆压缩机可以匹配使用,而且达到了各主要设计指标。

因此,在 B 产品上应用的换热器模块由于其良好的技术性能以及制造成本优势,也准备在 C 产品中采用。由于"冷凝换热"模块设计往往需要占用总设计的 10%~15% 的工作量,因此,该模块的延伸使用对简化 C 产品的开发项目管理起到了很大的帮助。

3) 设计并行度增加

由于采用模块化设计,可以将不同模块的设计开发任务分配到不同小组中,各小组同时地、并行地开展设计工作,从而可以显著缩短开发周期。

2. 提高生产效率

1) 重组生产流程

在中央空调总装线上,需要经过装配、钎焊、抽真空、泵压检漏、充注制冷剂、试车及整改等工序。

其中,装配工序时间最长,是瓶颈工序。根据 B 产品系列模块化设计的特点,其生产制造在 A 系列的基础上进行了相应的改变,即在新产品的生产线上,将换热器的装配从总装线上分离出来,转移到专门的子装配线进行装配。

基于模块化设计方案,可通过生产流程的重新调整,使关键路径上的工序总数量减少了 35 个,生产周期缩短了 13%。

重新组织的生产流程使换热器模块的制造在单独的子装配线进行。并且在该子装配线设置电气测试及气密性测试等质量检测项目,该模块视为内部成品进行质检验收。由于在子工作站出现的质量问题被有效地控制,不易逃逸到总装生产线上,质量得到了有效的控制。

即使某一个换热器模块被检出质量问题,也可以立即将另一个换热器模块送至总装线进行总装。比较之前 A 在总装线发现质量问题,需要把总装半成品移出总装线再进行处理,返工时间减少至原来的 1/10。

2）标准工作的内容简化

老产品 A 的盘管种类有四种,而 B 中相应的盘管只有一种。相应地,老产品 A 在"盘管装配"的工作站内,操作工需要进行盘管型号的确认(四选一)、吊装夹具选择、吊装就位、固定并安装盘管、吊具归位等工序。

在 B 独立的换热器子生产线上,同样的"盘管装配"的工作站内,由于盘管种类只有一种,无须进行型号确认、吊装夹具选择等步骤,操作工的工作内容被简化。

通过 B 系列与 A 系列新老产品的对比,可以发现运用模块化设计的 B 系列产品在减少物流成本、提高生产效率及快速响应市场等方面具有优势,体现了模块化设计在中央空调项目管理中的重要性。综上,产品模块化可通过设计、制造并行化而简化流程,也可通过模块外包以利用供应商的核心能力和成本优势。

8.5.4 模块化架构的劣势

在实践中,模块化架构的优势却并不像理论描述的那样全面、纯粹和立竿见影。产品模块化的影响非常复杂,受到一种"产品模块化度增长极限基模"的作用,即模块化度适当增加后,通过"模块化度增加→设计并行度增加→产品设计周期缩短→上市时间缩短→销售时间增加→销售额及产量增加→供应链规模增加→标准化程度增加→模块化度增加"的正反馈环,有不断强化模块化度增加的倾向,但当模块化度增长到某一极限时,一个负反馈环的抑制起着主导作用:"模块化度增加→零件数量增加→制造成本增加→经济效益减少→供应链规模缩减→模块化度减少",导致模块化度趋于某个稳定的状态,直至下一个扰动打破平衡。其劣势包括以下几项。

1. 增加采购成本、物流成本与零件成本

由于模块化后,在模块的接口"边界"上增加了零件,也由于多个功能不能集成于一个零件上,所以导致零件数量增加,进一步导致了采购成本、物流成本与部分工序制造成本的增加。

物流部门对于零部件进行物料分类,规则如表 8-2 所示。

表 8-2　物料分类规则

物料分类	分 类 依 据	物料分类	分 类 依 据
A	长×宽＞1.5m×1m 的物料或关键部件	C	长×宽＜1m×0.5m
B	1.5m×1m＞长×宽＞1m×0.5m		

经统计发现,与 A 系列产品相比,B 系列的 A 类零件增加了 17%,B 类零件增加了 20%。

如图 8-8 所示,根据物流部统计,由于零件数量增加,B 系列与 A 系列产品相比,库存资金增加 32%,占用库位面积增加 35%。同时,B 系列产品采购和物流配送工作更加复杂。

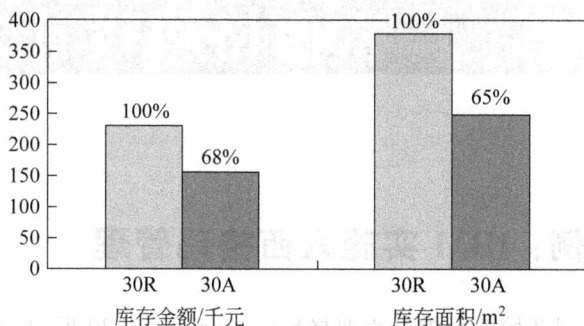

图 8-8　库存金额/占用库位面积对照

2. 延迟配置的质量问题

模块化的初衷是结合预测驱动的生产（build to forecast，BTF）和按订单生产（build to order，BTO）的优势，在流程前端按预测批量生产零部件、在流程后端按订单要求对产品进行个性化配置。但在实际应用中，许多供应链伙伴对此并不乐观，它们认为这样的延迟配置作业，无法达到原装配厂的加工质量标准，因此造成了额外的负面影响。

3. 企业的"空心化"与供应商议价能力的增强

尽管外包在短期实现了成本降低，但从长期看，存在"挖空"企业知识的风险，并增加了对供应商的依赖程度，为外包方提供了机会。模块化与外包联系紧密，如果长期依赖于外部的供应商提供复杂的部件，则会受制于供应商，从而减少产品开发的收益。

模块设计并不是总能明显地减少制造复杂性，如将模块设计一起外包，或者供应商彼此联合推动形成 0.5 级供应商，供应商的地位就大大提升而具有更长期的讨价还价的能力。

在产品模块化设计前期，就开始和重庆通用、东芝-开利等公司进行了合作，共同开发模块化产品。

重庆通用公司是国内唯一一家离心机组制造企业，通过合作，使重庆通用全面进入中央空调领域。该公司在合作前以商用空调（例如船用、火车用空调）为主，合作后转换为中央空调与商用空调相结合。东芝-开利公司通过合作也开始进入中国市场。

习题

1. 试画出打印机的示意图（可参考第 6 章的打印机功能图）。

2. 试分析瑞士军刀是哪一种架构？这种架构提供了哪些优点，又有哪些弊端？

3. 试拆开一件产品，画出包含关建功能元素的示意图，并把元素聚集成组件，然后说明这一方案属哪种架构。

4. 窗式空调（集成化架构）比分体式空调（模块化架构）要轻巧。有没有其他的利弊？哪种架构的制造成本可能会更低？

5. 复杂产品系统通常要做几千个架构设计决策。试选择一种复杂产品系统（船舶、地铁管控系统、汽车等），找出其中的任一个功能元素与其他元素之间所有可能的基本和偶发的交互关系，并根据这些交互关系思考该功能元素应放到哪个组件中去。

第 9 章

六西格玛设计

9.1 篇首案例：IBM 实施六西格玛管理

1989 年 IBM 公司开始全面推行六西格玛(6-sigma)，在 20 世纪 90 年代初，六西格玛管理在该公司一度几乎成为一种宗教，并且运用于各个业务流程，以改进产品质量。但是，六西格玛没有帮助 IBM 发现一个十分显眼的问题：IBM 在很多情况下都是正在打造错误的产品；相反，对手们此时在迅速革新产品，进行产品换代。

IBM 习惯于对错误的方法做渐进的改变。正当 IBM 集中关注减少其网络设备质量缺陷的时候，思科公司却在实现创新，发明新型网络设备：如今众所周知的路由器。正当 IBM 对其硬盘驱动器进行点滴改进的时候，EMC 公司先行采用一种名为 RAID(独立冗余磁盘阵列)的全新方法生产大量廉价的硬盘。思科和 EMC 悄然取得了爆炸性成长，在这些市场中通过创新迅速甩掉 IBM 而取得领导地位。IBM 之后从未在网络设备、个人计算机方面恢复元气，最后基本上放弃了硬盘驱动器市场，也将个人计算机业务卖给了联想公司。

IBM 当时曾采用六西格玛法来改进其对消费需求的预测，然而，从其竞争对手戴尔公司的情况可知，根据消费者订单比根据公司自己的预测来生产要有效得多。

IBM 副总裁 Fred DeWald 解释说："我们遇到了一系列的问题，超出了消除和减少缺陷的范围，而如果产品从一开始就错了呢？"市场定位失误、产品创新性的缺失、产品设计缺陷等产品生命周期前期的问题很难通过六西格玛方法来解决。越来越多的公司在经历阵痛之后，都把目光投向了六西格玛设计(design for six sigma，DFSS)。

9.2 六西格玛设计的主要工具

西格玛(sigma，希腊文的字母为 σ)是指质量数据的标准差。标准差越大，质量波动范围就越大。六西格玛(6σ)就是标准差的 6 倍，意指质量合格参考值的上下限是产品质量数据的标准差的 6 倍，意味着只有百万分之三点四的错误或缺陷率，这代表了一种非常高的质量水平，其含义进一步引申为一套旨在持续改进企业业务流程、实现客户满意的业务改进方法体系。

然而六西格玛管理是在努力地固定现有的生产和流程，在现有流程的基础上修补，而很少将重点放在产品和流程的前期设计阶段。传统的产品设计开发流程不重视对客户需求的深入分析，不注重在设计阶段并行地考虑其下游阶段的制造、装配和服务等过程，而且设计上缺乏系统的方法指导和创新机制，导致产品创新程度低、质量低和稳健性差，于是 DFSS 便应运而生了。

DFSS 的具体流程很多，但目前还没有统一的模式，迄今研究者已提出的 DFSS 流程有多种,如 DMADV 流程,即定义(define)、测量(measure)、分析(analyze)、设计(design)和验证(verify);DMADOV 流程,是在 DMADV 流程中增加了优化(optimize)环节;以及 ASI 的质量管理专家乔杜里先生提出的 IDDOV 流程,即识别(identify)、定义(define)、开发(develop)、优化(optimize)和验证(verify)。虽然对流程的表述不同,但本质相差无几。从设计和顾客角度来看,上述流程是六西格玛管理理念的发展和延伸,并从设计和优化角度给予了强调,在实施六西格玛设计过程中运用了共同的设计及质量工具。

9.3 六西格玛设计的流程

IDDOV 流程每个阶段所需要完成的主要事项及所使用的工具如表 9-1 所示。

表 9-1 六西格玛设计的 IDDOV 流程

阶段	完成事项及阶段成果	主要工具和方法
识别	(1) 寻找市场机会; (2) 客户需求分析报告; (3) 项目的成本分析及可行性报告; (4) 产品的功能要求	(1) QFD; (2) 新 QC 七大工具; (3) 风险分析; (4) 策略地图; (5) 技术进化法则
定义	(1) 客户需求的确定和展开; (2) 技术规范的制定; (3) 未来可能失效模式的分析; (4) 产品设计方案的论证和设计	(1) QFD; (2) DFMEA(或 DFX); (3) TRIZ/理想解/功能裁剪分析; (4) 新 QC 七大工具; (5) 系统设计
开发	(1) 全尺寸样机(原型)的设计、制造; (2) 生产用的图纸、产品规范、售后保障体系方案的初稿	(1) QFD; (2) 创新思维方法; (3) TRIZ /矛盾分析/物场分析; (4) 稳健设计/容差设计; (5) CAD/CAM
优化	(1) 产品和过程设计参数的优化,样机的制造; (2) 生产用的图纸、产品规范、售后保障体系方案的确定	(1) 实验设计(DOE); (2) 稳健设计/容差设计; (3) 信噪比分析; (4) CAD/CAE; (5) DFSS 计分卡
验证	(1) 验证产品设计方案的正确性和达到的质量水平; (2) 完成验证试验报告、鉴定报告、DFSS 项目绩效报告	(1) 仿真试验; (2) 可靠性试验/寿命试验; (3) 鉴定试验; (4) SPC; (5) DFSS 计分卡

IDDOV 流程每个阶段的工作内容如下。

1. 识别机会

DFSS 在识别阶段的目的是确认项目并说明市场的机会,主要任务是收集和确定待开发产品的顾客需求，并论证即将开展的 DFSS 项目的可行性。

如果是一个非常大的任务，时间又非常长，通常会把这个大任务分解成几个小项目，再运用六西格玛设计的方法来实施。通常采用 S. M. A. R. T 法则来辅助任务分解，S. M. A. R. T 是指进行任务分解时须考虑如下几个因素：确定性（specific，S），是指项目的输出结果或交付物必须是明确的；可测量性（measurable，M），是指项目结果对公司的影响是可测量的；可行性（actionable，A），是指项目在设定的时间内是可以完成的；相关性（relevant，R），是指项目的执行对公司的利益是有促进的，是利益相关的；时间性（time bound，T），是指项目必须有明确的完成日期。

DFSS 的特点之一在于产品设计之初就充分考虑顾客的需求，聆听 VOC，利用一些评价工具对顾客需求进行识别和优先级排序，以保证设计出的产品满足客户的需要。在此基础上系统地考虑外部环境、市场和企业内部满足此项目开发所需的资源等，如市场上的竞争对手的产品状况，企业的工艺水平、人员情况、开发费用等，以确定项目的可行性。

这一阶段对整个 DFSS 项目非常重要，所谓差之毫厘，谬以千里，若此阶段不能充分收集分析顾客的需求，客观评价项目的可行性，错误的目标将给项目带来致命的打击。此阶段的成果一般包括市场分析报告、顾客的需求分析报告、项目的成本分析及可行性报告、产品的功能要求等资料。

2. 定义需求

定义阶段的任务是要清晰地说明对产品的要求。前阶段确定了谁是我们的客户以及客户需求，在收集客户需求时可以卡诺模型为指导，注意区分不同层次的需求。接下来，在这一阶段，就是进一步细化展开顾客的需求，即通过 QFD 将 VOC 逐层展开为设计要求、工艺要求、生产要求，并提炼出顾客的关键需求，准确地识别、量化顾客需求。

3. 开发概念

DFSS 开发阶段的目标是利用创造性的方法，确定可行的产品概念，使用符合逻辑的、客观的方法来评估可选的方案。这一阶段可运用头脑风暴法、发明问题解决理论（TRIZ）、普氏方法、失效模式和效应分析（failure model and effect analysis，FMEA）等工具和方法。

4. 优化设计参数

此阶段是对产品和工艺设计参数的优化，其目标是在质量、成本和交付时间允许的基础上达到企业利益的最大化。需要定义系统的输入、输出、控制因子与噪声，建立数学模型，对控制因子进行噪声水平分析，基于实验设计（design of experiment，DOE）的方法设计试验，对实验结果进行信噪比分析，实现产品的稳健设计，使产品在低成本下实现六西格玛质量水平。同时使系统本身具有抵抗各种干扰的能力，即使使用环境恶劣或操作不当，系统仍能满足客户的需求。

5. 验证设计

验证阶段是对产品设计是否满足顾客要求、是否达到期望的质量水平的确认过程。通过试生产等手段营造一个仿真的生产环境，测试产品方案的稳健性和可靠性。

9.4　方法的集成

在众多的 DFSS 的工具方法中，QFD、TRIZ 与稳健设计（robust design，RD）是最重要的方法，三者集成在一起，相互补充，发挥各自的优势，形成解决问题的框架，如图 9-1 所示。

每块拼图凹陷和突出的部分分别代表各方法的弱点和能为其他方法提供的支持。在执行 DFSS 的过程中，QFD 的实施可以提供客户需求的组织与管理，使整个产品设计过程贯彻客户的意图，但不能提供创新的、具体的、满足产品功能需求的设计方案；而利用 TRIZ 及其发明原理、标准解及效应库等，可以提供满足顾客需求的物理结构设计方案，而且更重要的是能够辅助创新设计方案的产生，但其在具体的产品结构参数选择等方面存在着不足；RD 可以通过信噪比分析寻找最优参数值组合，但其缺少客户需求的驱动以及创新方法的指导。因此三者的集成将在 DFSS 过程中形成完整且理想的设计方案。与传统的设计方法相比，这种基于 QFD/TRIZ/RD 集成的 DFSS 方法能产生满足顾客需求的、参数最优化的创新性设计方案。

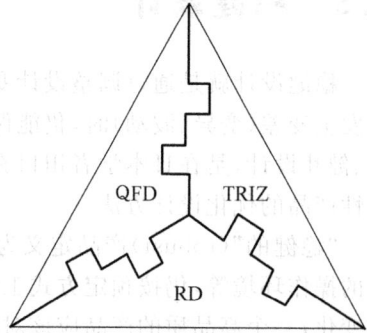

图 9-1　QFD、TRIZ 与 RD 的集成

三种方法充分发挥各自理论的优势，将各自的思想和方法融入产品设计过程，为多个设计阶段提供有力的支持，如图 9-2 所示。

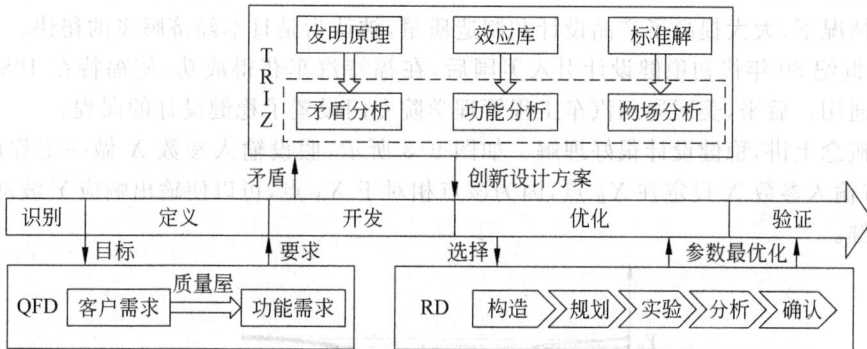

图 9-2　利用 QFD、TRIZ 和 RD 进行 DFSS 的流程

应用 DFSS 时，先通过对顾客或市场需求（包括潜在需求）的调查，整理出对产品的要求，形成需求规范，构成产品开发中最初的和最基本的设计输入。以此为基础，利用 QFD 确定系统的功能结构，把对产品的设计要求落实到产品功能的要求上，实现从客户需求到产品功能特征的映射。然后，根据质量屋中的关系矩阵是否存在标记"成团"等现象，从中分析技术参数之间存在的矛盾冲突，利用 TRIZ 进行矛盾分析（或 TRIZ 的其他分析），依据寻找到的发明原理、标准解或效应，产生满足客户需求的产品创新设计方案。最后，应

用 RD 把产品的设计方案映射为对应的详细设计方案及工艺方案,获得物理结构的最优参数值组合,最终得出满足客户要求且达到六西格玛质量水平的创新设计方案。

在前面的章节中,已经详细论述了 QFD(详见第 5 章)及 TRIZ(详见第 6 章),所以本章着重论述稳健设计(RD)。

9.5 稳健设计

稳健设计就是通过调整设计变量及控制其容差,使可控因素和不可控因素当与设计值发生变差(变异、波动)时,仍能保证产品质量的一种工程方法。稳健设计也称为鲁棒设计、健壮设计,是在日本学者田口玄一提出的三次设计法上发展起来的、实现低成本高稳定性产品的优化设计方法。

“稳健的”(robust)产品定义为:即使在非理想条件下,例如制造工艺波动或各种不同的操作环境等,仍按预定方式工作的产品。“噪声”(noise)是指可能影响性能的不受控的变化,一个高品质的产品应该对噪声因素表现得很“稳健”。

在稳健设计中利用实验和数据分析,为可以控制的设计参数确定稳健设定点。“稳健设定点”是对不受控变化最不敏感的参数值组合,具有这些参数值的产品的性能在操作条件和制造波动的一定范围内,也能达到预期指标。

虽然在概念阶段就尽早考虑产品稳健性是非常有好处的,但是,稳健性实验通常是作为在噪声条件下确保产品性能的手段,而被用于详细设计阶段。在详细设计中,稳健设计被称为“参数设计”,因为它是为可以控制的设计参数选择最佳设定点的活动。这些参数包括产品材质、尺寸、公差、制造工艺等。

据统计,日本数百家公司每年应用稳健设计方法完成 10 万项左右的项目,在不增加成本的情况下,大大提高了产品设计和制造质量,被认为是日本经济腾飞的秘诀。

20 世纪 80 年代初稳健设计引入美国后,在福特汽车获得成功,使福特在 1986 年盈利超越通用。后来,美国通用汽车工程管理学院专门设置了稳健设计的课程。

从概念上讲,稳健设计很好理解。如图 9-3 所示,假设输入参数 X 做一定程度的波动,应将输入参数 X 设定在 X_B 点,因为该点相对于 X_A 点,可以使输出响应 Y 波动更小,即更稳健。

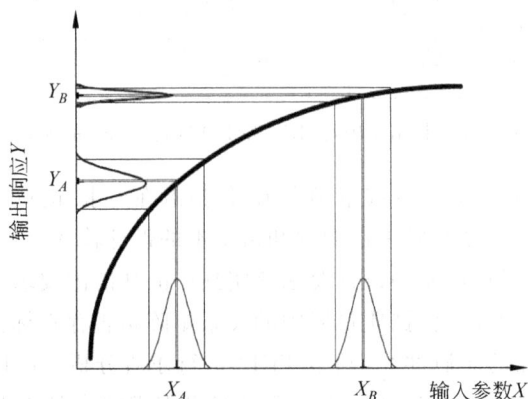

图 9-3　稳健点的选取

以下为两个具体的工程例子。

[例 9-1] 弹簧刚度的选择。

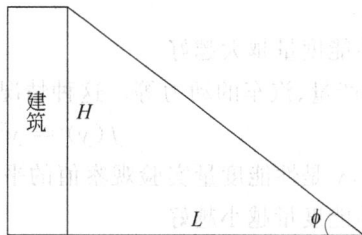

如图 9-4 所示,弹簧安装在基准与重物之间,其安装高度为 h。由于装配精度的影响,h 随机波动。哪一种弹簧能提供更稳定的弹力,是较软的弹簧还是较硬的弹簧?

[解] 根据式

$$\Delta F = H \times \Delta h \tag{9-1}$$

因此,当 h 发生随机波动(即存在 Δh),而弹簧刚度 H 较小(即弹簧较软)时,ΔF 也将较小。也就是说,刚度较小的弹簧对高度 h 的变化不敏感,能提供更稳定的弹力 F;而刚度较大的弹簧,当高度微小变化时就会发生较大的弹力的变化。

可见,刚度越大的系统通常越不稳健,反之,柔性越大的系统越稳健。

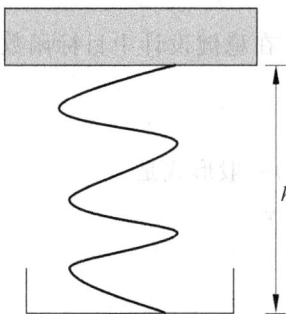

图 9-4　弹簧刚度的选择　　　　　　　图 9-5　测量时间的选择

[例 9-2] 测量时间的选择。

如图 9-5 所示,根据建筑物影子长度 L 的测量,以及仰角 ϕ 计算建筑物高度 H。假设建筑物影子长度 L 的测量误差较大,仰角 ϕ 的误差可忽略。由于太阳偏移,什么时候测量计算建筑物高度 H 更可靠,是仰角 ϕ 大点(如中午)时还是小点(如早晨或傍晚)时?

[解] 根据式

$$\Delta H = \tan\phi \times \Delta L \tag{9-2}$$

因此,当 L 发生随机波动(即存在 ΔL),而 $\tan\phi$ 较小(即 ϕ 较小)时,ΔH 较小,也就是建筑物高度的测量对影子长度的波动不敏感,因而会取得较准确的值。而 ϕ 较小意味着是早晨或傍晚,因此,在早晨或傍晚测量比在中午测量更准确。在该例中,$\tan\phi$ 就是测量系统的刚度。

对许多工程设计问题来说,领域工程师通过运用领域知识,例如物理学或化学知识,建立并求解方程与模型,就可以选出稳健参数。然而,领域工程师对领域知识掌握、建立模型的能力都是有限的,一般无法对真实条件下产生的各种不确定性、变化和噪声因素进行建模。在这种情况下,工业工程师可以通过特意设计的实验,以及对实验数据的分析,选出稳健参数。具体包括以下七个步骤。

1. 确定实验的控制因素、噪声因素和性能度量

控制因素、噪声因素与性能度量的关系如图 9-6 所示。

控制因素是可以受实验者控制的因素,例如时间、材料种类、尺寸、加工方法等。

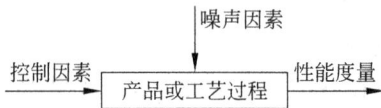

图 9-6　控制因素、噪声因素与性能度量的关系

噪声因素是不受实验者控制,并且对产品质量特性有影响的因素,这些因素也被称为不可控因素、误差因素,例如环境因素、制造波动、材料变化、产品老化、多用户使用的场合等,实验者需要判断系统的输出响应在多大程度上受到噪声因素的影响。

性能度量是实验者感兴趣的输出参数,例如汽车碰撞实验中的汽车变形程度、假人受损程度等。

2. 构造目标函数

实验的性能度量需要进行一些转换,形成目标函数。在稳健设计中目标函数有以下几种情况。

1) 性能度量越大越好

例如产量、汽车的动力等。这种情况的目标函数 $f(y)$ 一般形式是

$$f(y) = y^2 \quad 或 \quad f(y) = y \tag{9-3}$$

其中,y 是性能度量实验观察值的平均值。

2) 性能度量越小越好

例如汽车油耗、碰撞后的变形程度、假人受损程度等。另外,方差(variance,符号为 σ^2)是常见的越小越好的度量,这种情况的目标函数 $f(y)$ 一般形式是

$$f(y) = 1/y^2 \quad 或 \quad f(y) = 1/y \quad 或 \quad f(y) = 1/\sigma^2 y \tag{9-4}$$

其中,y 是性能度量实验观察值的平均值,σ^2 是性能度量实验观察值的方差。

3) 性能度量越接近某个目标值越好

例如汽车底盘高度、钢板厚度等,这种情况的目标函数 $f(y)$ 一般形式是

$$f(y) = 1/(y - t)^2 \tag{9-5}$$

其中,y 是性能度量实验观察值的平均值,t 是性能度量实验观察值的目标值。

4) 信噪比

信噪比是综合考虑均值与方差(分别表示平均性能、稳健性)两个度量的指标,它是以预期响应为分子、以响应的方差为分母的比值。以信噪比为目标函数 $f(y)$ 的形式是

$$f(y) = 10\lg(y^2/\sigma^2) \tag{9-6}$$

其中,y 是性能度量实验观察值的均值,现假设其越大越好,否则 y 应放在分母上;而 σ^2 是性能度量实验观察值的方差。

信噪比把这两个度量综合考虑,比只单独考虑某一个度量能更深入地洞察系统的行为。一般来说,平均性能不难通过改变控制因素而达到目标,而提高性能的稳健性则较为困难。

[**例 9-3**]　两个战士的打靶结果如图 9-7 所示,请问哪一个战士的射击技能更具潜力?

[**解**]　战士 1 的问题是均值远离目标值,但其方差小;战士 2 的问题是方差大,但均

值接近靶心。由于战士 1 可以通过向右下角调整射击方向等措施，较为容易地使均值向目标值靠拢，以解决这种异常波动的问题；而战士 2 很难找到措施缩小方差，以解决这种随机波动的问题。所以，战士 1 的射击技能更具潜力。

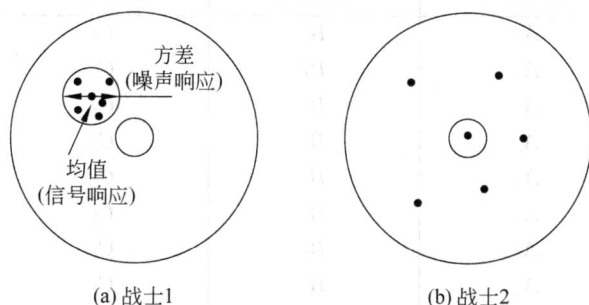

图 9-7　两个战士的打靶结果

3. 实验设计与计划

统计学家已经开发出多种有效的实验计划。在设计实验时首先需要考虑这些实验的成本。当成本较低时，可进行大量实验，例如全因子实验；当实验成本较高时，可以采用一次同时改变几个因素的高效率的实验设计计划。下面列出了一些最常见的实验设计。

1）全因子（full factorial）实验

对每个因素各个水平的所有组合进行实验，以确定因素之间的所有交互影响，以及每个因素对性能的重要影响。这类实验一般仅适用于因素和因素水平都很少，以及实验成本低的情况。对 K 个因素的 M 个水平进行考察，全因子实验的实施次数为 M^K。对多于 4～5 个因素进行全因子实验通常是不可行的。

例如，如表 9-2 所示，有 A、B 两个因素，它们都有 3 个水平，则全因子实验包含有 $M^K = 3^2 = 9$ 次实验。

表 9-2　全因子实验

Expt#	Param A	Param B	Expt#	Param A	Param B
1	A_1	B_1	6	A_2	B_3
2	A_1	B_2	7	A_3	B_1
3	A_1	B_3	8	A_3	B_2
4	A_2	B_1	9	A_3	B_3
5	A_2	B_2			

基于全因子实验法，所有可能的因素水平组合都已进行实验，因此不需要进行因子反应分析，而直接根据各次实验结果，从中挑出一组最佳设计。

2）一次一因子（one factor at a time）实验

除了在第一次实验中全部因素都处于基准外，每次实验都只有一个因素不处于基准值上，其余因素都冻结在基准值上。这是一种不平衡（unbalanced）的实验计划。如果有 K 个因素，每个因素有 M 个水平，则实验数量为 $MK+1$。例如，如表 9-3 所示，有 A、B、C、D 四个因素，它们都有 2 个水平（基准值不作为一个水平），则一次一因子实验包含有

$MK+1=2\times4+1=9$ 次实验。

表 9-3　一次一因子实验

Expt#	Param A	Param B	Param C	Param D
1	A_2	B_2	C_2	D_2
2	A_1	B_2	C_2	D_2
3	A_3	B_2	C_2	D_2
4	A_2	B_1	C_2	D_2
5	A_2	B_3	C_2	D_2
6	A_2	B_2	C_1	D_2
7	A_2	B_2	C_3	D_2
8	A_2	B_2	C_2	D_1
9	A_2	B_2	C_2	D_3

3）正交阵列（orthogonal array）实验

正交实验设计就是安排多因素实验、寻求最优水平组合的一种高效率的实验设计方法。正交实验设计利用正交表来安排与分析多因素实验。正交表具有以下两种性质。

（1）每一列中，不同的水平都出现，而且出现的次数相等。例如在两水平正交表中，任何一列都有数码"1"与"2"，且任何一列中它们出现的次数是相等的；如在三水平正交表中，任何一列都有"1"、"2"、"3"，且在任一列的出现数均相等。

（2）任意两列中各种不同水平的组合方式齐全，而且出现的次数相等。例如在两水平正交表中，任何两列（同一横行内构成一对）组合共有 4 种：(1,1)、(1,2)、(2,1)、(2,2)，它们出现的次数相等。

以上两点就称为"正交性"，可总结为"均匀分散，整齐可比"。正交表的正交性，使得任一因素各水平的实验条件相同，也使得正交实验的实验点必然均衡地分布在全面实验点中，具有很强的代表性。因此，部分实验寻找的最优条件与全面实验所找的最优条件应有一致的趋势。

在正交实验设计中，如果有 K 个因素，每个因素有 M 个水平，则实验数量为 $1+K(M-1)$。例如，如表 9-4 所示，有 A、B、C、D 四个因素，它们都有 3 个水平，则正交实验包含有 $1+K(M-1)=1+4\times(3-1)=9$ 次实验；如表 9-5 所示，有 A 至 G 共 7 个因素，它们都有 2 个水平，则正交实验包含有 $1+K(M-1)=1+7\times(2-1)=8$ 次实验。对于多因素、多水平的实验，均匀设计（uniform design）方法比正交设计有更高的效率，它只考虑"均匀分散"，而不考虑"整齐可比"，因而减少了实验次数。

表 9-4　$L_9(3^4)$ 正交表

Expt#	Param A	Param B	Param C	Param D
1	A_1	B_1	C_1	D_1
2	A_1	B_2	C_2	D_2
3	A_1	B_3	C_3	D_3
4	A_2	B_1	C_2	D_3

Expt#	Param A	Param B	Param C	Param D
5	A_2	B_2	C_3	D_1
6	A_2	B_3	C_1	D_2
7	A_3	B_1	C_3	D_2
8	A_3	B_2	C_1	D_3
9	A_3	B_3	C_2	D_1

表 9-5 $L_8(2^7)$ 正交表

Expt#	A	B	C	D	E	F	G
1	1	1	1	1	1	1	1
2	1	1	1	2	2	2	2
3	1	2	2	1	1	2	2
4	1	2	2	2	2	1	1
5	2	1	2	1	2	1	2
6	2	1	2	2	1	2	1
7	2	2	1	1	2	2	1
8	2	2	1	2	1	1	2

在正交表中,每一列可放置一个实际的因素,也可放置因素间的交互作用,以考察交互作用对性能的影响。

由于正交试验是用部分试验来代替全面试验,最佳因素水平组合通常并不在实验组中,因此需进行因子反应分析,以找出最佳因素水平组合。

因素及水平数量不同时所用的其他正交表请参阅专门的书籍。

4. 为噪声因素分配附加的列

测试噪声因素的通常方法是,在正交阵列中为噪声因素分配附加的列,这本质上是把噪声因素当做一个变量。存在两种情况。

(1) 如果对噪声因素有一定程度的组合控制,则把选定的噪声因素组合在一起,以便产生几种具有代表性的或极端的噪声状态,使实验在这几种噪声状态中进行,以考察噪声对性能的影响。

为噪声因素分配附加的列通常使用"外阵列"的方式。这种方法对主阵列(内阵列)的每一列都测试噪声因素的几种组合。

如表 9-6 所示,控制因素有 4 个(A、B、C、D),每个因素有 3 个水平;(E、F、G),每个因素有 2 个水平,3 个噪声因素本身也构成一个正交表。因此,其内阵列包含一个 L_9 设计,其外阵列包含了一个 L_4 设计。通过把每一行复制 4 次从而测试 3 个噪声因素的组合,共需要进行 $4 \times 9 = 36$ 次实验。

(2) 如果噪声因素不受控制,或者噪声因素比较少,例如只有两三个噪声因素时,则让噪声自然变化,让复合的噪声条件产生两种极端的状态:最好与最差的状态(通常用"N+"、"N−"表示),在这两种状态中分别进行实验。这时只需附加两列,实验数量是原来的两倍。

表 9-6　有 4 个控制因素、3 个噪声因素的正交表

				E_1 F_1 G_2	E_1 F_2 G_1	E_2 F_1 G_2	E_2 F_2 G_1
A_1	B_1	C_1	D_1				
A_1	B_2	C_2	D_2				
A_1	B_3	C_3	D_3				
A_2	B_1	C_2	D_3				
A_2	B_2	C_3	D_1				
A_2	B_3	C_1	D_2				
A_3	B_1	C_3	D_2				
A_3	B_2	C_1	D_3				
A_3	B_3	C_2	D_1				

5. 实施实验

如果使噪声在实验中以一种自然的、非控制方式发生变化,则尤其重要的是使实验次序随机化,以便噪声中的任何趋势都不会与控制因素的变化相关联。简单地说,就是不要逐行地执行实验,而是以随机的次序进行实验。

在汽车碰撞实验中,控制因素有 7 个,每个因素有 2 个水平。$L_8(2^7)$ 正交表设计如表 9-7 所示,8 种因素组合在两种极端噪声条件下进行实验,共进行 16 次实验,得到 16 个数据点。

表 9-7　汽车碰撞实验正交表

Expt#	A	B	C	D	E	F	G	N−	N+	均值	极差
1	1	1	1	1	1	1	1	0.35	0.30	0.33	0.05
2	1	1	1	2	2	2	2	0.47	0.40	0.44	0.07
3	1	2	2	1	1	2	2	0.37	0.37	0.37	0.00
4	1	2	2	2	2	1	1	0.30	0.27	0.29	0.03
5	2	1	2	1	2	1	2	0.45	0.44	0.45	0.01
6	2	1	2	2	1	2	1	0.36	0.36	0.36	0.00
7	2	2	1	1	2	2	1	0.38	0.36	0.37	0.02
8	2	2	1	2	1	1	2	0.46	0.41	0.44	0.05

性能度量为汽车损毁程度,其越小越好。均值为两种极端条件(N− 及 N+)下所得性能响应数据的平均值,反映性能水平;极差(range)为 N− 状态所得值减去 N+ 状态所得值,反映噪声因素导致的性能波动。极差是统计学术语,是一组数据内最大值与最小值之差。

6. 进行分析

实验数据分析的方法很多,这里仅论述最基本的分析方法:均值分析。

均值分析就是对每个因素水平计算目标函数的平均值。例如,在表 9-7 中,因素水平 A_1(因素 A 取值水平 1)的影响,是第 1、2、3、4 次实验的目标函数值的平均。同理,因素水

平 C_2 的影响,是第 3、4、5、6 次实验的目标函数值的平均。

实验的目标函数通常有两个:平均性能和稳健性。平均性能用均值表示,而稳健性用极差或方差表示。均值分析的两方面的结果一般分别绘制在两个因素影响图中。

例如,对于表 9-7 所示的例子,两个因素影响图如图 9-8 和图 9-9 所示。以 A_1 为例,在图 9-8 中,取值 A_1 的四次实验的性能均值的平均为 $(0.33+0.44+0.37+0.29)/4 = 0.3575$;在图 9-9 中,取值 A_1 的四次实验的极差的平均为 $(0.05+0.07+0.00+0.03)/4 = 0.0375$。

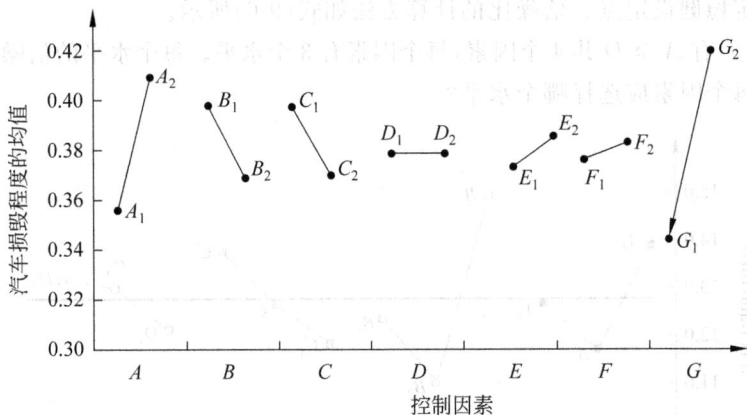

图 9-8　因素对平均性能的影响图

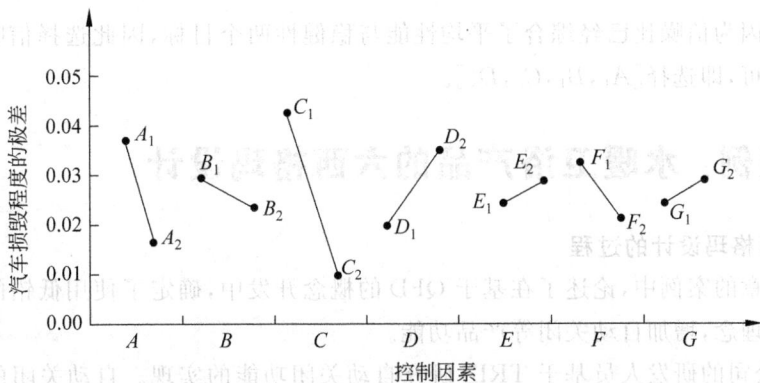

图 9-9　因素对稳健性的影响图

在图 9-8 中可以看出,因素水平 $[A_1,B_2,C_2,E_1,F_1,G_1]$ 使汽车损毁程度较小,提高平均性能,而因素 D 对平均性能没有影响;在图 9-9 中可以看出,因素水平 $[A_2,B_2,C_2,D_1,E_1,F_2,G_1]$ 使汽车损毁程度的波动较小,提高产品稳健性。

7. 选择并确认因素设定点

不难发现:取值 A_1 时平均性能好,但取值 A_2 时性能稳健。因素 F 也存在类似的矛盾,需要权衡。而水平 B_2、C_2、D_1、E_1、G_1 能同时提高平均性能与稳健性,不存在矛盾。

利用均值分析和影响图,可以直观地辅助找出哪些因素对平均性能或稳健性产生强烈影响,从而明确如何得到稳健的性能。用于提高产品稳健性的因素称为稳健因素(或稳健因子),而用于提高平均性能的因素称为调节因素(或调节因子)。

例如,如果目前设计的焦点是提高稳健性,而非平均性能,则可以采用因素水平 A_2、F_2。这时,因素 A 与 F 为稳健因素;反之,则采用 A_1、F_1,这时,因素 A 与 F 为调节因素。

通常所选择的设定点并不在已进行过的实验中,若然如此,则应对该设定点进行一次核实试验,以判断根据正交实验得出的最佳条件,是否确实使问题有突出的改善。

可将均值和方差以信噪比(S/N ratio)的形式结合,并表达为一个单独的目标,则可更方便地确定稳健设定点。信噪比的计算方法如式(9-6)所示。

[**例 9-4**]　有 A 至 D 共 4 个因素,每个因素有 3 个水平。每个水平的信噪比如图 9-10 所示。请问每个因素应选择哪个水平?

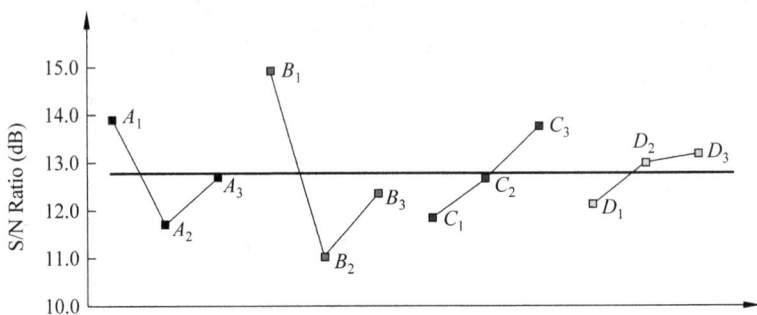

图 9-10　4 个 3 水平因素的信噪比计算结果

[**解**]　因为信噪比已经综合了平均性能与稳健性两个目标,因此选择信噪比最大的因素水平即可,即选择 $[A_1, B_1, C_3, D_3]$。

9.6　案例：水暖卫浴产品的六西格玛设计

1. 六西格玛设计的过程

在第 5 章的案例中,论述了在基于 QFD 的概念开发中,确定了使用低铅的铜材以表现健康环保理念,增加自动关闭等产品功能。

接着,公司的研发人员基于 TRIZ 研究自动关闭功能的实现。自动关闭的需求来源于这样的情景:人们打开水龙头时,会将手上污物带到手柄上。洗完后,要用干净的手再次接触被弄脏的手柄,造成手的二次污染。这一技术矛盾是"操作的方便性"(33)与"作用于物体的有害因素"(30)之间的矛盾。通过矛盾矩阵表,得到如下发明原理:抽取(2)、自服务(25)、机械系统替代(28)、惰性或真空环境(39)。最后利用自服务(25)、惰性或真空环境(39)实现自动关闭功能:当水流出阀腔后,阀体内水压减小,产生局部真空,弹簧伸长,其弹力大于水压,压块下降迫使橡胶塞往下关闭,从而实现自锁的功能。然而,由于需要一个能形成局部真空的、形态复杂的阀腔,这给除铅工艺增加了难度。

最后,进入了详细设计阶段,研发人员通过稳健设计方法,找到了最佳的产品设计参数与工艺参数组合,包括除铅工艺参数、自动关闭机械机构的设计参数,将在下文详细论述。整个过程基于 QFD、TRIZ 与稳健设计的集成,体现了六西格玛设计的理念。

2. 除铅工艺的稳健设计

对于水暖卫浴产品,耐蚀性、抑菌性是最重要特性。因为黄铜具有显著的耐蚀性、抑菌性,所以,卫浴产品普遍使用内为黄铜、外为镀铬的材料。但黄铜的一个主要缺陷,就是成分中一般都含有铅,而铅是一种对人体有害的重金属。

随着近年来国际上关于铅限制标准的逐步加严,HO 水暖卫浴公司的除铅通过率从2008 年的 100% 已经下滑到 2009 年的 93%,随时有来自客人的投诉和来自终端的责任问题发生。

水暖卫浴产品的除铅清洗工序包括三个阶段:前处理、酸性清洗和后处理。前处理主要是通过碱性除油化学物质,将金属表面的油污清洗掉,为后续的酸性清洗(核心工序)提供一个足够浸润的表面;酸性清洗是通过酸的腐蚀作用,将铅、氧化物质、其他杂质溶解下来,再随溶液排掉;而后处理主要是通过水洗和烘干,或者化学钝化的方式,为处理干净的金属表面做一个保护层。

按照 NSF 的标准测试方案,对一批次产品的完整的除铅抽样试验需要 23 天。试验成本高、时间长,因此工艺调整的进度一直是“事倍功半”,在 2008 年年底的一次工艺调整中,HO 公司将除铅时间由原来的 1 小时延长到 2 小时,实际的表现出乎意料,除生产效率下降了一半之外,除铅的合格率也由原来的 100% 下降到了 93%。

简单的化学工程知识对调整工艺参数使之达到“最优除铅效果”是有帮助的,但是这套办法不能提高除铅稳健性。化学工程师们对此束手无策。

为此,需要在以下三个层面进行研究。

(1) 从统计学的角度确定各个因素对除铅效果的影响。

(2) 通过稳健设计确定除铅效果效率最高的因素水平组合。

(3) 为影响除铅性能和稳健性的关键参数寻找最佳的现场控制手段。

具体研究过程如下。

1) 进行因素分析

首先运用头脑风暴法、鱼骨图等工具,确认控制因素、噪声因素和性能度量。从图 9-11所示的鱼骨图可以看到,影响除铅效果的重要因素有溶液温度、A 剂(清洗主剂)浓度、B 剂(除铅剂)浓度和清洗时间,共四个因素。而原材料控制异常、人员操作故障等因素经现场考察后被排除。

2) 实验设计与计划

四个因素的水平设置如表 9-8 所示。其中,清洗主剂的水平 2 对应的浓度为水平 1的 3 倍,因此将水平 2 标记为“3”;除铅剂的水平 2 对应的浓度为水平 1 的 2 倍,因此将水平 2 标记为“2”;而温度、时间的因素水平直接以真实值标记。通过以上方式的标记,可以使各因素水平更直观。

然后进行交互作用分析,认为可能存在以下几种情况。

(1) 因素 A(A 剂浓度)与 B(B 剂浓度)之间可能存在交互作用。

(2) 因素 A(A 剂浓度)与 C(温度)之间可能存在交互作用。

(3) 因素 B(B 剂浓度)与 C(温度)之间可能存在交互作用。

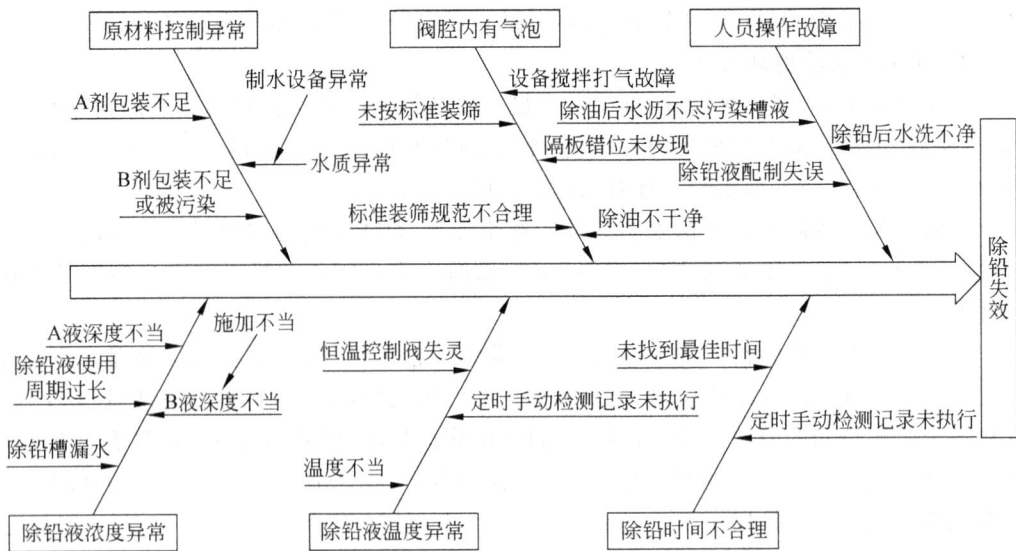

图 9-11　除铅清洗工艺失效因果鱼骨图

表 9-8　因素水平表

因素	名称	单位	水平 1	水平 2	因素中心值
A	清洗主剂	桶(20L/桶)	1	3	3（对应浓度为 $3 \times 20/600 = 100$mL/L）
B	除铅剂	瓶(250g/瓶)	1	2	2（对应浓度为 $2 \times 250/600 = 0.8$mL/L）
C	温度	℃	25	70	70
D	时间	小时	0.5	1	1

为此设计一个 $L_8(2^7)$ 正交表,其表头设计如表 9-9 所示。其中 $A \times B$ 表示因素 A 与 B 的交互作用,$A \times C$ 表示因素 A 与 C 的交互作用,$B \times C$ 表示因素 B 与 C 的交互作用。关于各交互作用列在表中的位置确定的方法,请参阅专门的书籍。也可这样简单地理解:在 $L_8(2^7)$ 正交表(参见表 9-5)中,只有第 3 列与第 1、2 列的组合对应,所以 $A \times B$ 只能放在第 3 列。同理可确定 $A \times C$、$B \times C$ 的列位置。

表 9-9　表头设计（$L_8(2^7)$）

表头设计	A	B	$A \times B$	C	$A \times C$	$B \times C$	D
列号	1	2	3	4	5	6	7

3）进行正交试验,得到最优的参数水平组合

按表 9-9 所示的正交实验计划进行随机顺序的实验,运用软件 MiniTab 对得到的实验结果进行分析,选择信噪比最大的因素水平,具体数据分析过程在此省略。

得到的最佳因素水平如表 9-10 所示。

4）实施

根据稳健设计的研究结果,探讨现场的质量控制措施,包括以下几项内容。

（1）探讨和改善 B 剂浓度的现场控制,使除铅过程更稳健。

（2）探讨和改善 A 剂浓度的现场控制,以提高除铅的效果。

表 9-10　除铅工序的工艺参数列表

工艺参数		数　　值	单位	备　　注
温度		65～75,自动恒温控制	℃	为水平 2,调节因子
时间		60	分钟	为水平 2,稳健因子
成分	清洗主剂(A 剂)	100	mL/L	3 桶/槽(水平 2),调节因子
	除铅剂(B 剂)	0.8	g/L	2 瓶/槽(水平 2),稳健因子

(3) 对一系列现场控制改善实施后,对实际除铅效果的改善做验证。

可知,过程稳健性的保证是 B 剂浓度的现场控制。经调查发现,由 C 公司和 D 公司提供的两种 B 剂在使用时,除铅的周期除铅量有较显著差异,C 公司提供的 B 剂明显优于 D 公司的材料。因此,暂停 D 公司供应的材料,直至其质量得到明显提升为止。对于 C 公司的供货也会定时抽样检验,判断来料是否合格、稳定。

另外,HO 公司目前使用的间歇式、分批量补加的方式,使得 B 剂的浓度是变化的,难以达到对 B 剂浓度精确控制的要求。为此,公司将补加方式改为连续滴加,以实现 B 剂浓度的稳定与精确控制。类似的措施也用于 A 剂补加方式的革新中。连续滴加方式需要设备的革新,该设备如图 9-12 所示。

图 9-12　HO 公司设计的除
铅连续滴加设备

进行新旧工艺的对比试验,同一款产品采用旧工艺完成除铅后,抽样进行 NSF 标准测试,Q 值为 11.85,Q 值超标,可以判定为除铅失效;而按新工艺进行处理后,Q 值仅为 3.055,可以判定为合格,显著提高了除铅效果及除铅稳健性。

习题

1. 假设你在一家化工厂工作,正在研究生产某种化工产品的反应之一。你希望通过某种途径提高反应所生产产品的产量。根据过去的经验,你已经了解到更改温度、压力以及催化剂的类型似乎可以改变反应的产量。有一个问题是与你一起工作的每个人关于每个因子如何影响反应都有自己的意见。你要做出实际改进,因此决定运行一个试验,以确定三个因子的实际效应。

2. 如图 9-13 所示,假设 x_1、x_2 为控制变量,l_x 为性能度量,并且性能度量越大越好。请问 x_1、x_2 在哪个位置取值可能最好?为什么?

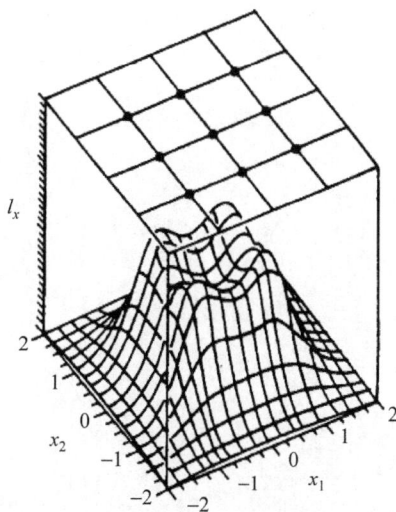
图 9-13　响应曲面

3. 如果因素 A 的数值和水平发生变化时,试验指标观察值随因素 B 变化的规律也发生变化。或反之,若 B 变化,观察值随 A 变化的规律也发生变化。则称因素 A、B 间有交互作用,记为 A×B。试根据图 9-14 与图 9-15 的实验结果,判断因素 A 与 B 有没有交互作用。如果两直线并没有在图中相交,而只是不互相平行呢?

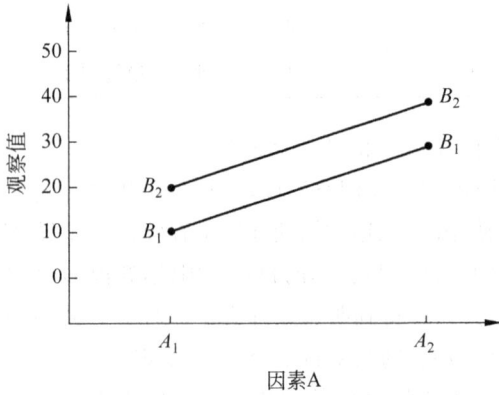

图 9-14 实验 1

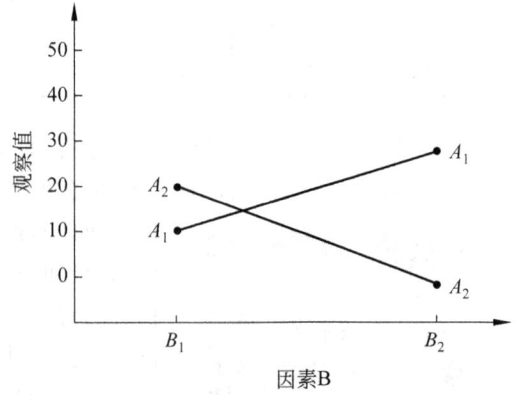

图 9-15 实验 2

第 10 章

项目管理

10.1 篇首案例：上海大众汽车公司的项目过程监控

一辆汽车通常由约三万个零件组成，因此汽车研发是一个复杂的系统工程。汽车的每种零部件都有多个版本的设计，每个版本的设计都有多张图纸，如何管理这些图纸？并且每种零部件都需要经过设计、审核、仿真、工艺编制、数控编程等多项工作，如何防止某项工作被遗忘？

大多数的汽车公司的产品开发过程往往陷于设计、试制、修改设计、再试制的多次反馈循环中，导致了企业资源的巨大浪费。为推进开发项目顺利进行，上海大众采取了大量手段对项目过程进行监控，包括以下几项。

（1）建立多层次的项目会议体系，包含定期的开发论坛、样板车间会议和项目会议，在决策层面和工作层面推动项目进展，对影响项目进度的问题制订措施并跟踪落实。

（2）引入项目成熟度分析机制，对自主开发的重要节点进行项目成熟度评价，用规范、量化数据来展现项目实际进展情况和存在的问题。

（3）把"同步工程"引入开发流程核心，每一部分工作尽可能提前开始，加大并行工作力度，例如在产品最大尺寸确定后就采购模架，产品完成设计时其模具的设计也接近完成。

（4）结合自身工作流程，开发了在线信息管理系统：New Pro 系统。该系统利用工作流概念，将零部件的配套厂评审、开发定点、批量定点、项目会议、工程送样、批量送样，直至性能试验、材料试验和道路耐久试验的认可全过程在网上完成；可通过信息系统将变更信息传递给所有相关人员，以便相关人员对更改后果做出准确评价；相应信息实时透明并共享，取消了过去烦琐的纸面委托流程，节约了零件的开发认可时间。

基于这一项目过程监控模式，上海大众可以平行开发多个新产品，产品开发的平均周期缩短为原来的一半。

10.2 任务关系的描述

10.2.1 任务的串行、并行和耦合

与传统工程项目不同，产品开发项目除了有实物的加工——"物流"外，更多的是信息的流动——"信息流"，而设计过程中的信息流除了顺序（前馈）的信息流外，也存在大量反馈的信息流。

任务依赖关系根源于信息（或数据）的传递，所以在描述任务时，通常用方框表示任务，用箭头表示任务间的信息（或数据）依赖性。这种图称为"信息视图"。根据任务之间的依赖性，任务之间的关系分为三种类型：串行、并行和耦合。

1. 串行

如果任务 B 的完成需要任务 A 的输出,则称任务 B"依赖于"任务 A,任务 A 与任务 B 是串行的关系。如图 10-1 所示,任务 A、B、C 是串行关系。

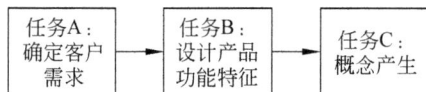

注意,任务需要串行完成,并非说后面的任务在前面的任务完成前一定不能开始。通常,后

图 10-1　串行的任务

面的任务可以在具有部分信息时就开始,但只有前面的任务完成后它才能完成。因此,对于串行的任务,也应使后面的任务尽早开始,以缩短产品开发周期。

2. 并行

如图 10-2 所示,有四个开发任务,任务 B 与 C 相互之间没有依赖关系,是"并行的",它们都依赖于同一个任务 A,但又相互独立。任务的并行有利于缩短产品开发周期。

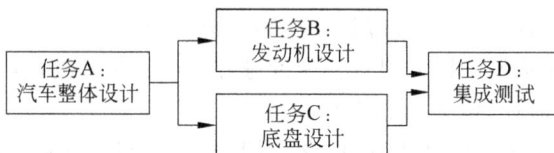

图 10-2　并行的任务:任务 B 与任务 C

3. 耦合

任务耦合就是指任务相互依赖,要完成一个任务就需要其他任务的结果。串行任务的信息传递是单向的,而耦合是双向的、迭代(iteration)的、反馈。例如,如图 10-3 所示,任务 B 与 C、C 与 D 是耦合的。

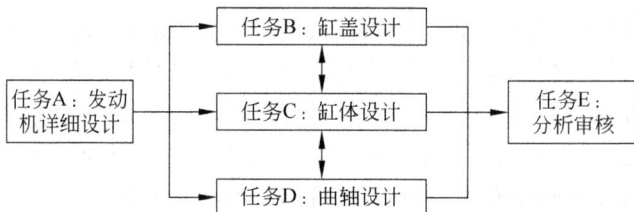

图 10-3　耦合的任务:任务 B 与 C、C 与 D

这种迭代与反馈有助于发现产品改进的余地,但也会导致上游工作的返工,复杂项目研发过程中的一个主要特征是耦合关系的大量存在,以及由此导致的大量迭代过程。

耦合的任务之间必须持续地交换信息,以迭代的方式执行。在得到解决方案前每个任务通常重复多次,因此应尽量避免设计任务的耦合。

10.2.2　设计结构矩阵

设计结构矩阵(design structure matrix,DSM)是描述和分析任务依赖性的工具。在一个 DSM 模型中,一个项目任务被分配到一行和相应的一列中。行与列的命名和顺序完全一样,也可在行上写出任务的全称。在各行上放标记以指明它所依赖的其他任务。顺着某一行看过去,就可知要完成这一行所对应的任务需要哪些其他任务的输出。沿着某一列看下去，则可知哪些任务将接收这一列对应的任务所发出的信息。对角线只用来把矩阵分割成上三角区和下三角区，方便追踪依赖性。

如果 DSM 模型只包含串行依赖的任务，那么任务的排列将使矩阵成为一个下三角区，在对角线以上不会出现任何标记；如果出现对角线以上的标记，则表明一个较早的任务依赖于一个较迟的任务，意味着两个任务是次序颠倒的，在这种情况下可以尝试改变任务的次序，以消除对角线以上的标记。如果任务重新排序也不能消除对角线以上的标记，则表明存在耦合的任务。通常将耦合的任务交由同一设计师或小组完成。

例如，从图 10-4 所示的 DSM 模型可看出：任务 A、B、C、D 是串行的关系；任务 D 与 E 是并行的关系；任务 G、H、I 是耦合的关系等。

也可用"●"或数值代替图 10-4 中的"×"，作为信息传递标记。

	A	B	C	D	E	F	G	H	I	J	K	L	M	N
A	A													
B	×	B												
C	×	×	C											
D			×	D										
E	×		×		E									
F			×	×	×	F								
G	×	×	×			×	G	×	×					
H		×					×	H	×					
I		×					×	×	I					
J				×			×		×	J				
K											K			
L							×	×			×	L		
M				×							×		M	
N										×		×	×	N

图 10-4　DSM 模型示例

虽然 DSM 能提供足够多的关于任务依赖性的信息，能够支持项目优化与仿真，但其缺点是不能直观展示项目的时间进度。

10.2.3　甘特图

描述任务时间进度的传统工具是甘特图（Gantt chart）。甘特图用水平线表示时间，用垂直线代表当前日期，用水平条来代表一个任务的开始和结束时间。水平条的涂黑部分代表那一部分任务已经完成。从图 10-5 可以看出，任务 D 落后于进度，因为任务 D 水平条的涂黑部分在当前日期之前；而任务 E 则早于进度安排，已完成未来的任务。

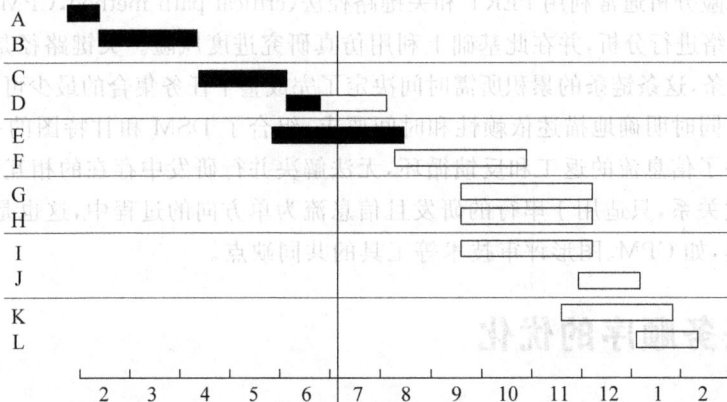

图 10-5　甘特图示例

与 DSM 相比,甘特图的缺陷在于不能明确地显示任务间的依赖性,其优点是可以直观地展示时间进度。如果在甘特图中两个任务在时间上有重叠,则任务之间可能是串行、并行或耦合。因为即使是串行,后续的任务也可提前开始。而耦合任务必然在时间上重叠,因为它们必须以同时或以迭代的方式进行。

10.2.4　计划评审技术

计划评审技术(program evaluation and review technique,PERT)是利用网络分析制订计划以及评价计划的技术。PERT 网络是一种类似流程图的单向线图,它描绘出项目包含的各种活动的先后次序,标明每项活动的耗费时间。例如,GM 公司的发动机开发项目的 PERT 图如图 10-6 所示。

A	机轴	I	空气过滤器,熄火装置
B	调速轮	J	燃油蒸发控制系统(EVAP)
C	活塞,润滑油	K	排气装置
D	连杆,发动机本体	L	空气喷射反作用器(A.I.R.)
E	汽缸盖,进气歧管	M	废气再循环机构(E.G.R.)
F	凸轮轴/阀连接线	N	点火系统,电控模块,电子系统
G	抽水机/冷却泵	O	附件驱动器,发动机装配工艺
H	燃料系统		

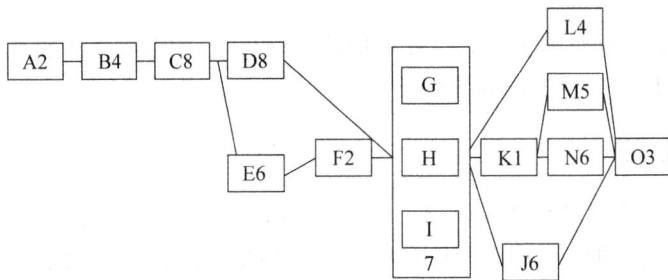

图 10-6　PERT 网络示意图

传统的风险分析通常利用 PERT 和关键路径法(critical path method,CPM)等理论方法对项目活动网络进行分析,并在此基础上利用仿真研究进度风险。关键路径是串行任务链条中最长的一条,这条链条的累积所需时间决定了完成整个任务集合的最少可能时间。

PERT 可同时明确地描述依赖性和时间要求,组合了 DSM 和甘特图的一些优点,但其缺点是忽略了信息流的返工和反馈循环,无法解决并行研发中存在的相互依存、相互依赖的复杂迭代关系,只适用于串行的研发且信息流为单方向的过程中,这也是其他的传统项目管理工具,如 CPM、图形评审技术等工具的共同缺点。

10.3　任务顺序的优化

应通过任务顺序的调整,尽量增加任务的并行,避免耦合。通常通过以下两个方法进行任务顺序调整:引入原型以更改任务间的相关性和基于 DSM 优化方法。

10.3.1 引入原型以更改任务间的相关性

建造一个原型可使某些后续步骤更快地完成,使某些串行的任务变成并行。虽然原型的建造需要一定的时间,但往往可以使总的产品开发时间减少。

例如,如图 10-7 所示,某机电一体化系统的开发过程包括制作 PCB 板,将软件安装在 PCB 板上进行测试,软件测试合格后再进行系统集成测试。其中,PCB 板制作与软件测试是串行的工作,而 PCB 板制作、软件测试与改进都是非常耗时的工作,使得项目关键路径上的时间非常长。为此,可开发电路原型,使软件安装在电路原型上进行测试,以使软件测试与 PC 板制作成为并行的关系,这样可以显著缩短关键路径上的时间。

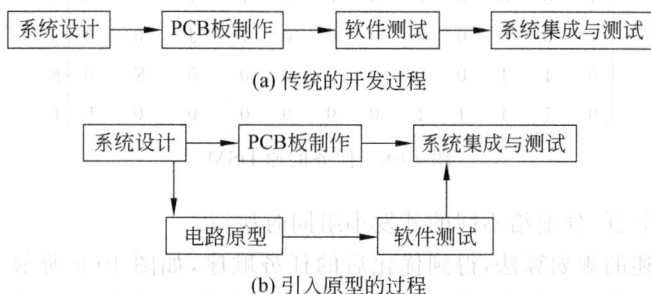

```
系统设计 ──▶ PCB板制作 ──▶ 软件测试 ──▶ 系统集成与测试
```

(a) 传统的开发过程

```
系统设计 ──▶ PCB板制作 ──▶ 系统集成与测试
    │                          ▲
    ▼                          │
  电路原型 ──────────▶ 软件测试
```

(b) 引入原型的过程

图 10-7 引入原型以更改任务间的相关性

另外,为高成本的零部件制作原型,并用原型进行测试以验证该零部件的可行性与正确性,可使该零部件在真正生产前得到测试,使风险降低。

10.3.2 基于 DSM 优化方法

基于 DSM 优化方法主要是通过调整顺序,减少信息迭代的数量和迭代影响的范围,尽可能地使标记出现在 DSM 的下三角区,因为位于主对角线上方的标记意味着任务信息的反馈和迭代。规划算法的步骤如下。

(1) 识别不需要矩阵中其他任务产生的信息就能执行的任务,这些任务对应的是 DSM 中的空行。将这些任务放在 DSM 的顶部,也就是使其尽早执行。一旦某个任务进行了重新排列,则将该任务和所有与它关联的关系从 DSM 中移走,并对剩下的任务重复步骤(1)。

(2) 识别不给矩阵其他任务传递任何信息的任务,这些任务对应的是 DSM 中的空列。将这些任务放在 DSM 的底部,也就是使其延至最后执行。一旦某个任务进行了重新排列,则将该任务和所有与它关联的关系从 DSM 中移走,并对剩下的任务重复步骤(2)。

(3) 如果执行完步骤(1)和(2)后,DSM 中已没有任何任务,这个矩阵就被完全划分了。否则,在保留的任务中必含有循环迭代任务。最后,用线框标记循环迭代任务。这样便可识别并行任务、串行任务和耦合任务三种类型。

[例 10-1] 试优化图 10-8 所示的任务顺序。

分析:整个矩阵的上、下三角形区都存在标记,成为一个耦合任务群,迭代循环涉及所有的 12 项任务。迭代影响的范围非常大,例如,任务 A 需要任务 J 的反馈,任务 B 需要任务 L(最后一个任务)的反馈等。为此,需要优化任务顺序,将任务划分为可以并行执

	A	B	C	D	E	F	G	H	I	J	K	L	
A	A	0	0	0	0	0	0	0	1	1	0	0	A
B	0	B	1	1	1	0	0	0	0	0	1	1	B
C	0	1	C	0	1	0	0	0	0	0	1	1	C
D	0	1	0	D	0	0	0	0	0	0	0	1	D
E	0	1	1	0	E	0	0	0	0	0	0	1	E
F	0	0	0	0	0	F	0	0	0	0	0	0	F
G	0	0	0	0	0	0	G	0	0	0	0	0	G
H	0	0	0	0	0	0	0	H	0	0	0	0	H
I	1	0	0	0	0	0	0	0	I	1	0	0	I
J	1	0	0	0	0	0	0	0	1	J	0	0	J
K	0	1	1	0	0	0	0	0	0	0	K	0	K
L	0	1	1	1	1	0	0	0	0	0	0	L	L

图 10-8　任务的原 DSM

行的多个小型任务群,分配给不同的开发小组同时执行。

通过执行上述的规划算法,得到优化后的任务顺序,如图 10-9 所示。在该 DSM 中,最大迭代循环只涉及六项任务,所得的五个任务群(如黑框所示)可以分配给五个小组同步开展。

	B	C	D	E	K	L	A	I	J	F	G	H	
B	B	1	1	1	1	1	0	0	0	0	0	0	B
C	1	C	0	1	1	1	0	0	0	0	0	0	C
D	1	0	D	0	0	1	0	0	0	0	0	0	D
E	1	1	0	E	0	1	0	0	0	0	0	0	E
K	1	1	0	0	K	0	0	0	0	0	0	0	K
L	1	1	1	1	0	L	0	0	0	0	0	0	L
A	0	0	0	0	0	0	A	1	1	0	0	0	A
I	0	0	0	0	0	0	1	I	1	0	0	0	I
J	0	0	0	0	0	0	1	1	J	0	0	0	J
F	0	0	0	0	0	0	0	0	0	F	0	0	F
G	0	0	0	0	0	0	0	0	0	0	G	0	G
H	0	0	0	0	0	0	0	0	0	0	0	H	H

图 10-9　优化后的任务矩阵

10.4　项目加速的准则

产品开发时间通常是产品开发项目最重要的因素,应尽快实施以下项目加速的准则。

1. 控制项目范围

对系统边界的任何修改都可能引起意想不到的问题,并要花更多时间了解顾客的要求,而使开发过程延期。

[例 10-2] 德国博朗(Braun)在工业设计史的地位与其包豪斯极简设计风格是分不开的,早年与乌尔姆造型学院的合作,是设计直接服务于工业的典范。Braun 设计的带插头的剃须刀在设计过程中发现,市场有"无绳"的需求,因此增加了电池作为能源。后来发现这样的剃须刀在旅行包中会意外打开。最后通过添加锁定关闭位置的开关解决了这一问题,但导致了项目的延迟以及成本的显著增加。

2. 消除项目瓶颈

约束理论(theory of constraints,TOC)指出,任何系统的表现都受制于最薄弱的环节,即瓶颈环节。在约束环节上损失一个工时,就等于整个系统损失一个工时,而在非瓶颈环节上节省一个工时无关紧要。因此,要提升系统的业绩,必须首先提升最弱环节的业绩。关键链方法是基于 TOC 对关键路径方法的改进,将关键链定义为考虑资源约束情况下,将项目中的最长路径作为项目的瓶颈。传统的 CPM 缺乏对资源约束与工期不确定性的考虑,而关键路径在很多情况下却不是项目的瓶颈。应采取以下措施。

(1) 任务的工期用平均情况下的估计工期表示,而 CPM 中则通常使用最坏情况下的估计工期。这是因为,根据帕金森定律的第一条:冗员增加原理:工作中只要有富余时间及冗员必定被消磨掉,去掉富余时间及冗员可以消除磨洋工现象,提高效率。

(2) 引进 TOC 的缓冲概念,使用项目缓冲和接驳缓冲保护关键链和交付日期。这两种缓冲都是加入计划的一段额外的时间。因为关键链进度计划使用平均工期,这样的计划理论上有 50% 的可能延期,所以必须要加入项目缓冲,以便不失信于客户。不过即使加入项目缓冲,关键链进度计划也比 CPM 计划要短得多,据报告一般缩短 10%～50%。

(3) 消除或更快完成项目瓶颈上的任务。仔细检查关键路径上的每项任务,思考它是否能被消除或替换。例如,避免在产品开发项目内部进行技术开发,更不应将技术开发任务放在关键路径上。可把技术开发、市场调研等任务作为日常经营活动处理。

(4) 消除项目瓶颈上的资源等待。例如从国外独家供应商处采购零部件、项目资金的审批等。项目经理应提前主动寻求必要的签字,或预先确定审批的规则,一旦达到条件就自动审批,以免妨碍整个团队的活动。

(5) 流水线作业。"一件流"策略是把一个大型任务分解成多个小型任务,完成一个小型任务就将其结果向下传递。例如,设计完一个部件就马上进行工艺设计,并寻找它的供应商,而不是等整理出完整的物料清单之后才统一进行供应商选择。流水线作业增加了同类任务的并行性。

(6) 任务外包。项目资源的约束是很普遍的。当一个项目被各种资源所限时,把某些任务分配给外部公司或公司内的另一个团队,这也使得产品开发流程更均衡,是丰田的精益生产思想在产品开发中的应用。其关键之处是设计明确的标准,使得外部的公司或小组能快速地加入到研发流程中。

(7) 消除模糊的前端,尽早启动项目。详细分析见第 2 章。

(8) 在时间压力大时考虑采用项目型组织,每个项目小组成员控制在 10 人以下,每个人全职地为一个项目工作,并且在同一个地方工作,以提高沟通效率。详细分析见第 2 章和第 3 章。

（9）对任务重新进行分解与排序优化，尽量使耦合任务变为串行任务，使串行任务变为并行任务，减少迭代循环所涉及的任务数量。详细分析见本章第 10.3 节。

10.5　专利申请

专利是发明人公开其发明，以换取得到的政府授予的暂时独占权，以在一定年限内排除他人使用该发明。研发活动应始于专利，也终于专利，也就是应通过专利分析掌握行业发展趋势，再进行专利布局与规划，然后开展研发活动，最后将研发活动的成果有选择地申请专利。

10.5.1　专利授权的条件

在中国，专利分为三种类型。

（1）发明：是指对产品、方法或者其改进所提出的新的技术方案。

（2）实用新型：是指对产品的形状、构造或者其结合所提出的适于实用的新的技术方案。

（3）外观设计：是指对产品的形状、图案、色彩或者其结合以及色彩与形状、图案的结合，所做出的富有美感并适于工业应用的新设计。

实用新型专利及外观专利的保护时限为 10 年，发明专利的保护时限为 20 年。

授予专利权的发明和实用新型，应当具备新颖性、创造性和实用性。

1. 新颖性

如果一件发明于申请前从未被公众所知或使用过，即可被认为其具有新颖性。判断新颖性时，应就专利文献或引证数据与申请书的技术内容比对看是否相同，不相同即具有新颖性。

2. 创造性

创造性是指同申请日以前已有的技术相比，发明要有"突出的实质性特点"和"显著进步"；而对于实用新型，有"实质性特点"和"进步"即可。另外，实用新型仅限于与形状、构造或其组合有关的革新设计。这样，各种制造方法、配方就不能申请实用新型专利，而只能申请发明专利。

判断创造性时，与判断新颖性时的单独比对不同，容许将数份专利文献或引证资料或先前技术的部分内容予以组合，与申请书的技术内容互相比较，以判断其是否具有突出的技术特征或显然的进步，如其仅为简单之相加，则不具备创作性，必须是相加后有相乘的效果，才具有创造性。例如在铅笔头上加橡皮擦仅仅是简单相加，并不具有相乘的功效，故不具备创造性。

3. 实用性

实用性是指该发明（或实用新型）能够制造或者使用，并且能够产生积极效果。

实用性要求申请专利并非仅是抽象的、纯理论上的说明，而必须能够实际制造出来相应的物品。例如爱因斯坦的广义相对论方程无法用于指导某种物品的设计与制造，因此不能申请专利。

另外,不能实施的发明也不具备实用性,不能取得专利权。它包括如下情况:尚未具备在产业上应用的条件,目前的技术水平还无法支持它的实施;违反公序良俗、道德准则或环境安全的技术,例如克隆人类及干细胞的技术、转基因生物、植物新品种。公序良俗原则是法律的最高原则,适用于所有的民事法律规范,专利法也不例外。

10.5.2 专利文件的撰写

专利申请文件包括请求书、说明书、权利要求书、说明书附图、说明书摘要、摘要附图。具体撰写要求如下。

1. 请求书

其内容主要包括:发明或者实用新型的名称、发明人或者设计人的姓名,申请人姓名或者名称、地址,以及其他事项。

发明人是在发明的创作过程中具有实质性贡献的人。需要警惕的是,如果把确实是发明人的人遗漏了,即使专利已被授权,也可能被裁定为无效。通常,实验人员一般不会被列为发明人,但如果其提出了实质性的意见并被采纳,应被作为发明人。

2. 说明书

说明书应当对发明或者实用新型做出清楚、完整的说明,以所属技术人员能够实现为准。说明书主要包括以下部分。

1) 技术领域

说明书要写明要求保护的技术方案所属的技术领域。复杂的产品通常包含多个技术领域。例如,一台流体节能装置可能包含了新颖的流体节能技术和新颖的机械结构,这时就需要提交对应多个技术领域的多项专利申请。

2) 技术背景

与学术论文的撰写要求相同,这一部分要写明与发明(实用新型)相关的技术背景,并评述反映技术背景的相关文献。研究、评述技术背景非常重要。这是因为以下几点。

(1) 通过研究技术背景文献(包括专利文献、学术论文等),开发团队可以获知本发明是否抵触已有的专利,或是否已被公开,使团队成员能预估获得专利授权的概率,从而做出适当修改,拟订出合理的权利要求,使权利得到最大限度的保护。

(2) 通过对技术背景文献的评述,有助于向专利审查员证明本发明(实用新型)是新颖的、有创造性的,从而增加专利授权的可能性。发明专利申请需要较详细的技术背景评述。

(3) 如果团队有一些创新的思想,却因缺乏实用性而无法申请专利保护,那么可以将其写入技术背景中,使之变成已公开的技艺,消除其新颖性,从而阻止其他人以后用之申请专利,这称为预防性策略。

3) 发明内容

说明书要写明所要解决的技术问题,具体阐明解决问题依据的原理、技术方案、实施方式,以及该发明或者实用新型产生的效益。要注意以下几点。

(1) 附图的要求

技术方案一般配以多张附图进行说明,也可举例说明。附图必须符合各种关于标识、线型、图形要素的种类等的规范。例如,绘图应采用线图(如第 6 章的图 6-36 和图 6-37)而非灰度图(见图 6-35)的形式才符合格式要求。因为灰度图多次复印、扫描之后会变模糊。

另外,在附图中,特征不能使用汉字来标记或说明,而只能使用阿拉伯数字来做标记,并在说明书中的"附图说明"小节中用文字对特征进行说明。特征的数字编号可以是间断的,以便于添加编号。出现在不同附图中的同一个特征必须使用相同的指代编号。

（2）技术方案的描述方式

专利法要求专利申请必须描述"优先选择的技术方案",即该发明的最好的方式。一般来说,技术方案的描述分为许多段落,每个段落描述该发明的一种具体实现,并解释该具体实现如何工作、为什么需要这些特征。

多个具体实现的描述通常按由简至繁的顺序。先描述最基本的实现方式,再论述下一个实现方式在前者的基础上对哪些特征进行了改变。例如,如图 10-10 所示,这一种流体节能装置的三种实现方式按顺序增量地说明特征的改变,这样的描述更清晰,也使得权利要求可以用递增的方式表达,以产生更好的专利保护效果。

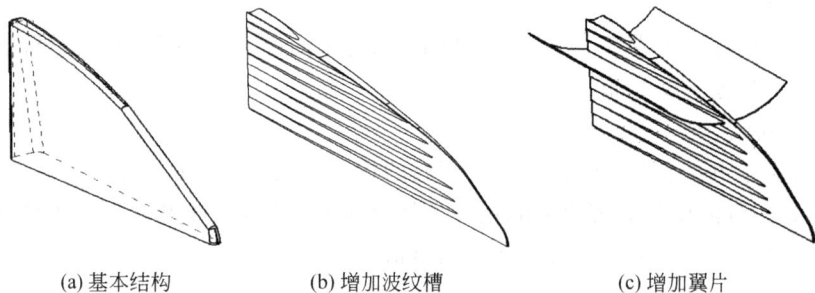

(a) 基本结构　　　　(b) 增加波纹槽　　　　(c) 增加翼片

图 10-10　三种实现方式的图示

（本图由佛山市众越节能环保技术开发有限公司授权使用）

（3）文字的准确性要求

在专利申请的各个文档中,文字必须简洁且无歧义。例如,在图 10-10 所示的实例中,如果将基本结构描述为一种"前低后高,下宽上窄,前窄后宽"的结构,而对"前、后、上、下"在说明书中没有明确定义,则其含义不能准确确定。还有,不得使用"有规律地"之类的模糊用语、"如权利要求……所述的……"之类的引用语,也不得使用商业性宣传语。

（4）文字的规范性要求

在专利申请的各个文档中,技术方案的描述必须符合数学逻辑关系。例如,如果系统构造可用如下数学式子表达:

$$X = A + B + C\cdots \tag{10-1}$$

其中 $A = p + q + m\cdots$,$B = \cdots$

对应地,用文字表达就是:X 由 A 、B 和 C 组成,其中所述的 A 由 p 、q 和 m 组成,所述的 B 由……组成。

3. 权利要求书

权利要求书是专利申请书中最重要的部分,用于简要地说明要求专利保护的范围。

它应当以说明书为依据，所提出的方案应在说明书中有记载。权利要求书中使用的科技术语应当与说明书中使用的科技术语一致，可以有化学式或者数学式，但是不得有插图。

权利要求分为独立权利和从属权利两种。独立权利要求应当从整体上反映发明或者实用新型的技术方案，记载解决技术问题的必要技术特征。一项发明或者实用新型应当只有一个独立权利要求，并写在从属权利要求之前。独立权利要求单独生效。从属权利要求是在独立权利要求的基础上附加进一步的技术特征。

从属权利要求一般的撰写格式为："(权利要求序号)、根据权利要求(引用的权利要求编号)所述的(主题名称)，其特征是(写明附加技术特征)"。例如，为图 10-10(a)的技术方案申请独立权利要求(权利要求 1)，而为图 10-10(b)的技术方案申请从属权利要求(权利要求 2)。该从属权利要求撰写如下："2.根据权利要求 1 所述的水泵效能优化节能装置，其特征是：所述管道(1)内的导流板(2)两侧及顶端带波浪槽(3)"。

撰写权利要求要注意以下几点。

(1) 技术方案涉及的参数(例如温度、几何尺寸等)应当是一个适当的范围，不一定公布最佳参数值，而是将这些最佳值作为技术秘密。也就是说，按照写在说明书中的技术方案，可以制作出所述的效果，但效果往往不是最佳的；只有再加上技术秘密才会得出最佳的效果。例如，假如图 10-10 所示的楔形的最佳角度是 15°，而公布的是 10°～22°。保留技术秘密的目的有如下利益：一是即使专利申请不成功，也保留下来了自己的核心技术而不外泄；二是在专利权转让或者许可时，技术秘密没有被包括在内，如果受让方要取得这部分技术秘密，则应该再付出额外的费用；三是增加了同行避开专利的难度。

但是，这需要谨慎权衡，不能把那些必要的技术特征作为技术秘密保留下来，否则将会因为公开不充分而造成实用性、创造性不足够，而使专利申请被驳回。

(2) 在一个专利申请中，应申请 1 个独立权利，以及尽量多的从属权利，从属权利要求以递增的方式表达。在如图 10-10 对应的三项权利要求中，权利要求 2 基于权利要求 1，而权利要求 3 基于权利要求 1 或 2。这一做法有如下利益：一是可以尽可能多地覆盖各种具体实现方式，增大专利保护范围；二是因为申请人对各项权利要求的获批通常没有绝对的把握，将权利要求分开表述，可减少因某项权利要求没有获批而导致全部权利被否定的风险。

4. 说明书摘要

摘要应反映技术方案的要点及效益，可将权利要求的主要特征写入。摘要文字总数不能超 300 字。摘要附图是从说明书附图中选出的最重要的一张。

10.6 产品数据管理

产品数据管理(product data management，PDM)系统是一种帮助工程师和其他人员管理产品数据和产品开发过程的工具。它与 ERP/CRM/SCM 一起，构成了企业管理信息系统的主体，如图 10-11 所示。

PDM 将所有与产品相关的信息和过程集成在一起。与产品有关的信息包括任何属于产品的数据，如 CAD/CAE/CAM 的文件、BOM、产品配置、事务文件、产品订单、电子

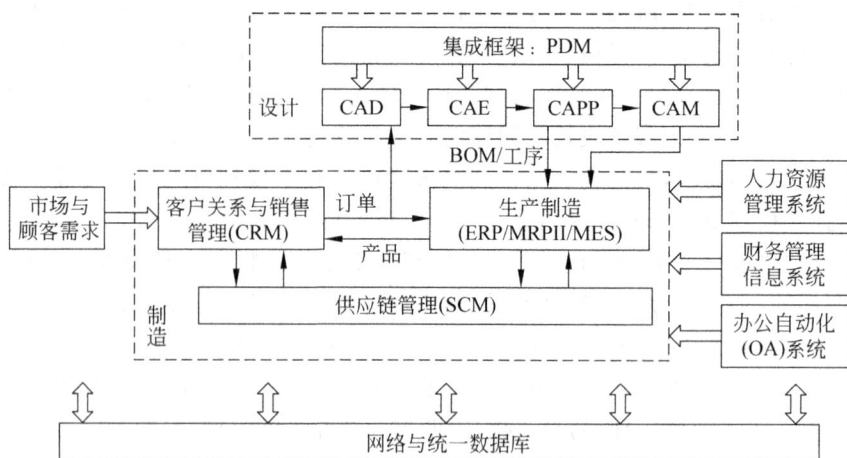

图 10-11　数字化企业模型及 PDM 系统

表格、生产成本、供应商信息等。与产品有关的过程包括产品的加工工序、加工指南和有关批准、使用权、安全、工作标准和方法、工作流程、机构关系等所有过程处理的程序。它覆盖了产品生命周期的各个方面，PDM 能使最新的数据为全部有关用户应用，包括工程设计人员、数控机床操作人员、财会人员及销售人员都能按要求方便地存取使用有关数据。

10.6.1　基本内容及功能

产品数据管理的基本内容及功能如下。

1. 电子资料室

电子资料室是 PDM 的核心，它一般建立在关系型数据库系统基础上，主要保证数据的安全性和完整性，并支持各种查询和检索功能。用户可以利用电子资料室来管理存储于异构介质上的产品电子文档。相关的数据聚合成对象，面向对象的数据库组织方式能够提供更快速有效的信息访问，实现信息透明、过程透明，而无须了解应用软件的运行路径、有效版本以及文档的物理位置等信息。所有描述产品、部件和零件的数据都由 PDM 统一管理，进行相应的维护。

2. 文档管理

PDM 管理着产品整个生命周期中所包含的全部数据，包括工程设计与分析数据、产品模型数据、产品图形数据和产品的加工数据等。各种数据主要来源于原始档案、设计文档、工艺文档、生产管理、维修服务、专用文档等。一般来说，PDM 将上述各种文档分成五种类型进行管理，即图形文件、文本文件、数据文件、表格文件和多媒体文件。

文件可分成两种方法处理：一种方法是保持文件的整体性，这些文件中的数据不能与文件分离，一旦脱离就失去了意义，即所谓的"打包"；另一种方法是文件中的数据可以从文件中提取，这些数据都具有独立的意义，然后将这些数据分门别类地放在关系型数据库中，以便对文件内容进行检索和统计。除了个别的特殊信息需要进行分类和统计外，一般都按整体进行文件管理。

3. 产品结构与配置管理

产品结构与配置管理是现代企业应对"小批量，多品种"的产品特点和市场要求的重要对策之一。有资料表明，在按单生产的产品的零部件构成中，50%左右的零部件属于标准件与外购外协件（称为 C 类件），40%左右的零部件属于典型的变型零部件（称为 B 类件），而 10%左右的零部件属于全新零部件（称为 A 类件）。长期以来，在按功能部门组织生产的传统企业中，由于缺少产品结构与配置管理、无法利用已有的设计成果等原因，使原本可以通过变型设计实现的工作也需要按照新产品开发的流程进行，这需要耗用很长的时间才能完成，从而延长了产品交货期。

以某一自行车产品为例，产品结构与配置管理的基本过程如下。

（1）建立一个虚拟的自行车成品（可视为自行车产品平台）以及自行车的总体结构。

（2）把企业数据库中相关零部件数据挂到相应的模块结构下，部分的零部件作为可选部件。

（3）为各个模块、零部件建立条件变量，如重量、尺寸。

（4）为变量创建组合条件，例如建立重量、尺寸的某个范围取值与某个零部件的关联关系，这也称为配置规则。至此完成一个具有搜索条件的自行车产品配置子系统。

上述步骤如图 10-12(a)所示。当输入适当的条件后，系统就会把不符合条件的零部件给筛选掉，快速组合形成一个符合规则要求的变型产品，如图 10-12(b)所示。

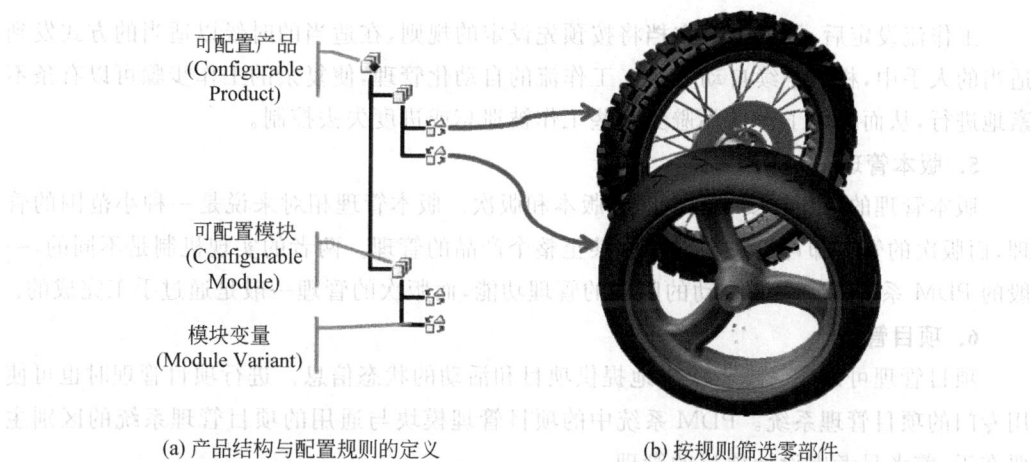

可配置产品
(Configurable Product)

可配置模块
(Configurable Module)

模块变量
(Module Variant)

(a) 产品结构与配置规则的定义　　　　　　(b) 按规则筛选零部件

图 10-12　自行车的产品结构与配置管理

(所用软件：PTC Windchill)

4. 工作流管理

PDM 管理产品数据的动态定义过程，其中包括宏观过程（产品生命周期）和各种微观过程（如图样的审批流程）。对产品生命周期的管理包括保留和跟踪产品从概念设计、产品开发、生产制造、维修服务直到停止生产的整个过程中的所有历史记录，以及定义产品从一个状态转换到另一个状态时，必须经过的处理步骤。管理员可以通过对产品数据的各基本处理步骤的组合来构造产品设计或更改流程，这些基本的处理步骤包括任务分解与分配、审批和通知相关人员等。流程的构造与管理是建立在对企业中各种业务流程的分析结果基础上的。

例如,在 PDM 系统的工作流设计图形化界面上,定义设计的总流程为两个主任务：设计与审批,如图 10-13(a)所示。然后还可进一步定义审批的子任务,如图 10-13(b)所示。

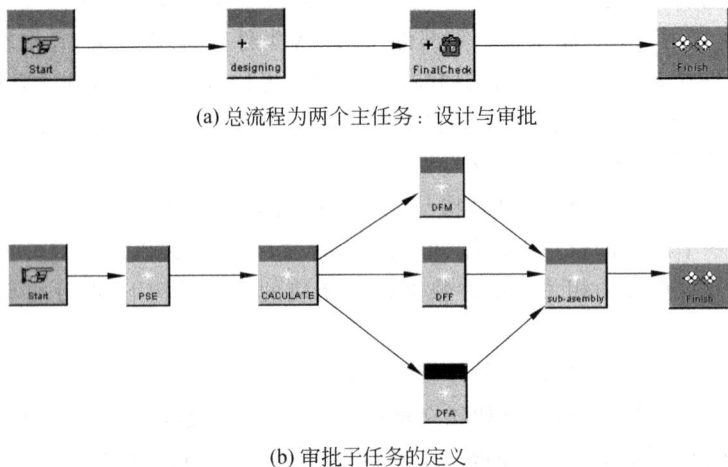

(a) 总流程为两个主任务：设计与审批

(b) 审批子任务的定义

图 10-13　设计总流程及其子任务之一
(所用软件：UGS iMAN)

工作流设定后,被处理的文档将按预先设定的规则,在适当的时候以适当的方式发到适当的人手中,相关手续自动完成。工作流的自动化管理,使复杂的工作步骤可以有条不紊地进行,从而减轻工作量并避免某些工作被遗忘或进度失去控制。

5．版本管理

版本管理的内容主要分为两种：版本和版次。版本管理相对来说是一种小范围的管理,而版次的管理却可以实现零部件甚至整个产品的管理。两者的实现机制是不同的,一般的 PDM 系统都提供有自动的版本的管理功能,而版次的管理一般是通过手工完成的。

6．项目管理

项目管理可以为管理者实时地提供项目和活动的状态信息。进行项目管理时也可使用专门的项目管理系统。PDM 系统中的项目管理模块与通用的项目管理系统的区别主要在于,前者只考虑设计项目的管理。

项目管理是在项目的实施过程中对其计划、组织、人员及相关的数据进行管理和配置,对项目的运行状态进行监视,并完成计划的反馈。项目管理具有控制项目开发时间和费用、协调项目开发活动和保证项目的运行等功能,项目管理是建立在流程管理基础上的一种管理。一般来说,商品化的 PDM 系统的项目管理模块具有以下功能。

（1）项目定义,即确定项目目标,制订实现目标的一系列方法和措施,建立项目执行的行动指南,同时明确组织结构及团队成员的职责。

（2）计划建模,即项目任务的分解与分配。

（3）个人工作管理,查看个人的任务执行情况,并触发下一个任务。

（4）进度控制,以进度的控制为基础,辅以资源、成本、质量控制的跟踪监测和控制功能。

（5）信息统计，提供了细化的资源和成本管理，提供添加、查询和统计使用率等功能。

（6）合同管理，项目中的各种责权利关系通常用合同的方式进行表达。

（7）信息管理，除了提供一般的项目信息发布功能外，还提供了专门的文档管理来统一管理不同类型的产品开发项目，以及项目不同阶段的一些通用文档模板及其流转过程定义、项目历史相关资料等。同时，该模块还提供作为协作实现关键的实时通信工具。

10.6.2 产品生命周期管理

产品生命周期管理（product lifecycle management，PLM）是当代企业面向客户和市场，快速重组产品每个生命周期中的组织结构、业务过程和资源配置，从而使企业实现整体利益最大化的先进管理理念。

目前，现有的 CAX、ERP、PDM、SCM、CRM、e-Business（电子商务）等系统，主要是针对产品全生命周期中某些阶段的解决方案，难以支持企业作为一个整体来获得更高的效率、取得更多的创新以及满足客户的特殊需求，因此迫切需要一种企业信息化策略，将这些单独的系统结合到一起。PLM 系统（PLMS）的技术定位是，为分立的应用系统提供统一的支撑平台，以支持企业业务过程的协同运作。

PLM 可视为 PDM 的扩展，这主要体现在以下四个方面。

1. 从传统的"产品数据管理"转变为企业的"知识管理"

在 PLM 系统中，CAD 等单元系统都有了新的使命，从简单的几何造型变为"产品和产品相关知识的创建和优化"，从"参数设计和装配分析"到"知识型的电子样机"，从"产品几何信息"到"产品-流程-资源整合信息数据"等，PLM 帮助企业继承、管理、优化企业的知识资源，提高知识、经验的可重用性。

2. 从传统的"管理结果"转变为注重"控制过程"

IBM 和达索公司的 PLM 理论认为，要降低成本，在项目的后期才交由 ERP 等系统处理已为时太晚，唯有争取"第一次就做对"（right first time），通过管理产品生命周期全过程的手段，才能对开发周期、创新能力和经营成本进行全面的控制和提升。实施 PLM 的过程，也是企业流程改革或再造的过程，在实施 PLM 的同时，为企业导入行业的最佳实践（best practice），使企业不断提升竞争能力。

3. PLM 为企业的运作提供了一个协同管理的集成平台

在此平台上，企业可以运用 CAD、CAPP、CAE、CAM、CAQ、PDM、ERP、SCM、CRM、KM 等单项技术来解决产品生产中各个环节的工作需求，实现从设计、制造到管理的相关信息的全面数字化。

4. 形成跨行业、全球化的协同工作模式

利用跨行业、全球化的可视化协同工作模式建立一个集成的可视化管理环境，以便在扩大了的企业范围内分享和共用复杂产品数据。建立基础集成框架，建立一个包括各个应用系统在内的、全局的、统一的共享信息模型，使贯穿于整个制造价值链的协同能力得到大大提高，使企业从概念设计到产品发布都能以更快的速度、更低的成本推出更好的产品。

10.7   案例：GM 公司的发动机开发项目管理

"油老虎"一直是 GM 公司所生产的汽车的口碑,公司所推出的中级轿车在日趋激烈的市场竞争中已经没有多少生存空间。为此,公司决定开发新一代的涡轮增压发动机,取名为"DOHCV6",其客户需求主要有燃油经济性、环保性、通用性、操控乐趣。其产品功能特征主要有：缸内直喷、伊顿 M62 机械增压、升功率达 75 千瓦、铝制的活动头、铸铁汽缸壁。其设计的总体目标是："让汽车在保持驾驶乐趣的前提下消耗更少的燃料"。

工程师们建立了 DOHCV6 设计开发的 DSM 模型。产品开发的第一级的任务划分为 22 项任务,以设计对象名称作为任务名称,并用英文字母编号,有：A 发动机本体、B 汽缸盖、C 凸轮轴/阀连接线、D 活塞、E 连杆、F 机轴、G 调速轮、H 附件驱动器、I 润滑油 J 抽水机/冷却泵、K 进气歧管、L 排气装置、M 废气再循环机构、N 空气过滤器、O 空气喷射反作用器、P 燃料系统、Q 熄火装置、R 燃油蒸发控制系统、S 点火系统、T 电控模块、U 电子系统和 V 发动机装配。

每一项任务又是由多种角色的人员协同完成的。例如,机轴的设计需要以下人员协同,共同完成：1 个产品版本工程师、1 个 CAD 设计师、3 个制造工程师、2 个采购代表、2 个铸造工程师、机床工具供应商、1 个生产控制分析员、1 个财务计划员和生产人员。见图 10-14。

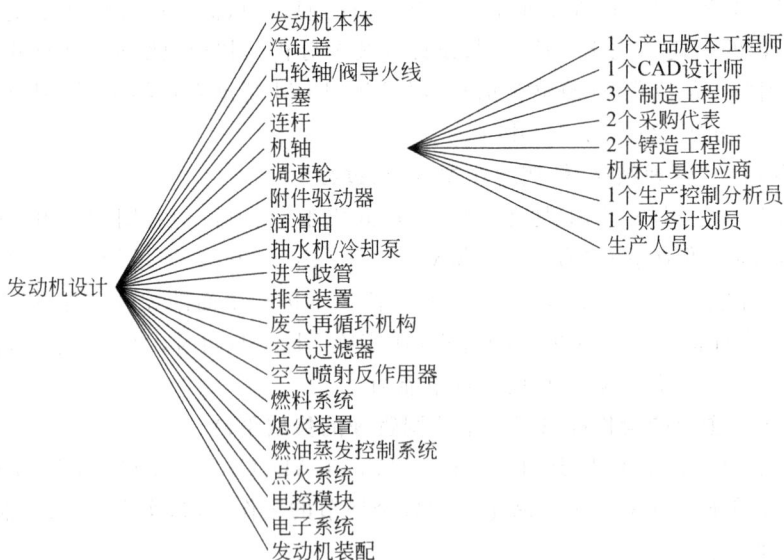

(a) 22项产品设计任务   (b) 设计任务所需的协同

图 10-14   发动机设计任务的分解与活动协同需求

DOHCV6 发动机含有近百种零部件,重要的零部件包括本体、汽缸盖、机轴、电控模块等。由于与原有产品的巨大差异,大量的零部件需要重新设计。另外,部分采购的零部件设计时需要考虑供应商的制造能力,或者交给供应商进行设计,但协商与控制过程比较复杂。无论哪一种途径,设计过程都是复杂的分布式工作流与控制过程,需要耗费大量时间,不符合产品迅速上市的要求。

以往,团队一直使用甘特图进行项目管理与控制。对照当前的任务发现,甘特图不能清晰地展示产品开发各项任务之间的关系,从而一方面导致个别部门职责不明确,降低了效率,对整个产品开发的过程也缺乏有效的协调和控制,无法进行并行的流程作业;另一方面对整个产品开发过程设置的评审环节过多,增加了不必要的重复活动,导致效率的降低。从而延长了产品开发的时间,也增加了开发成本。

为此,团队引入 DSM 的方法,建立了一个 22×22 的 DSM 矩阵,如图 10-15 所示。从图示的原 DSM 矩阵可以看到,每种部件的设计都需要其他部件的大量信息,任务之间的迭代与反馈现象严重,22 项任务耦合构成了一项难以分割的大型任务。原始的 DSM 只提供了各项任务之间的信息交流方向,很难发现哪些任务可以被安排在一个工作组中。

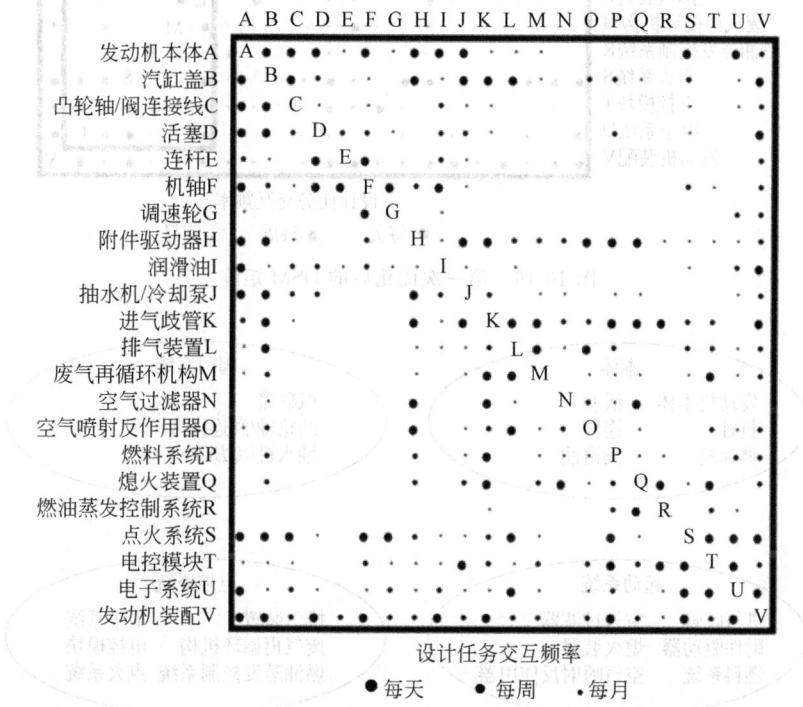

图 10-15 原 DSM 矩阵

工程师们对原 DSM 矩阵进行第一次任务重新排序,产生了新的 DSM 矩阵,如图 10-16 所示。

在新的 DSM 矩阵中,可以看到大型耦合任务经过重排,产生了四个较小型的耦合任务群。而耦合任务之外的点相对以前已变得较为稀疏。基于该 DSM,设置了四个项目小组,每个小组并行地执行一个耦合任务群。四个耦合任务群如图 10-17 所示。

然而,经过一段时间的工作发现,小组之间的交互需求之大超出了预计,每个小组都需要与其他的三个小组进行大量的沟通交互,使得设计过程难以继续执行。DSM 矩阵的第一次优化未达到目标。

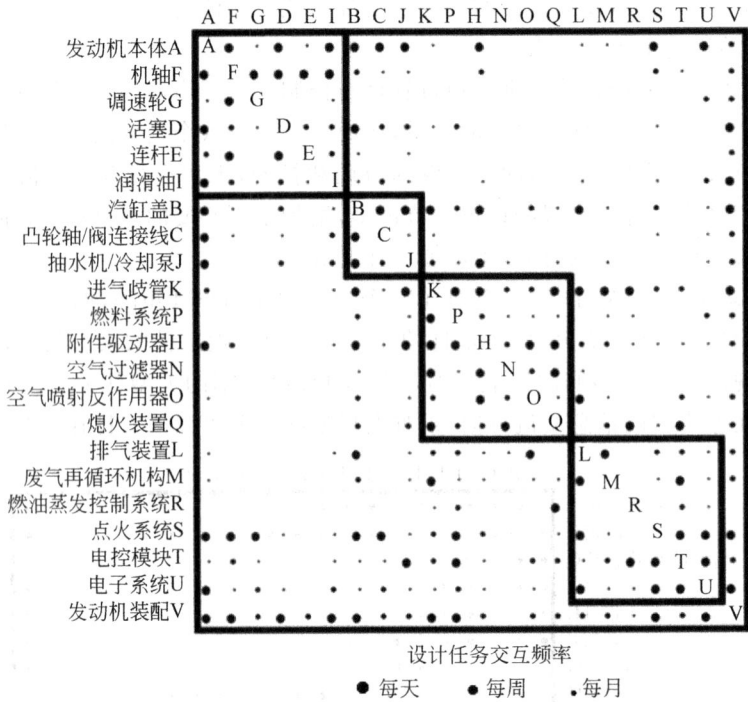

图 10-16　第一次优化后的 DSM 矩阵

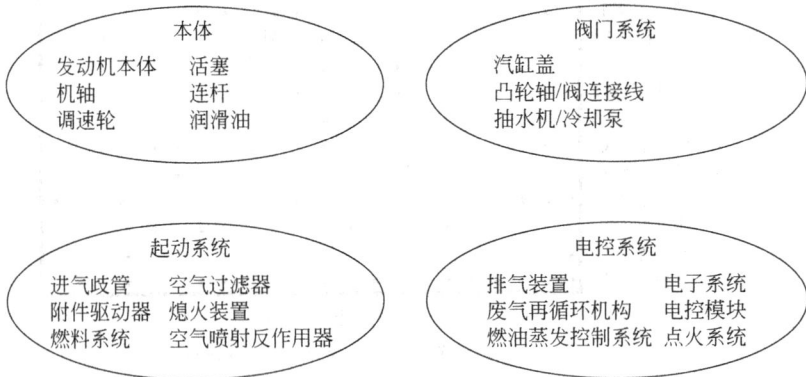

图 10-17　四个小组分别承担的任务

　　工程师们再次对 DSM 矩阵进行优化。在这一次,一个创意被提出:既然难以消除任务之间的反馈,那不如将所有的反馈尽量集中,然后安排一个能力最强的小组来承担存在最密集反馈的那一部分任务。

　　经再次优化的 DSM 矩阵如图 10-18 所示。

　　如图 10-18 所示,新排列的任务群的并行性得到提高,可以看出这 22 项任务可以分为五个小组进行,小组 1 至小组 4 之间的反馈被清晰定义,四个小组之间的反馈已经减至最少;小组 5 为集成小组,专门负责与其他部件耦合程度最高的部件,例如电子系统、发动机装配等的设计,同时负责各小组之间的交互协调,如图 10-19 所示。

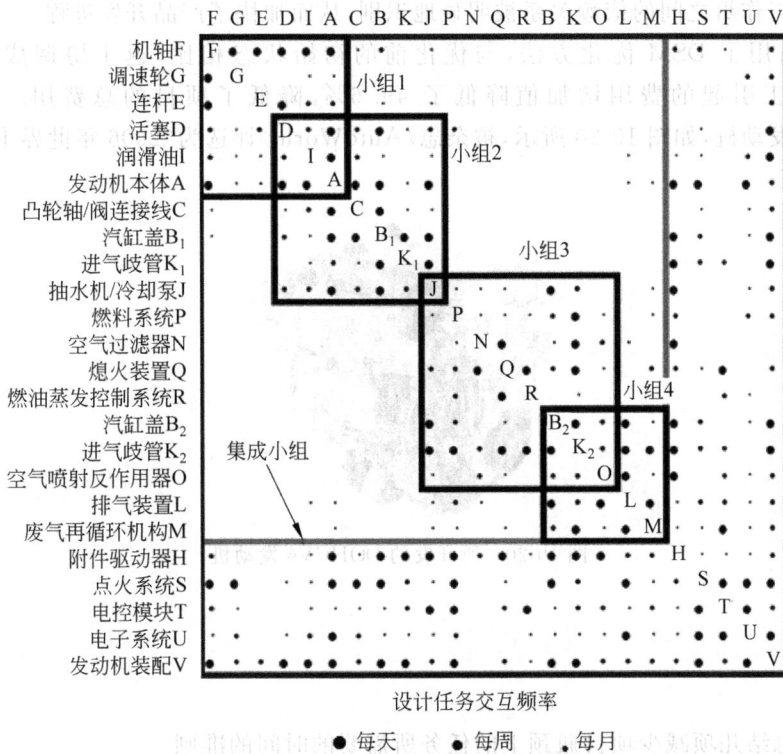

图 10-18　经再次优化的 DSM 矩阵

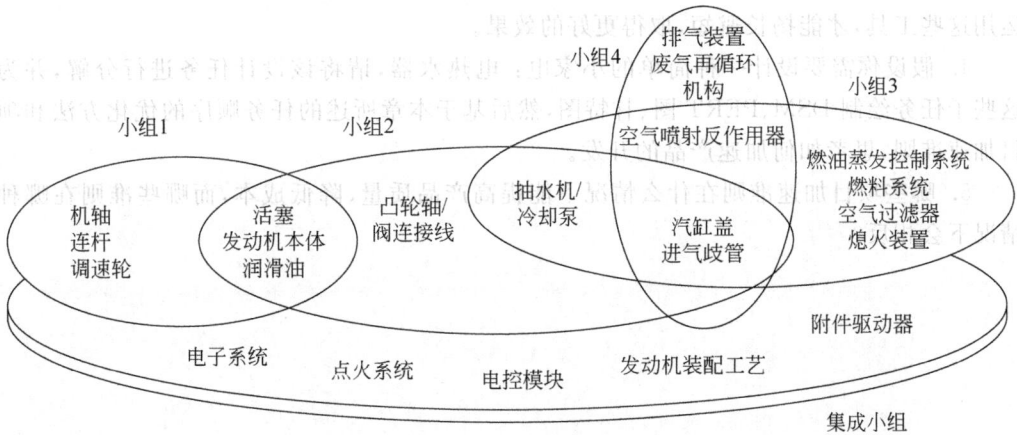

图 10-19　五个小组的任务分配

　　除了进行任务排序优化之外,还对原任务分解与分配方案进行优化。例如,汽缸盖 B、进气歧管 K 的原设计需要四个小组的交互,现将其分割成两部分,在集成小组的协助下,第 1 部分由小组 2 独自设计,而第 2 部分由小组 3 和小组 4 协同设计,减少了小组之间的交互复杂性。

　　通过以上的调整,设计过程变得流畅,执行各项任务所需的信息和产生的信息流向更清楚,每个工作组之间的依赖关系被明显地识别,从而加快了产品开发进程。

由于采用了 DSM 优化方法,与优化前的初始状态相比,返工协调成本降低了 52.4%,返工引起的费用增加值降低了 49.6%,降低了项目的总费用。所开发的 DOHCV6 发动机,如图 10-20 所示,被杂志《AutoWorld》评选为"2006 年世界十佳汽车发动机"之一。

图 10-20　所开发的 DOHCV6 发动机

习题

1. 请总结几项减少项目瓶颈上的任务所需要的时间的准则。

2. 请总结几项加速项目进程的准则。

3. 请总结 DSM、甘特图、CPM、PERT 等项目管理工具的优缺点,并提出应如何综合运用这些工具,才能扬长避短,取得更好的效果。

4. 假设你需要设计一种简单的小家电:电热水器,请将该设计任务进行分解,并为这些子任务绘制 DSM、PERT 图、甘特图,然后基于本章所述的任务顺序的优化方法和项目加速准则,思考如何加速产品的开发。

5. 哪些项目加速准则在什么情况下能提高产品质量、降低成本,而哪些准则在哪种情况下会相反?

附录 A　39 个工程参数

1. 运动物体的重量 （weight of moving object）	14. 强度 （strength）	27. 可靠性 （reliability）
2. 静止物体的重量 （weight of nonmoving object）	15. 运动物体作用时间 （durability of moving object）	28. 测试精度 （accuracy of measurement）
3. 运动物体的长度 （length of moving object）	16. 静止物体作用时间 （durability of nonmoving object）	29. 制造精度 （accuracy of manufacturing）
4. 静止物体的长度 （length of nonmoving object）	17. 温度 （temperature）	30. 物体外部有害因素（harmful factors acting on object）
5. 运动物体的面积 （area of moving object）	18. 光照度 （brightness）	31. 物体产生的有害因素 （harmful side effects）
6. 静止物体的面积 （area of nonmoving object）	19. 运动物体的能量 （energy spent by moving object）	32. 可制造性 （manufacturability）
7. 运动物体的体积 （volume of moving object）	20. 静止物体的能量 （energy spent by nonmoving object）	33. 可操作性 （convenience of use）
8. 静止物体的体积 （volume of nonmoving object）	21. 功率 （power）	34. 可维修性 （reparability）
9. 速度 （speed）	22. 能量损失 （waste of energy）	35. 适应性 （adaptability）
10. 力 （force）	23. 物质损失 （waste of substance）	36. 装置的复杂性 （complexity of device）
11. 应力或压力 （tension，pressure）	24. 信息损失 （loss of information）	37. 控制的复杂性 （complexity of control）
12. 形状 （shape）	25. 时间损失 （waste of time）	38. 自动化程度 （level of automation）
13. 结构的稳定性 （stability of object）	26. 物质或事物的数量 （amount of substance）	39. 生产率 （productivity）

（1）运动物体的重量是指在重力场中运动物体受到的重力。如运动物体作用于其支撑或悬挂装置上的力。

（2）静止物体的重量是指在重力场中静止物体所受到的重力。如静止物体作用于其支撑或悬挂装置上的力。

（3）运动物体的长度是指运动物体的任意线性尺寸，不一定是最长的。

（4）静止物体的长度是指静止物体的任意线性尺寸，不一定是最长的。

（5）运动物体的面积是指运动物体内部或外部所具有的表面或部分表面的面积。

（6）静止物体的面积是指静止物体内部或外部所具有的表面或部分表面的面积。

（7）运动物体的体积是指运动物体所占有的空间体积。

（8）静止物体的体积是指静止物体所占有的空间体积。

（9）速度是指物体的运动速度、过程或活动与时间之比。

（10）力是指两个系统之间的相互作用。在 TRIZ 中力是试图改变物体状态的任何作用。

（11）应力或压力是指单位面积上的力。

（12）形状是指物体外部轮廓或系统的外貌。

（13）结构的稳定性是指系统的完整性及系统组成部分之间的关系。磨损、化学分解及拆卸都会降低稳定性。

（14）强度是指物体抵抗外力作用使之变化的能力。

（15）运动物体作用时间是指物体完成规定动作的时间、服务期。两次误动作之间的时间也是作用时间的一种度量。

（16）静止物体作用时间是指物体完成规定动作的时间、服务期。两次误动作之间的时间也是作用时间的一种度量。

（17）温度是指物体或系统所处的热状态，包括其他热参数，如影响改变温度变化速度的热容量。

（18）光照度是指单位面积上的光通量，系统的光照特性，如亮度、光线质量。

（19）运动物体的能量是指能量是物体做功的一种度量。在经典力学中，能量等于力与距离的乘积。能量也包括电能、热能及核能等。

（20）静止物体的能量是指能量是物体做功的一种度量。在经典力学中，能量等于力与距离的乘积。能量也包括电能、热能及核能等。

（21）功率是指单位时间内所做的功，即利用能量的速度。

（22）能量损失是指为了减少能量损失，需要不同的技术来改善能量的利用。

（23）物质损失是指部分或全部、永久或临时的材料、部件或子系统等物质的损失。

（24）信息损失是指部分或全部、永久或临时的数据损失。

（25）时间损失是指一项活动所延续的时间间隔。改进时间的损失是指减少一项活动所花费的时间。

（26）物质或事物的数量是指材料、部件及子系统等的数量，它们可以被部分或全部、临时或永久地改变。

（27）可靠性是指系统在规定的方法及状态下完成规定功能的能力。

（28）测试精度是指系统特征的实测值与实际值之间的误差。减少误差将提高测试精度。

（29）制造精度是指系统或物体的实际性能与所需性能之间的误差。

（30）物体外部有害因素作用的敏感性是指物体对受外部或环境中的有害因素作用的敏感程度。

（31）物体产生的有害因素是指有害因素将降低物体或系统的效率，或完成功能的质量。这些有害因素是由物体或系统操作的一部分而产生的。

（32）可制造性是指物体或系统制造过程中简单、方便的程度。

（33）可操作性是指要完成的操作应需要较少的操作者、较少的步骤以及使用尽可能简单的工具。一个操作的产出要尽可能多。

（34）可维修性是指对于系统可能出现失误所进行的维修要时间短、方便和简单。

（35）适应性及多用性是指物体或系统响应外部变化的能力，或应用于不同条件下的能力。

（36）装置的复杂性是指系统中元件数目及多样性，如果用户也是系统中的元素，将增加系统的复杂性。掌握系统的难易程度是其复杂性的一种度量。

（37）控制的复杂性是指如果一个系统复杂、成本高、需要较长的时间建造及使用，或部件与部件之间关系复杂，都使得系统的监控与测试困难。测试精度高，增加了测试的成本也是测试困难的一种标志。

（38）自动化程度是指系统或物体在无人操作的情况下完成任务的能力。自动化程度的最低级别是完全人工操作。最高级别是机器能自动感知所需的操作、自动编程和对操作自动监控。中等级别的需要人工编程、人工观察正在进行的操作，改变正在进行的操作及重新编程。

（39）生产率是指单位时间内所完成的功能或操作数。

附录 B 40 个发明原理

每个原理通常有几项含义，按内容的继承逻辑排序，后者通常是前者的继承与拓展。

1. 分割（segmentation）

（1）将物体分割成独立部分。

（2）使物体成为可组合的部件（易于拆卸和组装）。

（3）增加物体分裂或分割的程度（degree of fragmentation or segmentation）。

2. 抽取（taking out）

将物体中"干扰"的部分或特性抽取出来，或只抽取物体中需要的部分或特性。

3. 局部质量（local quality）

（1）将物体的结构从同类结构转变成异类结构、将外部环境（或外部影响）从统一转变为不统一。

（2）使物体的每个功能都最适宜操作。

（3）物体的不同部分实现不同的功能。

4. 非对称（asymmetry）

（1）用非对称的形式代替对称形式。

（2）如果物体已经是非对称的，那么增加其非对称的程度。

5. 融合（merging）

（1）使同样或近似的物体靠近（或合并），装配同样或近似的零件以执行并行的操作。

（2）使操作同时或并行，合并时间上的同类或相邻的操作。

6. 普遍性（universality）

一个物体能实现多种功能，消除其他部件的需求。

7. 嵌套（nested doll，俄罗斯套娃）

（1）将一个物体放到另一个物体中，这个物体再放到第三个物体中，以此类推。

（2）一个物体穿过另一个物体的空腔。

8．配重（anti-weight）

（1）融合能提供升力的其他物体，以补偿物体的重量。

（2）使之与环境交互（例如使用气体动力、液体动力、浮力或其他力），以补偿物体的重量。

9．预先反作用（preliminary anti-action）

（1）假如某项动作同时存在有害、有用两方面影响，该项动作用一个相反动作来控制有害影响。例如用稀释来防止极端的 pH 值的危害。

（2）预先使用一个力以对抗已知的、不希望存在的、正在作用的力。

10．预处理（preliminary action）

（1）在需要前对物体完全或部分实施必要的改变。

（2）事先把物体放在最方便的位置，以便能立即投入使用。

11．预先应急措施（beforehand cushioning）

预先准备好相应的应急措施，以补偿物体的相对低的可靠性。

12．等势（equipotentiality）

在一个潜在的场（potential field）中，限制位置的改变（例如改变操作状态以消除在重力场中升降物体的需要）。

13．反过来做（the other way round）

（1）实施一个相反的动作以解决问题（例如加热物体而非冷却）。

（2）使物体或外部环境移动的部分静止，或者使静止的部分移动。

（3）把物体（或过程）上下颠倒。

14．曲面化（spheroidality-curvature）

（1）用曲线部件代替直线部件，用球面代替平面，用球体代替方体。

（2）采用滚筒、球体、螺旋体。

（3）利用离心力，用旋转运动代替直线运动。

15．动态性（dynamics）

（1）改变物体或外部环境的特性，以便在操作的每个阶段都能提供最佳性能。

（2）把物体分成几个部分，它们能够改变彼此的相对位置。

（3）如果物体不能移动，让它移动，让物体各部分都可以相互移动。

16．不足或过量的作用（partial or excessive actions）

如果得到规定效果的 100％很难，那么就完成得多一些或少一些。例如油漆时多喷一些，然后去除多余的部分。

17．另一个维度（another dimension）

（1）把物体的动作、布局从一维变到二维或三维。

（2）使用多层排列而非单层排列。

（3）将物体倾斜或重新定向，或者侧放。

（4）使用给定表面的"另一面"。

18．机械振动（mechanical vibration）

（1）使物体振荡（oscillate）或振动。

（2）如果振动已经存在，那么增加其频率直至超音频。

（3）使用一个物体的共振频率（resonant frequency）。

（4）使用压电（piezoelectric）振动代替机械振动。

（5）使用超声波（ultrasonic）和电磁场振荡的结合。

19. 周期性动作（periodic action）

（1）用周期性的或脉冲性的（pulsating）动作代替连续的动作。

（2）如果动作已经是周期性的，则改变频率。

（3）利用脉动（impulses）之间的停顿来执行额外的动作。

20. 有效动作的连续性（continuity of useful action）

（1）连续实施动作不要中断，物体的所有部分应该一直处于满负荷工作状态。

（2）去除所有空闲的、中间的动作。

（3）用循环的动作代替"来来回回"的动作。

21. 快速通过（skipping）

非常快速地实施一项操作或特定阶段（例如破坏性的、有害的或危险的操作）。

22. 变害为利（"blessing in disguise" or "turn lemons into lemonade"）

（1）利用有害的因素（特别是环境中的）获得积极的效果。

（2）通过与另一个有害因素结合，来消除一个有害因素。

（3）增加有害因素到一定程度，使之不再有害。

23. 反馈（feedback）

（1）引入反馈以改善过程或动作。

（2）如果已经有反馈，那么改变它的量级或影响。

24. 中介物（intermediary）

（1）使用中间物体来传递或执行一个动作。

（2）临时把初始物体和另一个（容易被移走的）物体结合。

25. 自服务（self-service）

（1）在实施辅助的、有用的操作时，让物体自我服务。

（2）利用废弃的资源、能量或物质。

26. 复制（copying）

（1）用简化的、便宜的复制品来代替不易获得的、昂贵的、易碎的物体。

（2）用光学复制品替代物体或过程。

（3）如果已经使用了可见光的复制品，那么使用红外光或紫外光的复制品。

27. 一次性用品（cheap short-living objects）

用多个廉价品替代一个昂贵物品，在某些属性上做出妥协。

28. 替代机械系统（mechanics substitution）

（1）用带有光、声、热、嗅觉传感器的系统替代机械系统。

（2）用电、磁或电磁场来与物体交互作用。

（3）用移动场替代静止场，用随时间变化的场替代固定场，用结构化的场替代随机场。

（4）使用场，并结合铁磁性颗粒。

29. 气动或液压结构（pneumatics and hydraulics）

用气动或液压部件来代替固体部件。可以用空气和水，也可以用气垫或水垫，利用水力作用。

30. 柔性膜或薄膜（flexible shells and thin films）

（1）使用柔性膜和薄膜代替三维结构。

（2）使用柔性膜和薄膜将物体与外部环境分隔开。

31. 多孔材料（porous materials）

（1）使物体有孔或增加孔元素（插入、涂层等）。

（2）如果已经是多孔的，使用细孔以引入有用的物质或功能。

32. 改变颜色（color changes）

（1）改变物体或它的外部环境的颜色。

（2）改变物体或它的外部环境的透明度（例如发光追踪或原子追踪使用该法）。

33. 同质性（homogeneity）

与主物体交互的物体，应该由主物体的同种材料（或具有相似属性的材料）制成。

34. 抛弃和再生部件（discarding and recovering）

（1）使物体的部件在完成其功能后移除（通过分解、降解丢弃），或者直接在工作过程中改变它。

（2）相反地，直接在工作期间保存已经消耗掉的部件。

35. 参数改变（parameter changes）

（1）改变系统的物理状态。

（2）改变浓度或密度。

（3）改变柔韧程度。

（4）改变温度。

36. 状态转变（phase transitions）

利用状态转变时的现象（例如体积改变、热的吸收或损失）。

37. 热膨胀（thermal expansion）

（1）使用物质的热膨胀（或收缩）。

（2）假如热膨胀已经被使用，则利用具有不同热膨胀系数的多种材料。

38. 加速氧化（strong oxidants）

（1）用富含氧气的空气代替常规空气。

（2）用纯氧气代替富含氧气的空气。

（3）使空气或氧气暴露在电离辐射环境中。

（4）使用氧离子。

（5）用臭氧代替臭氧化的氧气或氧离子。

39. 惰性环境（inert atmosphere）

（1）用惰性环境代替常规环境。

（2）往物体中增加中立（neutral）物质或添加剂。

（3）在真空中实施操作。

40. 复合材料（composite materials）

用复合的（多种）材料代替同性质的材料。

附录 C 矛盾矩阵表

Part 1

序号	参数	1 运动物体的重量	2 静止物体的重量	3 运动物体的长度	4 静止物体的长度	5 运动物体的面积	6 静止物体的面积	7 运动物体的体积	8 静止物体的体积	9 速度	10 力	11 应力或压力	12 形状	13 结构的稳定性	14 强度	15 运动物体作用时间	16 静止物体作用时间	17 温度	18 光照度	19 运动物体的能量	20 静止物体的能量
1	运动物体的重量			15, 8, 29, 34		29, 17, 38, 34		29, 2, 40, 28		2, 8, 15, 38	8, 10, 18, 37	10, 36, 37, 40	10, 14, 35, 40	1, 35, 19, 39	28, 27, 18, 40	5, 34, 31, 35		6, 29, 4, 38	19, 1, 32	35, 12, 34, 31	
2	静止物体的重量				10, 1, 29, 35		35, 30, 13, 2		5, 35, 14, 2		8, 10, 19, 35	13, 29, 10, 18	13, 10, 29, 14	26, 39, 1, 40	28, 2, 10, 27		2, 27, 19, 6	28, 19, 32, 22	19, 32, 35		18, 19, 28, 1
3	运动物体的长度	8, 15, 29, 34				15, 17, 4		7, 17, 4, 35		13, 4, 8	17, 10, 4	1, 8, 35	1, 8, 10, 29	1, 8, 15, 34	8, 35, 29, 34	19		10, 15, 19	32	8, 35, 24	
4	静止物体的长度		35, 28, 40, 29				17, 7, 10, 40		35, 8, 2, 14		28, 10	1, 14, 35	13, 14, 15, 7	39, 37, 35	15, 14, 28, 26		1, 40, 35	3, 35, 38, 18	3, 25		
5	运动物体的面积	2, 17, 29, 4		14, 15, 18, 4			1, 7, 4, 17	7, 14, 17, 4		29, 30, 4, 34	19, 30, 35, 2	10, 15, 36, 28	5, 34, 29, 4	11, 2, 13, 39	3, 15, 40, 14	6, 3		2, 15, 16	15, 32, 19, 13	19, 32	
6	静止物体的面积		30, 2, 14, 18	26, 7, 9, 39							1, 18, 35, 36	10, 15, 36, 37	1, 15, 29, 4	2, 38	40		2, 10, 19, 30	35, 39, 38			
7	运动物体的体积	2, 26, 29, 40		1, 7, 4, 35		1, 7, 4, 17				29, 4, 38, 34	15, 35, 36, 37	6, 35, 36, 37	1, 15, 29, 4	28, 10, 1, 39	9, 14, 15, 7	6, 35, 4		34, 39, 10, 18	2, 13, 10	35	
8	静止物体的体积		35, 10, 19, 14	19, 14	35, 8, 2, 14						2, 18, 37	24, 35	7, 2, 35	34, 28, 35, 40	9, 14, 17, 15		35, 34, 38	35, 6, 4			
9	速度	2, 28, 13, 38		13, 14, 8		29, 30, 34		7, 29, 34			13, 28, 15, 19	6, 18, 38, 40	35, 15, 18, 34	28, 33, 1, 18	8, 3, 26, 14	3, 19, 35, 5		28, 30, 36, 2	10, 13, 19	8, 15, 35, 38	

续表

	1 运动物体的重量	2 静止物体的重量	3 运动物体的长度	4 静止物体的长度	5 运动物体的面积	6 静止物体的面积	7 运动物体的体积	8 静止物体的体积	9 速度	10 力	11 应力或压力	12 形状	13 结构的稳定性	14 强度	15 运动物体作用时间	16 静止物体作用时间	17 温度	18 光照度	19 运动物体的能量	20 静止物体的能量
10 力	8,1,37,18	18,13,1,28	17,19,9,36	28,10	19,10,15	1,18,36,37	15,9,12,37	2,36,18,37	13,28,15,12		18,21,11	10,35,40,34	35,10,21	35,10,14,27	19,2		35,10,21		19,17,10	1,16,36,37
11 应力或压力	10,36,37,40	13,29,10,18	35,10,36	35,1,14,16	10,15,36,25	10,15,35,37	6,35,10	35,24	6,35,36	36,35,21		35,4,15,10	35,33,2,40	9,18,3,40	19,3,27		35,39,19,2		14,24,10,37	
12 形状	8,10,29,40	15,10,26,3	29,34,5,4	13,14,10,7	5,34,4,10		14,4,15,22	7,2,35	35,15,34,18	35,10,37,40	34,15,10,14		33,1,18,4	30,14,10,40	14,26,9,25		22,14,19,32	13,15,32	2,6,34,14	
13 结构的稳定性	21,35,2,39	26,39,1,40	13,15,1,28	37	2,11,13	39	28,10,19,39	34,28,35,40	33,15,28,18	10,35,21,16	2,35,40	22,1,18,4		17,9,15	13,27,10,35	39,3,35,23	35,1,32	32,3,27,15	13,19	27,4,29,18
14 强度	1,8,40,15	40,26,27,1	1,15,8,35	15,14,28,26	3,34,40,29	9,40,28	10,15,14,7	9,14,17,15	8,13,26,14	10,18,3,14	10,3,18,40	10,30,35,40	13,17,35		27,3,26		30,10,40	35,19	19,35,10	35
15 运动物体作用时间	19,5,34,31		2,19,9		3,17,19		10,2,19,30		3,35,5	19,2,16	19,3,27	14,26,28,25	13,3,35	27,3,10			19,35,39	2,19,4,35	28,6,35,18	
16 静止物体作用时间		6,27,19,16		1,40,35				35,34,38					39,3,35,23				19,18,36,40			
17 温度	36,22,6,38	22,35,32	15,19,9	15,19,9	3,35,39,18	35,38	34,39,40,18	35,6,4	2,28,36,30	35,10,3,21	35,39,19,2	14,22,19,32	1,35,32	10,30,22,40	19,13,39	19,18,36,40		32,30,21,16	19,15,3,17	
18 光照度	19,1,32	2,35,32	19,32,16		19,32,26		2,13,10		10,13,19	26,19,6		32,30	32,3,27	35,19	2,19,6		32,35,19		32,1,19	32,25,1,15
19 运动物体的能量	12,18,28,31		12,28		15,19,25		35,13,8		8,15,35	16,26,21,2	23,14,25	12,2,29	19,13,17,24	5,19,9,35	28,35,6,18		19,24,3,14	2,15,19		
20 静止物体的能量		19,9,6,27								36,37			27,4,29,18	35				19,2,35,32		

Part 2

		21	22	23	24	25	26	27	28	29	30	31	32	33	34	35	36	37	38	39
		功率	能量损失	物质损失	信息损失	时间损失	物质或事物的数量	可靠性	测试精度	制造精度	物体外部有害因素	物体产生的有害因素	可制造性	可操作性	可维修性	适应性	装置的复杂性	控制的复杂性	自动化程度	生产率
1	运动物体的重量	12,36,18,31	6,2,34,19	5,35,3,31	10,24,35	10,35,20,28	3,26,18,31	3,11,1,27	28,27,35,26	28,35,26,18	22,21,18,27	22,35,31,39	27,28,1,36	35,3,2,24	2,27,28,11	29,5,15,8	26,30,36,34	28,29,26,32	26,35,18,19	35,3,24,37
2	静止物体的重量	15,19,18,22	18,19,28,15	5,8,13,30	10,15,35	10,20,35,26	19,6,18,26	10,28,8,3	18,26,28	10,1,35,17	2,19,22,37	35,22,1,39	28,1,9	6,13,1,32	2,27,28,11	19,15,29	1,10,26,39	25,28,17,15	2,26,35	1,28,15,35
3	运动物体的长度	1,35	7,2,35,39	4,29,23,10	1,24	15,2,29	29,35	10,14,29,40	28,32,4	10,28,29,37	1,15,17,24	17,15	1,29,17	15,29,35,4	1,28,10	14,15,1,16	1,19,26,24	35,1,26,24	17,24,26,16	14,4,28,29
4	静止物体的长度	12,8	6,28	10,28,24,35	24,26	30,29,14		15,29,28	32,28,3	2,32,10	1,18		15,17,27	2,25	3	1,35	1,26	26		30,14,7,26
5	运动物体的面积	19,10,32,18	15,17,30,26	10,35,2,39	30,26	26,4	29,30,6,13	29,9	26,28,32,3	2,32	22,33,28,1	17,2,18,39	13,1,26,24	15,17,13,16	15,13,10,1	15,30	14,1,13	2,36,26,18	14,30,28,23	10,26,34,2
6	静止物体的面积	17,32	17,7,30	10,14,18,39	30,16	10,35,4,18	2,18,40,4	32,35,40,4	26,28,32,3	2,29,18,36	27,2,39,35	22,1,40	40,16	16,4	16	15,16	1,18,36	2,35,30,18	23	10,15,17,7
7	运动物体的体积	35,6,13,18	7,15,13,16	36,39,34,10	2,22	2,6,34,10	29,30,7	14,1,40,11	25,26,28	25,28,2,16	22,21,27,35	17,2,40,1	29,1,40	15,13,30,12	10	15,29	26,1	29,26,4	35,34,16,24	10,6,2,34
8	静止物体的体积	30,6		10,39,35,34		35,16,32,18	35,3	2,35,16		35,10,25	34,39,19,27	30,18,35,4	35		1	1,35	1,31	2,17,26		35,37,10,2
9	速度	19,35,38,2	14,20,19,35	10,13,28,38	13,26		10,19,29,38	11,35,27,28	28,32,1,24	10,28,32,25	1,28,35,23	2,24,35,21	35,13,8,1	32,28,13,12	34,2,28,27	15,10,26	10,28,4,34	3,34,27,16	10,18	
10	力	19,35,18,37	14,15	8,35,40,5		10,37,36	14,29,18,36	3,35,13,21	35,10,23,24	28,29,37,36	1,35,40,18	13,3,36,24	15,37,18,1	1,28,3,25	15,1,11	15,17,18,20	26,35,10,18	36,37,10,19	2,35	3,28,35,37

续表

	21 功率	22 能量损失	23 物质损失	24 信息损失	25 时间损失	26 物质或事物的数量	27 可靠性	28 测试精度	29 制造精度	30 物体外部有害因素	31 物体产生的有害因素	32 可制造性	33 可操作性	34 可维修性	35 适应性	36 装置的复杂性	37 控制的复杂性	38 自动化程度	39 生产率
11 应力或压力	10,35,14	2,36,25	10,36,3,37		37,36,4	10,14,36	10,13,19,35	6,28,25	3,35	22,2,37	2,33,27,18	1,35,16	11	2	35	19,1,35	2,36,37	35,24	10,14,35,37
12 形状	4,6,2	14	35,29,3,5		14,10,34,17	36,22	10,40,16	28,32,1	32,30,40	22,1,2,35	35,1	1,32,17,28	32,15,26	2,13,1	1,15,29	16,29,1,28	15,13,39	15,1,32	17,26,34,10
13 结构的稳定性	32,35,27,31	14,2,39,6	2,14,30,40		35,27	15,32,35		13	18	35,24,30,18	35,40,27,39	35,19	32,35,30	2,35,10,16	35,30,34,2	2,35,22,26	35,22,39,23	1,8,35	23,35,40,3
14 强度	10,26,35,28	35	35,28,31,40		29,3,28,10	29,10,27	11,3	3,27,16	3,27	18,35,37,1	15,35,22,2	11,3,10,32	3,32,40,28,2	27,11,3	15,3,32	2,13,28	27,3,15,40	15	29,35,10,14
15 运动物体作用时间	19,10,35,38		28,27,3,18	10	20,10,28,18	3,35,10,40	11,2,13	3	3,27,16,40	22,15,33,28	21,39,16,22	27,1,4	12,27	29,10,27	1,35,13	10,4,29,15	19,29,39,35	6,10	35,17,14,19
16 静止物体作用时间	16		27,16,18,38	10	28,20,10,16	3,35,31	34,27,6,40	10,26,24		17,1,40,33	22	35,10	1	1	2	25,34,6,35		1	10,20,16,38
17 温度	2,14,17,25	21,17,35,38	21,36,29,31		35,28,21,18	3,17,30,39	19,35,3,10	32,19,24	24	22,33,35,2	22,35,2,24	26,27	26,27	4,10,16	2,18,27	2,17,16	3,27,35,31	26,2,19,16	15,28,35
18 光照度	32	19,16,1,6	13,1	1,6	19,1,26,17	1,19		11,15,32	3,32	15,19	35,19,32,39	19,35,28,26	28,26,19	15,17,13,16	15,1,19	6,32,13	32,15	2,26,10	2,25,16
19 运动物体的能量	6,19,37,18	12,22,15,24	35,24,18,5		35,38,19,18	34,23,16,18	19,21,11,27	3,1,32		1,35,6,27	2,35,6	28,26,30	19,35	1,15,17,28	15,17,13,16	2,29,27,28	35,38	32,2	12,28,35
20 静止物体的能量			28,27,18,31			3,35,31	10,36,23			10,2,22,37	19,22,18	1,4					19,35,16,25		1,6

Part 3

	1 运动物的重量	2 静止物的重量	3 运动物的长度	4 静止物的长度	5 运动物的面积	6 静止物的面积	7 运动物的体积	8 静止物的体积	9 速度	10 力	11 应力或压力	12 形状	13 结构的稳定性	14 强度	15 运动物作用时间	16 静止物作用时间	17 温度	18 光照度	19 运动物的能量	20 静止物的能量
21 功率	8,36,38,31	19,26,17,27	1,10,35,37		19,38	17,32,13,38	35,6,38	30,6,25	15,35,2	26,2,36,35	22,10,35	29,14,2,40	35,32,15,31	26,10,28	19,35,10,38	16	2,14,17,25	16,6,19	16,6,19,37	
22 能量损失	15,6,19,28	19,6,18,9	7,2,6,13	6,38,7	15,26,17,30	17,7,30,18	7,18,23	7	16,35,38	36,38			14,2,39,6	26			19,38,7	1,13,32,15		
23 物质损失	35,6,23,40	35,6,22,32	14,29,10,39	10,28,24	35,2,10,31	10,18,39,31	1,29,30,36	3,39,18,31	10,13,28,38	14,15,18,40	3,36,37,10	29,35,3,5	2,14,30,40	35,28,31,40	28,27,3,18	27,16,18,38	21,36,39,31	1,6,13	35,18,24,5	28,27,12,31
24 信息损失	10,24,35	10,35,5	1,26	26	30,26	30,16		2,22	26,32						10	10		19		
25 时间损失	10,20,37,35	10,20,26,5	15,2,29	30,24,14,5	26,4,5,16	10,35,17,4	2,5,34,10	35,16,32,18		10,37,36,5	37,36,4	4,10,34,17	35,3,22,5	29,3,28,18	20,10,28,18	28,20,10,16	35,29,21,18	1,19,26,17	35,38,19,18	1
26 物质或物的数量	35,6,18,31	27,26,18,35	29,14,35,18		15,14,29	2,18,40,4	15,20,29		35,29,34,28	35,14,3	10,36,14,3	35,14	15,2,17,40	14,35,34,10	3,35,10,40	3,35,31	3,17,39		34,29,16,18,31	3,35,31
27 可靠性	3,8,10,40	3,10,8,28	15,9,14,4	15,29,28,11	17,10,14,16	32,35,40,4	3,10,14,24	2,35,24	21,35,11,28	8,28,10,3	10,24,35,19	35,1,16,11		11,28	2,35,3,25	34,27,6,40	3,35,10	11,32,13	21,11,27,19	36,23
28 测试精度	32,35,26,28	28,35,25,26	28,26,5,16	32,28,3,16	26,28,32,3	26,28,32,3	32,13,6		28,13,32,24	32,2	6,28,32	6,28,32	32,35,13	28,6,32	28,6,32	10,26,24	6,19,28,24	6,1,32	3,6,32	
29 制造精度	28,32,13,18	28,35,27,9	10,28,29,37	2,32,10	28,33,29,32	2,29,18,36	32,28,2	25,10,35	10,28,32	28,19,34,36	3,35	32,30,40	30,18	3,27	3,27,40		19,26	3,32	32,2	
30 物体外部有害因素	22,21,27,39	2,22,13,24	17,1,39,4	1,18	22,1,33,28	27,2,39,35	22,23,37,35	34,39,19,27	21,22,35,28	13,35,39,18	22,2,37	22,1,3,35	35,24,30,18	18,35,37,1	22,15,33,28	17,1,40,33	22,33,35,2	1,19,32,13	1,24,6,27	10,2,22,37

续表

		1 运动物体的重量	2 静止物体的重量	3 运动物体的长度	4 静止物体的长度	5 运动物体的面积	6 静止物体的面积	7 运动物体的体积	8 静止物体的体积	9 速度	10 力	11 应力或压力	12 形状	13 结构的稳定性	14 强度	15 运动物体作用时间	16 静止物体作用时间	17 温度	18 光照度	19 运动物体的能量	20 静止物体的能量
31	物体产生的有害因素	19,22,15,39	35,22,1,39	17,15,16,22		17,2,18,39	22,1,40	17,2,40	30,18,35,4	35,28,3,23	35,28,1,40	2,33,27,18	35,1	35,40,27,39	15,35,22,2	15,22,33,31	21,39,16,22	22,35,2,24	19,24,39,32	2,35,6	19,22,18
32	可制造性	28,29,15,16	1,27,36,13	1,29,13,17	15,17,27	13,1,26,12	16,40	13,29,1,40	35	35,13,8,1	35,12	35,19,1,37	1,28,13,27	11,13,1	1,3,10,32	27,1,4	35,16	27,26,18	28,24,27,1	28,26,27,1	1,4
33	可操作性	25,2,13,15	6,13,1,25	1,17,13,12		1,17,13,16	18,16,15,39	1,16,35,15	4,18,39,31	18,13,34	28,13,35	2,32,12	15,34,29,28	32,35,30	32,40,3,28	29,3,8,25	1,16,25	26,27,13	13,17,1,24	1,13,24	
34	可维修性	2,27,35,11	2,27,35,11	1,28,10,25	3,18,31	15,13,32	16,25	25,2,35,11	1	34,9	1,11,10	13	1,13,2,4	2,35	11,1,2,9	11,29,28,27	1	4,10	15,1,13	15,1,28,16	
35	适应性	1,6,15,8	19,15,29,16	35,1,29,2	1,35,16	35,30,29,7	15,16	15,35,29		35,10,14	15,17,20	35,16	15,37,1,8	35,30,14	35,3,32,6	13,1,35	2,16	27,2,3,35	6,22,26,1	19,35,29,13	19,35,16
36	装置的复杂性	26,30,34,36	2,36,35,39	14,13,17,28		14,1,13,16	6,36	34,25,6	1,16	34,10,28		19,1,35	29,13,28,15	2,22,17,19	2,13,28	10,4,28,15		2,17,13	24,17,13	27,2,29,28	
37	控制的复杂性	27,26,28,13	6,13,28,1	16,17,26,24	26	2,13,15,17	2,39,30,16	29,1,4,16	2,18,26,31	3,4,16,35	36,28,40,19	35,36,37,32	27,13,1,39	11,22,39,30	27,3,15,28	19,29,39,25	25,24,6,35	3,27,35,16	2,24,26	35,38	19,35,16
38	自动化程度	28,26,18,35	28,26,35,10	14,13,17,28	23	17,14,13		35,13,16		28,10	2,35	13,35	15,32,1,13	18,1	25,13	6,9		26,2,19	8,32,19	2,32,13	
39	生产率	35,26,24,37	28,27,15,3	18,4,28,38	30,7,14,26	10,26,34,31	10,35,17,7	2,6,34,10	35,37,10,2		28,15,10,36	10,37,14	14,10,34,40	35,3,22,39	29,28,10,18	35,10,2,18	20,10,16,38	35,21,28,10	26,17,19,1	35,10,38,19	1

		21	22	23	24	25	26	27	28	29	30	31	32	33	34	35	36	37	38	39
		功率	能量损失	物质损失	信息损失	时间损失	物质或事物的数量	可靠性	测试精度	制造精度	物体外部有害因素	物体产生的有害因素	可制造性	可操作性	可维修性	适应性	装置的复杂性	控制的复杂性	自动化程度	生产率
21	功率		10, 35, 38	28, 27, 18, 38	10, 19	35, 20, 10, 6	4, 34, 19	19, 24, 26, 31	32, 15, 2	32, 2	19, 22, 31, 2	2, 35, 18	26, 10, 34	26, 35, 10	35, 2, 10, 34	19, 17, 34	20, 19, 30, 34	19, 35, 16	28, 2, 17	28, 35, 34
22	能量损失	3, 38		35, 27, 2, 37	19, 10	10, 18, 32, 7	7, 18, 25	11, 10, 35	32		21, 22, 35, 2	21, 35, 2, 22		35, 22, 1	2, 19		7, 23	35, 3, 15, 23	2	28, 10, 29, 35
23	物质损失	28, 27, 18, 38	35, 27, 2, 31			15, 18, 35, 10	6, 3, 10, 24	10, 29, 39, 35	16, 34, 31, 28	35, 10, 24, 31	33, 22, 30, 40	10, 1, 34, 29	15, 34, 33	32, 28, 2, 24	2, 35, 34, 27	15, 10, 2	35, 10, 28, 24	35, 18, 10, 13	35, 10, 18	28, 35, 10, 23
24	信息损失	10, 19	19, 10			24, 26, 28, 32	24, 28, 35	10, 28, 23			22, 10, 1	10, 21, 22	32	27, 22					35	13, 23, 15
25	时间损失	35, 20, 10, 6	10, 5, 18, 32	35, 18, 10, 39	24, 26, 28, 32		35, 38, 18, 16	10, 30, 4	24, 34, 28, 32	24, 26, 28, 18	35, 18, 34	35, 22, 18, 39	35, 28, 34, 4	4, 28, 10, 34	32, 1, 10	35, 28	6, 29	18, 28, 32, 10	24, 28, 35, 30	
26	物质或事物的数量	35	7, 18, 25	6, 3, 10, 24	24, 28, 35	35, 38, 18, 16		18, 3, 28, 40	3, 2, 28	33, 30	35, 33, 29, 31	3, 35, 40, 39	29, 1, 35, 27	35, 29, 25, 10	2, 32, 10, 25	15, 3, 29	3, 13, 27, 10	3, 27, 29, 18	8, 35	13, 29, 3, 27
27	可靠性	21, 11, 26, 31	10, 11, 35	10, 35, 29, 39	10, 28	10, 30, 4	21, 28, 40, 3		32, 3, 11, 23	11, 32, 1	27, 35, 2, 40	35, 2, 40, 26		27, 17, 40	1, 11	13, 35, 8, 24	13, 35, 1	27, 40, 28	11, 13, 27	1, 35, 29, 38
28	测试精度	3, 6, 32	26, 32, 27	10, 16, 31, 28	24, 34, 28, 32	24, 26, 28, 18	35, 38	5, 11, 1, 23			28, 24, 22, 26	3, 33, 39, 10	6, 35, 25, 18	1, 13, 17, 34	1, 32, 13, 11	13, 35, 2	27, 35, 10, 34	26, 24, 32, 28	28, 2, 10, 34	10, 34, 28, 32
29	制造精度	32, 2	13, 32, 2	35, 31, 10, 24		32, 26, 28, 18	32, 30	11, 32, 1			26, 28, 10, 36	4, 17, 34, 26		1, 32, 35, 23	25, 10		26, 2, 18		26, 28, 18, 23	10, 18, 32, 39
30	物体外部有害因素	19, 22, 31, 2	21, 22, 35, 2	33, 22, 19, 40	22, 10, 2	35, 18, 34	35, 33, 29, 31	27, 24, 2, 40	28, 33, 23, 26	26, 28, 10, 18			24, 35, 2	2, 25, 28, 39	35, 10, 2	35, 11, 22, 31	22, 19, 29, 40	22, 19, 29, 40	33, 3, 34	22, 35, 13, 24

续表

	21 功率	22 能量损失	23 物质损失	24 信息损失	25 时间损失	26 物质或事物的数量	27 可靠性	28 测试精度	29 制造精度	30 物体外部有害因素	31 物体产生的有害因素	32 可制造性	33 可操作性	34 可维修性	35 适应性	36 装置的复杂性	37 控制的复杂性	38 自动化程度	39 生产率
31 物体产生的有害因素	2,35,18	21,35,2,22	10,1,34	10,21,29	1,22	3,24,39,1	24,2,40,39	3,33,26	4,17,34,26							19,1,31	2,21,27,1	2	22,35,18,39
32 可制造性	27,1,12,24	19,35	15,34,33	32,24,18,16	35,28,34,4	35,23,1,24		1,35,12,18		24,2			2,5,13,16	35,1,11,9	2,13,15	27,26,1	6,28,11,1	8,28,1	35,1,10,28
33 可操作性	35,34,2,10	2,19,13	28,32,2,24	4,10,27,22	4,28,10,34	12,35	17,27,8,40	25,13,2,34	1,32,35,23	2,25,28,39		2,5,12		12,26,1,32	15,34,1,16	32,26,12,17		1,34,12,3	15,1,28
34 可维修性	15,10,32,2	15,1,32,19	2,35,34,27		32,1,10,25	2,28,10,25	11,10,1,16	10,2,13	25,10	35,10,2,16		1,35,11,10	1,12,26,15		7,1,4,16	35,1,13,11		34,35,7,13	1,32,10,25
35 适应性	19,1,29	18,15,1	15,10,2,13		35,28	3,35,15	35,13,8,24	35,5,1,10		35,11,32,31		1,13,31	15,34,1,16	1,16,7,4		15,29,37,28	1	27,34,35	35,28,6,37
36 装置的复杂性	20,19,30,34	10,35,13,2	35,10,28,29		6,29	13,3,27,10	13,35,1	2,26,10,34	26,24,32	22,19,29,40	19,1	27,26,1,13	27,9,26,24	1,13	29,15,28,37		15,10,37,28	15,1,24	12,17,28
37 控制的复杂性	19,1,16,10	35,3,15,19	1,18,10,24	35,33,27,22	18,28,32,9	3,27,29,18	27,40,28,8	26,24,32,28		22,19,29,28	2,21	5,28,11,29	2,5	12,26	1,15	15,10,37,28		34,21	35,18
38 自动化程度	28,2,27	23,28	35,10,18,5	35,33	24,28,35,30	35,13	11,27,32	28,26,10,34	28,26,18,23	2,33	2	1,26,13	1,12,34,3	1,35,13	27,4,1,35	15,24,10	34,27,25		5,12,35,26
39 生产率	35,20,10	28,10,29,35	28,10,35,23	13,15,23		35,38	1,35,10,38	1,10,34,28	18,10,32,1	22,35,13,24	35,22,18,39	35,28,2,24	1,28,7,19	1,32,10,25	1,35,28,37	12,17,28,24	35,18,27,2	5,12,35,26	

附录 D　76 个标准解

1. 第一类标准解：不改变或仅少量改变系统

1.1　改进具有非完整功能的系统

（1）假如只有 S_1，应增加 S_2 及场 F，以完善系统三要素，并使其有效。

（2）假如系统不能改变，但可接受永久的或临时的添加物，可以在 S_1 或 S_2 内部添加来实现。

（3）假如系统不能改变，但用永久的或临时的外部添加物来改变 S_1 或 S_2 是可以接受的，则加之。

（4）假定系统不能改变，但可用环境资源作为内部或外部添加物，是可接受的，则加之。

（5）假定系统不能改变，但可以改变系统以外的环境，则改变之。

（6）微小量的精确控制是困难的，可以通过增加一个附加物，并在之后除去来控制微小量。

（7）一个系统的场强度不够，增加场强度又会损坏系统，可将强度足够大的一个场施加到另一元件上，把该元件再连接到原系统上。同理，一种物质不能很好地发挥作用，则可连接到另一物质上发挥作用。

（8）同时需要大的（强的）和小的（弱的）效应时，需要小的效应的位置可由物质 S_3 来保护。

1.2　消除或抵消有害效应

（9）在一个系统中有用及有害效应同时存在，S_1 及 S_2 不必互相接触，引入 S_3 来消除有害效应。

（10）与（9）类似，但不允许增加新物质。通过改变 S_1 或 S_2 来消除有害效应。该类解包括增加"虚无物质"，如：空位、真空或空气、气泡等，或加一种场。

（11）有害效应是一种场引起的，则引入物质 S_3 吸收有害效应。

（12）在一个系统中，有用、有害效应同时存在，但 S_1 及 S_2 必须处于接触状态，则增加场 F_2 使之抵消 F_1 的影响，或者得到一个附加的有用效应。

（13）在一个系统中，由于一个要素存在磁性而产生有害效应。将该要素加热到居里点以上，磁性将不存在，或者引入相反的磁场消除原磁场。

2. 第二类标准解：改变系统

2.1　变换到复杂的物-场模型

（14）串联的物-场模型：将 S_2 及 F_1 施加到 S_3；再将 S_3 及 F_2 施加到 S_1。两串联模型独立可控。

（15）并联的物-场模型：一个可控性很差的系统已存在部分不能改变，则可并联第二个场。

2.2　加强物-场

（16）对可控性差的场，用易控场来代替，或增加易控场。由重力场变为机械场，或由机械场变为电磁场。其核心是由物理接触变到场的作用。

（17）将 S_2 由宏观变为微观。

（18）改变 S_2 成为允许气体或液体通过的多孔的或具有毛细孔的材料。

（19）使系统更具柔性或适应性，通常方式是由刚性变为一个铰接，或成为连续柔性系统。

（20）驻波被用于液体或粒子定位。

（21）将单一物质或不可控物质变成确定空间结构的非单一物质，这种变化可以是永久的或临时的。

2.3 控制或改变频率

（22）使 F 与 S_1 或 S_2 的自然频率匹配或不匹配。

（23）与 F_1 或 F_2 的固有频率匹配。

（24）两个不相容或独立的动作可相继完成。

2.4 铁磁材料与磁场结合

（25）在一个系统中增加铁磁材料和（或）磁场。

（26）将（16）与（25）结合，利用铁磁材料与磁。

（27）利用磁流体，这是（26）的一个特例。

（28）利用含有磁粒子或液体的毛细结构。

（29）利用附加场，如涂层，使非磁场体永久或临时具有磁性。

（30）假如一个物体不能具有磁性，将铁磁物质引入到环境之中。

（31）利用自然现象，如物体按场排列，或在居里点以上使物体失去磁性。

（32）利用动态，可变成自调整的磁场。

（33）加铁磁粒子改变材料结构，施加磁场移动粒子，使非结构化系统变为结构化系统，或反之。

（34）与 F 场的自然频率相匹配。对于宏观系统，采用机械振动增加铁磁粒子的运动。在分子及原子水平上，材料的复合成分可通过改变磁场频率的方法用电子谐振频谱确定。

（35）用电流产生磁场并代替磁粒子。

（36）电流变流体具有被电磁场控制的黏度，利用此性质及其他方法一起使用，如电流变流体轴承等。

3. 第三类标准解：传递系统

3.1 传递到双系统或多系统

（37）系统传递 1：产生双系统或多系统。

（38）改进双系统或多系统中的连接。

（39）系统传递 2：在系统之间增加新的功能。

（40）双系统及多系统的简化。

（41）系统传递 3：利用整体与部分之间的相反特性。

3.2 传递到微观水平

（42）系统传递 4：传递到微观水平来控制。

4. 第四类标准解：检测系统

4.1 间接法

（43）替代系统中的检测与测量，使之不再需要。

（44）若（43）不可能，则测量复制品或肖像。

（45）如（43）及（44）不可能，则利用两个检测量代替一个连续测量。

4.2 将零件或场引入到已存在的系统中

（46）假如一个不完整物-场系统不能被检测，则增加单一或两个物-场系统，且一个场作为输出。假如已存在的场是非有效的，在不影响原系统的条件下，改变或加强该场，使它具有容易检测的参数。

（47）测量引入的附加物。

（48）假如在系统中不能增加附加物，则在环境中增加而对系统产生一个场，检测此场对系统的影响。

（49）假如附加场不能被引入到环境中去，则分解或改变环境中已存在的物质，并测量产生的效应。

4.3 加强测量系统

（50）利用自然现象。例如，利用系统中出现的已知科学效应，通过观察效应的变化，决定系统的状态。

（51）假如系统不能直接或通过场测量，则测量系统或要素激发的固有频率来确定系统变化。

4.4 测量铁磁场（Fe-场）

（52）假如实现（51）不可能，则测量与已知特性相联系的物体的固有频率。

（53）增加或利用铁磁物质或磁场以便测量。

（54）增加磁场粒子或改变一种物质成为铁磁粒子以便测量，测量所导致的磁场变化即可。

（55）假如（54）不可能建立一个复合系统，则添加铁磁粒子到系统中去。

（56）假如系统中不允许增加铁磁物质，则将其加到环境中。

（57）测量与磁性有关现象，如居里点、磁滞等。

4.5 测量系统的改进方向

（58）若单系统精度不够，可用双系统或多系统。

（59）代替直接测量，可测量时间或空间的一阶或二阶导数。

5. 第五类标准解：简化改进系统

5.1 引入物质

（60）间接方法：①使用无成本资源，如：空气、真空、气泡、泡沫、缝隙等；②利用场代替物质；③用外部附加物代替内部附加物；④利用少量但非常活化的附加物；⑤将附加物集中到特定位置上；⑥暂时引入附加物；⑦假如原系统中不允许附加物，可在其复制品中增加附加物，这包括仿真器的使用；⑧引入化合物，当它们起反应时产生所需要的化合物，而直接引入这些化合物是有害的；⑨通过对环境或物体本身的分解获得所需的附加物。

(61) 将要素分为更小的单元。

(62) 附加物用完后自动消除。

(63) 假如环境不允许大量使用某种材料,则使用对环境无影响的东西。

5.2　使用场

(64) 使用一种场来产生另一种场。

(65) 利用环境中已存在的场。

(66) 使用属于场资源的物质。

5.3　状态传递

(67) 状态传递 1:替代状态。

(68) 状态传递 2:双态。

(69) 状态传递 3:利用转换中的伴随现象。

(70) 状态传递 4:传递到双态。

(71) 利用元件或物质间的作用使其更有效。

5.4　应用自然现象

(72) 自控制传递。假如一物体必须具有不同的状态,应使其自身从一个状态传递到另一状态。

(73) 当输入场较弱时,加强输出场,通常在接近状态转换点处实现。

5.5　产生高等或低等结构水平的物质

(74) 通过分解获得物质粒子。

(75) 通过结合获得物质。

(76) 假如高等结构物质需分解但又不能分解,可用次高一级的物质状态替代;反之,如低等结构物质不能应用,则用高一级的物质代替。

附录 E　本书常用专有名称索引(按字母顺序)

ABC(activity-based costing,作业成本法)

AHP(analytic hierarchy process,层次分析法)

ARIZ(algorithm for inventive-problem solving,发明问题解决算法)

BOM(bill of material,物料清单)

BTF(build to forecast,预测驱动的生产)

BTO(build to order,按订单生产)

CAD(computer-aided design,计算机辅助设计)

CAE(computer-aided engineering,计算机辅助工程)

COPs(complex product systems,复杂产品系统)

CPM (critical path method,关键路径法)

DFM(design for manufacturing,面向制造的设计)

DFMA(design for manufacture and assemble,面向制造与装配的设计)

DFSC(design for supply chain,面向供应链的设计)

DFSS（design for six sigma，六西格玛设计）

DOE（design of experiment，实验设计）

DSM（design structure matrix，设计结构矩阵）

ERP（enterprise resource planning，企业资源规划）

FMEA（failure model and effect analysis，失效模式和效应分析）

HPPD（high performance product development，高效产品开发）

ID（industrial design，工业设计）

IDDOV（identify、define、develop、optimize、verify，识别、定义、开发、优化、验证）

IPD（integrated product development，集成产品开发）

IPMT（integrator product management team，集成产品开发管理团队）

IFR（ideal final result，最终理想解）

NBIC（nanotechnology、biotechnology、information technology、cognitive technology，纳米技术、生物技术、信息技术、认知技术）

NPD（new product development，新产品开发）

NPV（net present value，净现值）

PACE（product and cycle-time excellence，产品及周期优化法）

PDM（product data management，产品数据管理）

PDT（product development team，产品开发团队）

PERT（program evaluation and review technique，计划评审技术）

PEST（political-economic-social-technological，政治-经济-社会-技术）

PLM（product lifecycle management，产品生命周期管理）

QFD（quality function deployment，质量功能展开）

RD（robust design，稳健设计）

RP（rapid prototyping，快速成型）

SD（semantic differential method，语义差异法）

SET（society-economy-technology，社会-经济-技术）

S-F（substance-field，物-场）

TIPS（theory of inventive problem solving，发明问题解决理论）

TOC（theory of constraints，约束理论）

TRIZ（为俄文的英语标音的缩写，发明问题解决理论）

VOC（voice of customer，客户的声音）

参 考 文 献

[1] Griffin，Abbieand John R Hauser. The Voice of the Customer[J]. Marketing Science，1993，12(1).

[2] Karl T Ulrich，Steven D Eppinger. product design and development[M]. 第 3 版.北京：高等教育出版社，2004.

[3] Geoffrey Boothroyd，等. 面向制造与装配的产品设计[M].王知衍，译. 北京：机械工业出版社，1999.

[4] Bevan N. International standards for HCI and usability[J]. International Journal of Human-Computer Studies，2001，55：533-552.